口述史理论与实践

——图书馆员的视角

全根先◎著

知识产权出版社
全国百佳图书出版单位

图书在版编目（CIP）数据

口述史理论与实践：图书馆员的视角/全根先著. —北京：知识产权出版社，2019.9（2024.7重印）

ISBN 978-7-5130-6424-8

Ⅰ.①口… Ⅱ.①全… Ⅲ.①口述历史学—研究—中国 Ⅳ.①K0

中国版本图书馆 CIP 数据核字（2019）第 188581 号

责任编辑：张利萍　程足芬　　**责任校对**：谷　洋
封面设计：邵建文　马倬麟　　**责任印制**：孙婷婷

口述史理论与实践——图书馆员的视角
全根先　著

出版发行：	知识产权出版社有限责任公司	**网　　址**：	http：//www. ipph. cn
社　　址：	北京市海淀区气象路 50 号院	**邮　　编**：	100081
责编电话：	010－82000860 转 8387	**责编邮箱**：	65109211@ qq. com
发行电话：	010－82000860 转 8101/8102	**发行传真**：	010－82000893/82005070/82000270
印　　刷：	北京建宏印刷有限公司	**经　　销**：	各大网上书店、新华书店及相关专业书店
开　　本：	720mm×1000mm　1/16	**印　　张**：	18.5
版　　次：	2019 年 9 月第 1 版	**印　　次**：	2024 年 7 月第 2 次印刷
字　　数：	275 千字	**定　　价**：	78.00 元

ISBN 978-7-5130-6424-8

在中国图书馆界重要人物口述史专题研讨会上

2014 年中国记忆项目中心工作团队合影

采访刘家和先生，左起：赵亮、蒋重跃、刘家和、全根先、谢忠军

与王永民先生（中）、商务印书馆总经理于殿利（右一）合影

看望顾方舟先生（前排坐者），后排左一为顾先生夫人李以莞，后排中为采访人范瑞婷

与陈鼓应先生合影

采访全山石先生，左起：萨红、全根先、全山石、宋本蓉、陈都

采访中央音乐学院副院长王震亚先生（左二），右一为王震亚夫人

采访余敦康先生（前排中），后排左一为余先生学生寇方墀，前排右一为采访人张宇，后排右一为田砚君

与著名哲学家、中国人民大学教授陈先达先生合影

与科普作家、儿童文学作家刘兴诗先生合影

与中国记忆项目中心副主任田苗拜访原首都博物馆馆长、北京师范大学教授郭小凌先生

陪李敏同志参观国家典籍博物馆

与李龙先生一起展示尚志家训

采访原联合国救济总署东北地区专员杨增志先生（右二），右一为齐红深先生

与原中国社会科学院近代史所所长、中国抗日战争史研究会会长步平先生合影

与原《求是》杂志副总编、中国红色文化研究会会长刘润为先生合影

与原中央档案馆馆长、国家档案局局长杨冬权先生合影

在内蒙古莫力达瓦旗瞻仰东北抗联英雄纪念碑

与孙南京将军、秦利生先生在毛主席纪念堂合影

2018 年在河北廊坊举行的中国图书馆年会中国图书馆界重要人物口述史专场参会代表合影

中国记忆项目中心主任汤更生（右一）为吴慰慈（左一）、朱岩（左二）、周新国（右二）颁发顾问证书

与北京大学教授、图书馆学家吴慰慈先生合影

与浙江大学教授、“我们的英雄”项目顾问龚延明先生合影

参加文化部非物质文化遗产国家级传承人记录工程验收会，左起：戴晓晔、范瑞婷、郭比多、王馗、刘文峰、张刚、全根先、杨宵宵、邢超

中国舞蹈家协会主席、中国艺术研究院研究员冯双白先生应邀到国家图书馆讲学

美国历史学家、国际口述史协会主席安德森女士到中国记忆项目中心进行学术交流

著名歌唱家雷佳（前排右三）及其团队来中国记忆项目中心进行工作交流

英国大英图书馆口述史馆馆长罗伯特·珀克斯到中国记忆项目中心进行学术交流

与参加在宁波大学举行的中国公众史学年会代表合影

与参加在北京师范大学举行的中国影像史学年会代表合影

在大连外国语大学参加国际学术研讨会，前排左起：田中宽、孙玉玲、宫胁弘幸、齐红深、吉冈数子、北岛顺子、全根先，后排右四为主办方代表崔学森

在内蒙古莫力达瓦达斡尔自治旗参加革命老区建设座谈会

在深圳市南山区图书馆参加口述史学术研讨会，前排左起：屈义华、张岩、程亚男、曹树金、全根先、刘洪辉

参加中国人民大学国学院博士生毕业答辩，左起：韩星、黄朴民（导师）、仲伟民、章丽琼（博士生）、许殿才、蒋重跃、全根先

参加“我们的文字”大型展览

为天津图书馆录制课程

国家图书馆领导为在馆服务三十周年员工颁发荣誉证书

拜访中国科学院院士，学术委员会主任，原国家气象局局长秦大河先生。左起：韩尉，秦大河，汤更生，全根先，谢忠军

序

友人全根先先生，于2014年4月调至国家图书馆社会教育部任中国记忆资源建设总审校，由此开始，他一方面广泛了解并研究国外图书馆关于口述历史的实践经验，且探究国外关于记忆理论的进展，另一方面则为国家图书馆口述史工作的开展做了大量的实践与理论探索。五年于兹，他的文稿已经纷然盈帙，行将结集出版。承他厚意，向我惠示上述信息，并且同我商谈了书序的问题，我自然觉得义不容辞。

我有机会同根先先生交游，也就是在近四五年间，我们一同参加某些博士生的学位论文答辩会，于是学术交谈不断增多，成了学术朋友。三年以前，他开始提出对我进行访谈，通过音像技术和速记，做成一份以多维形式呈现的我的口述史。乍听之下，实在深感惶恐，不敢接受。因为像我这样的一介书生，也许由于年资关系，在校内以及一些报刊已经有过一些口述史的记载，严格说来已经有些过分，哪能再劳国家图书馆来保留我的个人记忆呢？他送给我两本由他们主持完成的两位老学者的口述史书，说老学者的个人记忆也是值得保留的。他建议我再考虑考虑。半年以后，也就是2018年3月初，他整理出一份拙作的目录，还在大体上把握拙作的基本内容，从而拟出了含有一百多个问题的采访提纲，特别关注我在学术研究路数方面的个人特色。看到这两份材料，我深感震惊且感动。他的事业心是这样坚定而热烈，思维是这样敏锐而细致，工作效率是这样出色而惊人。于是，他以一种莫之能御的道义力量征服了我。根据他所提出的问题，我们在一年多的时间里进行了15次访谈，现已做好音像记录，可说他对我的要求已经实现了。

我为何要说这些事情呢？孟子曾说："颂其诗，读其书，不知其人，可乎？"（《万章下》）按孟子此说，原指"尚友古人"而言，其实用于今人同样合理。

如今全先生文集即将出版面世，我说一些关于他的为人处世之事，也许能够帮助读者更好地理解其书。依同理，他之所以要记录我的为学人生，其目的也在帮助读者理解拙作。

图书馆在人心目中之所以崇高，是因为那是文献之宝藏。什么是"文献"呢？现在通常就是指图书典籍。孔子曾说："夏礼吾能言之，杞不足征也；殷礼吾能言之，宋不足征也。文献不足故也，足则吾能征之矣。"（《论语·八佾》）其中"文献"一词的古注是分开的："文"指文书，"献"指贤人。这里且不谈前贤对于"献"的诸多考释，而援引宋元之际的著名史家马端临《文献通考》自序中的一段文字于下："凡叙事，则本之经史，参以历代会要，以及百家传记之书，信而有征者从之，乖异存疑者不录，所谓文也；凡论事，则先取当时臣僚之奏疏，次及近代诸儒之评论，以及名流之燕谈，稗官之记录，凡一话一言，可以订典故之得失，正史传之是非者，采而录之，所谓献也。"从马氏的这一论述中，我们可以得到两种既有区别又有联系的启发。一则，"文"为叙事，"献"为论事；叙事的载体是"文"，即文本，而论事的主体是"献"，即贤者评论之言。对于史学发展而言，叙事与论事是缺一不可的。二则，严格说来，经史传记之书在叙事中未尝不录论事之言。因为古代没有录音工具，贤（献）者之言只有转化为文以后才能流传后世。于是"献"不断转化为"文"，世人就逐渐把"文"与"献"二字合为一个词来用，表示文书典籍的意思了。

过去图书馆的功能，以博收典籍为尚，取向以既有文献为主；现在国

刘家和先生接受采访

家图书馆提出中国记忆资源建设的任务，对各个工作岗位上的经过相当程度历练的人员进行采访，以音像工具进行记录，做成一份份活生生的口述史，以便借个人记忆来丰富集体记忆，借当下人的鲜活记忆通过采访对话（交往记忆）来汇入并丰富文化记忆（历史记忆）的洪流。我们的图书馆不再仅是既有文献的静态的保藏者，而且是“文”与“献”交流互动的推进者。这样的图书馆彰显出“天行健，君子以自强不息”的精神。根先先生的这本文集，看来就是这种精神到来的一个具体信号。

刘家和

2019 年 7 月于北京师范大学寓庐愚庵

口述史学　方兴未艾

——贺《口述史理论与实践》出版

近年来，流行一个新词叫“穿越”，区别于另一个新词“量子纠缠”，是指现实的人们“跨越”岁月，直接参与到古代的事件中。古代的事件，人物、故事大都是猜想编造，何从考察其真实？

然而，今年五一国际劳动节，我收到了一则微信视频，却是一个真实的“穿越”，是中国历史上最后一位皇帝的视频，不是扮演，不用编剧。虽然大多数皇帝的“影音记录”根本不存在，但作为“最现代”的皇帝，溥仪除了有很多照片外，视频还首度曝光了他在远东国际军事法庭作证时的实景，让很多现代人大饱眼福，第一次听到皇帝的声音，甚是惊喜。

第二次世界大战结束后，溥仪被传唤到军事法庭作证。席间他不断被问道：作为伪“满洲国”的领导者，对所有的作为是否知情，又是否有背后主使者？溥仪操着一口流利的中文，一一回答。第一次听到皇帝的声音，人们无不惊叹：根本不像是古装剧那样怪腔怪调，原来活生生的皇帝，是这样说话的啊！

用现代科技手段对这个重大历史事件所做的真实记录，其令人动心，胜过一百个“穿越”！读者也许已经遐想——如果“三顾茅庐”和“鸿门宴”也有这样的录音录像，那么，今天的考古工作岂不是非常容易？

然而，长期以来，史学界对历史的记忆和考证，只能通过文字、实物或口口相传的历史记录实现。口口相传曾经是人类记录历史的主要手段。在发明了文字、进入文明社会以后，文字材料便一枝独秀，在历史记录和历史研究中一直处于主导地位，并被统治阶级掌握。所以，传统的历史学，基本上就是帝王将相的史学，普通民众在历史书中没有地位，顶多只是“英雄”的陪衬。

近代以来，随着社会的发展、科技的进步，录音、照相、录像等技术手段应用到科学研究领域，书写历史的方式变得更加丰富多彩，引发了研究历史的理论和方法的重大变革。

现代口述史学创立于20世纪40年代，由美国历史学家、哥伦比亚大学教授A. 内文斯首创。口述史学不仅通过文字，还借助口语、音乐、影视、演说等多种手段，从而能更加真实、生动地再现历史原貌，并使普通民众可以进入历史以至于书写历史。

口述史学诞生以后，迅速在世界各地传播。20世纪80年代，口述史学理论和方法被介绍到中国；进入21世纪以来则发展成为一个学术界的“热门”领域，图书馆界亦多所参与，至今方兴未艾。

然而，总体而言，我国口述史学的研究与发达国家相比仍相对滞后，一些问题困扰着口述史界与图书馆界，如理论研究相对薄弱、口述史采访缺乏规范、访谈质量良莠不齐、成果共享尚显不足等。

本书作者是我国口述史学长期践行者和探索者之一。近年来，他在从事口述史采访的同时，更作为一个研究者，孜孜不倦、常年耕耘，取得了累累硕果。全根先研究员借鉴了国外口述史学的研究成果，根据多年来自己从事口述史研究与实践的经验，从理论与实践两个方面，对口述史学相关问题进行了具有开创意义的综合性探讨。作者在本书中，除阐述口述史学的一些基本理论问题外，还着重对口述历史项目如何策划、口述史访谈如何准备、如何把握重点、如何收集文献、如何整理文稿等问题加以论述；特别是对口述史访谈中文献的收集与后期成果的评价问题的研究，在国内口述史界属首次系统性探讨。

作者系国家图书馆中国记忆项目中心资源建设总审校，参与了中国记忆项目中心开展的所有口述历史项目，参与了相关口述史采访操作指南的起草与修订工作，参与了文化部国家级非物质文化遗产代表性传承人抢救性记录工程的评估验收，掌握了许多第一手资料，其中有大量的亲身体验与深入思考，本书的内容具有相当的理论深度，对学界有一定的借鉴性和可操作性。

值得一提的是，书中一些文章是对当代中国著名学者、科学家、艺术家，以及一些非遗工作者的访谈记录和感想，读来不仅可以开阔人们的视野，使人兴味盎然，而且让人内心感动，心灵升华，思想沉淀。

相信知识产权出版社出版的这本书，对于广大口述史工作者、特别是图书馆界口述史工作者，会有很大的参考价值。对于一般口述史爱好者和历史爱好者，相信也能从中获得丰富的历史知识和有益的思想启迪。

王永民先生被中央授予“改革先锋”

作者是一位治学严谨又极具开拓精神的学问大家和实践者，他把多年的实践经验和治学心得在本书中和盘托出，毫无保留，无私地奉献给社会，令人敬佩，其学养、道德实为学界之楷模。

我国的口述史学，方兴未艾。一个新学科的创立，往往离不开创新者、耕耘者、奉献者，甚至失败者。随着新技术的推出和应用，口述史学必将有更大的发展，“口述”必将更加生动，更加立体，更加价廉，更加科学有序，更加深入民间，由此使得中华文化的记录整理和传承进入一个新时代。

本书的出版，填补了该学科界的又一个空白，对中华民族的文化传承、文化自信与文化创新，对我国图书馆事业的发展，是一个重要贡献。

谨此祝贺全根先研究员《口述史理论与实践》一书出版！是为序。

王永民

2019 年 7 月 19 日于北京

前　言

人类是需要记忆的一个物种；而这种记忆，又是地球上任何其他物种所不具备的，它是一种概念式、符号化的记忆。为什么说它是一种概念式、符号化的记忆？因为它是可以脱离现场的某种情绪而回忆以前经历事情的一种能力。人类因为拥有这种能力，才有了历史，才有了文明的传承。人类传承文明的主要手段或途径，除了实物，就是通过语言或文字。语言是口头传承，世代相传；文字则是更高级的记录与传承手段，是人类文明发展到一定阶段的产物。文字发明以后，人类开启了以文字为主要载体记录与传承文明的伟大时代，口头传承则逐渐退居次要地位。

有了文字，就有了图书馆。图书馆有赖文字的发明、书籍的出现而诞生，千百年来一直履行着收藏与传播人类文明的重要职责，是人类文明持续发展、绵延不绝、取之不尽、用之不竭的文化宝藏。同时，在历史的长河中，图书馆本身也随着文明的不断进步而改变自己的面貌、拓展自己的职能。当代图书馆面貌与职能的一个显著变化，就是图书馆记忆功能的回归，即不再满足于作为一个文献收藏与传播的文化机构，而是主动地投入活态的口述历史文献的抢救与记录之中。

这样，图书馆与口述史学就在这个历史的交汇点上有机地结合在一起，成为当代图书馆事业发展的一个新的亮点、新的领域。

口述史学作为历史学的一个分支学科，诞生于20世纪40年代。美国口述历史协会的一份报告中指出："口述史是在1948年作为一种记录历史文献的现代技术而确立自己的地位的，当时哥伦比亚大学的历史学家A.内文斯开始录制美国生活中的要人们的回忆。"正是这一年，内文斯在哥伦比亚大学提出开展口述历史科研项目，创建了历史上第一个研究口述史的专门机构——哥伦比亚大学口述历史研究室。这是现代口述史学诞生的一个标志。

不过，在口述史学的理解方面，国内外学者却是众说纷纭，至今争论不休。笔者以为，虽然各家对口述史学的理解不尽相同，然就口述史实践而言，实则大同小异。口述史学在实践层面，就是利用现代音像、影音技术，通过采访者与受访者的交流互动，将历史事件与人物故事记录与保存下来，以弥补现有文字资料的不足，还原历史真相，并将访谈所得的口述史料整理成文稿或视频、音频资料，加以保存与研究。口述史学在社会层面，可以说是大众史学，贴近百姓生活，有别于长久以来的精英史学。

口述史学自诞生之日起，便与图书馆密切相关。可以说，图书馆一直是口述史项目的重要推动者、参与者、支持者。例如，美国早期口述历史机构大都设在图书馆。美国国会图书馆、美国国家医学图书馆、美国国家农业图书馆等均开展了口述历史项目。如今，美国口述历史研究工作主要由公共图书馆承担。国际图联（IFLA）也一直致力于口头传统的抢救与保护。1999年在泰国曼谷举行的第六十五届国际图联大会上，其中有一个主题，便是"口头传统的收集和保护"，对图书馆与口头文化的关系以及图书馆新的职责定位进行了交流与探讨。

世界上许多口述史项目都由图书馆发起，国家图书馆更是在其中发挥引领作用。1992年，联合国教科文组织（UNESCO）发起世界记忆工程，其关注重点不仅有手稿、图片、各种档案，还有口述历史资料。许多国家的图书馆尤其是国家图书馆，相继启动了国家记忆工程，如美国国会图书馆的"美国记忆"、英国国家图书馆的"国家生活故事"、德国国家图书馆的"我们的故事——民族的记忆”、荷兰皇家图书馆的“荷兰记忆”、日本国会图书馆的“日本年历”、新加坡图书馆管理局的“新加坡记忆”等。此外，法国、西班牙、加拿大、澳大利亚、新西兰、以色列、墨西哥、印度、巴西、中国台湾等国家和地区图书馆，也都各自开展了口述历史项目。

在我国，口述史学的源头可以追溯至20世纪50年代。改革开放以后，国外口述史学理论逐渐介绍进来，到21世纪初形成一股“热潮”，至今方兴未艾。2004年，中华口述历史研究会成立，口述史学发展势头迅猛，吸引了众多机构甚至个人参与其中，口述历史项目如雨后春笋，在各地广泛开展。2012年，国家图书馆正式启动中国记忆项目工程，迄今已开展了“东北抗日联军”“中国远征军”“大漆髹饰”“蚕丝织绣”“中国年画”“我们的文字”“学者口述史”“中国图书馆界重要人物”“人口较少民族口头传统典藏计划”等多个口述历史项目，日益成为我国图书馆界乃至国内整个口述史界的重要阵地。

目前，我国图书馆界业已开展的口述历史项目，可以说是成果累累，成绩喜人，积累了许多有益且宝贵的经验。不过，总体而言，仍存在一些问题，诸如图书馆界目前对口述史学的参与度有待进一步提高，对口述史学的理论研究相对不足，口述史实践缺乏比较权威的、操作性强的工作标准，口述史采访水平参差不齐，口述史料的采集落后于研究所需，口述史采访成果发布相对滞后、共享度不高，由于宣传不够成果转化率有待提高。另外，还存在图书馆界口述史项目协作性不够，项目策划与项目执行、目标与成果不相协调等问题。

鉴于此，进一步开展口述史学理论与实践研究，探讨当前国内图书馆界乃至整个口述史界工作项目的经验教训，已是迫在眉睫、不能回避的一件事情。

我于20世纪80年代在杭州大学（1998年并入浙江大学）和南京大学研习史学，至今兴趣不减。2014年4月，我调至国家图书馆社会教育部，担任中国记忆资源建设总审校，正式投入口述史学的研究与实践之中。五年来，我几乎参加了中国记忆项目中心开展的所有重要口述历史项目，从前期策划、担任采访人到校对速记、编辑文稿、审阅视频资料，以至参与起草口述史项目工作规范，熟悉口述史采访的整个流程。与此同时，我还撰写了多篇口述史学论文、学术报告与采访笔记，整理的口述文稿有的已正式出版。特别是担任多位学者与传承人的口述史采访人，并参与文化部国家级非物质文化遗产传承人记录工程的验收评估、中国图书馆界重要人物口述史项目的验收评估，所有这些，为我提供了较为丰富的口述史学工作经验。

本书所收文章，是我从五年来撰写的口述史学论文、学术报告、口述文稿，以及采访准备、采访笔记中挑选出来的。全书分为理论篇与实践篇两部分。需要说明的是，理论部分收录的《镜头中的历史与图书馆收藏》属于影像史学的研究内容。之所以将其收录，是因为影像史学与口述史学关系密切，口述史采访大多采用影像记录手段。在书稿整理过程中，由于原来写的若干论文与学术报告在内容上有一定重复，故在收入本书时进行了整合。不过，个别文章因考虑到文章的逻辑结构，仍存在少量重复，敬请读者谅解。书中收录若干口述文稿，业已征得受访人、采访人同意，并由本人整理而成。有若干文章是本人所写的采访札记，是对口述史采访的记录与思考。书中还收录了近年来媒体对本人的几篇采访文章，反映了本人对口述史学的理解和见解。总之，本书内容既有一定理论性，又有一定的可操作性，故不揣愚陋，汇编成册，庶几可供业界进行口述史访谈时参考借鉴，并请方家批评指正！

特别要感谢的是，著名历史学家、北京师范大学历史学院资深教授刘家和先生，当代发明家、“五笔字型”发明人、“改革先锋”王永民先生，他们在百忙之中为拙作撰写序言，是对本人的极大鼓励和激励，晚生感激不尽，定当继续努力，不辜负前辈学者的殷切期望！同时，我还要感谢知识产权出版社的老师们，他们的敬业精神和业务水平令人敬佩！

记得有一句谚语说：“细线常锯木必断，檐水久滴石必穿。”知识是无穷的，人的生命却是有限的，唯有不懈努力，或许能有所收获。

目 录

理论篇

图书馆与口述史学：渊源、现状和存在问题

人类区别于地球上所有物种的根本性标志之一，就是拥有概念式、符号化的记忆能力，而文明赖以世代传承。所谓概念式、符号化记忆，是指人类拥有可以脱离现场的某种情绪回忆以往经历事情的一种能力，这是地球上任何其他物种所不具备的。人类因为拥有这种能力，才有了历史，才有文明的传承。历史就是传承，没有传承，就没有历史。人类传承文明的主要手段或途径，除了实物，就是语言和文字。语言是口头传承，一个个体生命消失，通过另一个个体生命传承下去；文字则是更高级的记录与传承手段，是人类文明发展到一定阶段的产物，它可以超越时空而传承。因此，文字发明以后，人类开启了以

与国家图书馆研究馆员、图书馆学家熊道光先生合影

文字为主要载体记录与传承文明的伟大时代，而口头传承逐渐退居次要地位。

有了文字，就有了图书馆。图书馆有赖文字的发明、书籍的出现而诞生，千百年来一直履行着收藏与传播人类文明的重要职责，是人类文明绵延不绝、不断发展、取之不尽、用之不竭的丰富宝藏。同时，在历史发展的长河中，图书馆本身也随着文明的进步而不断地改变自己的面貌，拓展自己的职能。当代图书馆面貌与职能的一个显著变化，就是图书馆记忆功能的回归，不再满足于传统的作为一个文献收藏与传播的文化机构，而是主动地投入活态的口述历史文献的抢救与记录之中。也就是说，图书馆不再是被动地收藏文献，而是主动地创造文献。至此，图书馆与口述史学有机地结合起来，成为图书馆事业发展的一个闪光点、新领域。

一、口述史学：史学领域的后起之秀

人类通过口头传递经验、传承文明的传统，可以说是源远流长。不过，口头传承与口述史学有本质区别。其区别在于：口头传承是一种自发的、本能的有时甚至是无意识的行为；而口述史学则是建立在一定理论基础上、借助某种记录手段进行的有目的、有计划的学术行为。口述史学与传统史学的主要区别在于它不是简单地收集和利用已有的文献进行研究，而是主动地采集文献或者说是创造新的文献。在历史学的大家庭中，口述史学属于比较年轻的分支学科。

一般认为，作为历史学的分支学科，口述史学创立于 1948 年。美国口述历史协会的一份报告中指出："口述史是在 1948 年作为一种记录历史文献的现代技术而确立自己的地位的，当时哥伦比亚大学的历史学家 A. 内文斯开始录制美国生活中的要人们的回忆。"[①] 实际上，早在 1938 年，口

① 岳庆平：《关于口述史学的五个问题》，《中国高校社会科学》，2013 年第 2 期。

述史学的创始人 A. 内文斯就出版了《通往历史之路》一书，主张开展口述历史研究。1948 年，内文斯在哥伦比亚大学提出开展口述历史科研项目，创建了美国历史上第一个研究口述史的专门机构——哥伦比亚大学口述历史研究室。

20 世纪 50 年代，美国口述史学研究进展不大。60 年代初，一些口述史学论著陆续问世，较有影响的，如 W. 鲍姆的《地方史学界的口述历史》、C. 戴维斯的《口述历史：从磁带到打字机》、R. 柯蒂斯的《口述历史计划指南》等。1966 年，美国口述历史协会正式成立。与此同时，口述史学研究开始由美国传播到世界各地，加拿大、英国、法国、日本等许多国家和地区相继涌现了一批口述史学者与研究团体。1980 年，美国口述历史协会提出了一套评价口述历史的标准，规定了口述历史工作者和口述历史机构的义务。口述史研究被广泛应用于政治史、企业史、部落史、宗教史等领域。在亚洲，口述史学也很快发展成为一门新兴的“热门”学科。

那么，什么是口述史学？对于这个问题，国内外学者目前分歧较大。不少口述史学论著提出了各自对口述史学的定义，如保罗·汤普逊①、唐纳德·里奇②、周新国③、杨祥银④等。我以为，探讨口述史学的概念固然有必要，但是，没有必要对其进行过分考究，各家所表达观点虽不尽相同，但就口述史实践而言，实则是大同小异。钟少华先生认为：“口述历史是受访者与历史工作者合作的产物，利用人类特有的语言，利用科技设备，双方合作谈话的录音都是口述史料，将录音整理成文字稿，再经研究加工，可以写成各种口述历史专著。”⑤ 在我看来，这一观点可以参考。

口述史学自诞生以来，随着科学技术的进步而不断发展，不同时期呈

---

① （英）保罗·汤普逊著，覃方明等译：《过去的声音——口述史》，辽宁教育出版社，2000 年。

② （美）唐纳德·里奇著，王芝芝、姚力译：《大家来做口述历史：实务指南》，当代中国出版社，2006 年。

③ 周新国：《中国口述史的理论与实践》，中国社会科学出版社，2005 年。

④ 杨祥银：《与历史对话——口述史学的理论与实践》，中国社会科学出版社，2004 年。

⑤ 钟少华：《进取集》，中国广播电视出版社，1998 年，第 414 页。

现不同的特点。大体而言，20 世纪 50 年代以“磁带革命”为特色，70 年代以“音像革命”为特点，80 年代发生了“计算机革命”，90 年代出现了“电子革命”；进入 21 世纪，随着互联网和信息化时代的到来，口述史学理论与实践突飞猛进。每一次技术革命，都对口述史学理论与实践产生重大影响，其结果往往是人们始料未及的。至于口述史学的研究成果，正如姚力先生所概括：一是带有社会学、人类学倾向的口述史；二是立足文学的口述史；三是自传体口述史；四是政要人物口述史；五是普通民众口述史。①

如今，口述史学已遍及世界各地。正如美国口述史家、前口述历史协会主席唐纳德·里奇所说：“自从世上第一套录音设备出现，由蜡盘滚筒逐渐发展到磁盘、有线录音机、卡式录音匣和卡式录音带，口述史家便开始使用这些设备进行各式各样的访谈，对象包括政治家、示威抗议者、原住民和移民、艺术家和工匠、士兵和平民、圣职人士和俗人。他们不仅录制了纳粹屠杀犹太人的幸存者、第二次世界大战受监禁的日裔美国人和苏联思想劳改营的受刑人等的回忆录；也掌握了包括城市、郊区卫星城镇和偏僻乡村内家庭与社区的日常生活经验。当历史学家体认到大部分的历史书籍遗漏了妇女和少数民族时，口述史家便为妇女和少数民族做录音，以便建构起更多元而精确的历史画面。”②

二、图书馆与口述史学的历史渊源

口述史学虽然是一门较为年轻的学科，然而，对图书馆而言，口述历史却不是什么全新的事物，大量口述历史文献早已保存在浩如烟海的图书馆馆藏中。实际上，口述历史是历史学最为古老的表现形式，其起源可以

① 姚力：《谈一谈眼下的口述史著作》，北京日报，2010 年 1 月 4 日。

② （美）唐纳德·里奇著，王芝芝、姚力译：《大家来做口述历史：实务指南》，当代中国出版社，2006 年，第 23－24 页。

追溯至远古时代的民间传说或口头传说。口头传说或民间传说未必都是历史事实，更不能与现代口述史学混为一谈，但是，其中不乏历史真实，有的甚至已被考古发掘所证实，一定程度上折射出一个民族的文化传统与历史发展脉络。口头传说和民间传说不仅是口述史学研究的历史渊源，还是人种学和社会人类学研究的基本素材来源之一。

无论是在中国还是在西方，均有大量历史文献保存口述史料。早在西周时期，中央政府就专门设有史官，记载周天子与其臣下的言行事迹。《礼记·玉藻》中说："动则左使书之，言则右使书之。"① 司马迁所著《史记》，就收录了不少他通过口述史采访而得到的历史资料。如《刺客列传》中，司马迁谈到荆轲刺秦王的史料来源："始公孙季功、董生与夏无且游，具知其事，为余道之如是。"② 即关于荆轲刺秦王的资料，他是从公孙季功、董生处听说的，公孙季功、董生又是听秦始皇私人医生夏无且说的。古希腊《荷马史诗》中，有许多是民间行吟歌手的集体口头创作，经过荷马整理，至公元前六世纪以文字形式记录下来，其中特洛伊木马传说已为考古发掘所证实。希罗多德的《历史》、修昔底德的《伯罗奔尼撒战争史》，都留下许多口述史料。

事实上，人们对于口述史料的运用，即使在传统史学发达、文献资料丰富的时代，也一直延续，没有完全抛弃。法国启蒙思想家伏尔泰的著作中，就曾参考包括个人回忆在内的很多生动形象的口述史料。马克思的《资本论》、恩格斯的《英国工人阶级状况》中，均引用了来自报刊、白皮书、回忆录等丰富、翔实的口述史料。英国近代历史学家 L. 麦考利在《英格兰史（1848—1855）》一书中，曾大量运用口述史料。在我国，宋元时期盛行"讲史"传统。所谓"讲史"，就是通过口耳相传的方式在民间传播历史知识；由"讲史"发展为历史演义，这是我国古代口述历史传播

① （汉）戴圣编，胡平生、张萌译注：《礼记》（上），中华书局，2017 年，第 560 页。
② （汉）司马迁著，甘宏伟、江俊伟译注：《史记》（第三册），崇文书局，2017 年，第 1651 页。

的一种重要方式。因此，唐德刚先生曾对口述史学的创始人内文斯说："你不是口述历史的老祖宗，而只是名词的发明人，口述历史是中国和外国都有的老传统"。①

在人类历史上，图书馆一直扮演着传承文明的重要角色。古往今来，图书馆名称虽然不一，其规模、状况、命运更是各不相同，但是图书馆作为一个社会公共文化机构，其记录历史、传承文明的基本功能始终未变。图书馆之所以能履行这一社会职能，源于其记忆与传播文明的能力，而记忆又是传播的前提与基础。人类是需要记忆来延续和发展的一个物种。图书馆不同于个人，其记忆属于集体记忆。图书馆记忆人类历史及其文明成果，是个体记忆的有机聚合，是个体记忆在空间上的拓展与时间上的延伸。

图书馆以何种形式承载社会记忆？就是通过记忆的"物化"。所谓记忆的"物化"，就是记忆的"外化"，即通过一定的载体呈现，主要存在形式是千百年来留存于世的浩如烟海的历史文献。美国图书馆学家谢拉（J. H. Shera）曾说："图书馆正是社会的这样一种新生事物：当人类积累的知识大量增加以至于超过人类大脑记忆的限度时，当口头流传无法将这些知识保留下来时，图书馆便应运而生了。"②随着口述史学的兴起，图书馆在保存与传播文献的同时，还通过口述历史采集，成为新型文献的创造者、传播者，记忆与传播功能双轮驱动，图书馆将真正成为"世界最美的知识花园""人类永恒的思想天堂"。

三、图书馆界口述史学开展现状

口述史学自诞生之日起，便与图书馆发生密切关系，图书馆员是口述

① 唐德刚：《史学与文学》，华东师范大学出版社，1999 年，第 4 页。

② （美）杰西·H. 谢拉著，张沙丽译：《图书馆学引论》，兰州大学出版社，1986 年，第 59 页。

史学研究的生力军，图书馆一直是口述历史项目的重要推动者、参与者、支持者。美国早期口述历史机构大都设在图书馆。除了总统图书馆的口述历史计划，美国成立最早、影响力最大的两个口述历史研究室——哥伦比亚大学口述历史研究室和加州大学伯克利分校地区口述历史办公室，就分别设于巴特勒图书馆和班克罗夫特图书馆。① 世界上许多口述历史项目是由图书馆发起的。国际图联（IFLA）也一直致力于口头传统的抢救与保护。1999 年在泰国曼谷举行的第 65 届国际图联大会上，其中一个主题便是“口头传统的收集和保护”，对图书馆与口头文化的关系以及图书馆新的职责定位进行了交流与探讨。

在口述历史实践层面，图书馆界在口述历史采集方面始终发挥着不可替代的重要作用。以美国为例，口述历史已成为图书馆日常工作的重要组成部分。美国总统图书馆、国家图书馆、高校图书馆和公共图书馆都开展了口述史采集工作。美国前总统富兰克林·罗斯福早在 1938 年就建议设立总统图书馆，对历任总统在任期间的各种文献档案、口述资料等进行记录收集。20 世纪 50 年代起，历任美国总统卸任以后，总统及其内阁成员、高级参谋、政敌、政治要人与亲属都要接受访问，设立总统图书馆，用以整理和保存这些口述历史资料。这是目前美国唯一长期受联邦政府资助的口述历史项目。美国国会图书馆、美国国家医学图书馆、美国国家农业图书馆均开展了口述历史项目。美国各州公共图书馆自 20 世纪 70 年代起，开展了许多口述史访谈计划。如今，美国口述历史研究工作主要由公共图书馆承担。

英国、法国、德国、西班牙、加拿大、澳大利亚、日本、新西兰、以色列、墨西哥、印度、巴西、新加坡、中国台湾等国家和地区图书馆，都各自开展了口述历史项目。1992 年，联合国教科文组织发起“世界记忆工程”，其关注重点不仅有手稿、图片、各种档案，还有口述历史资料等，

① 杨祥银：《当代美国口述史学的主流趋势》，《社会科学战线》，2011 年第 2 期。

开展各种形式的记忆项目是其工作的核心内容。许多国家的图书馆尤其是国家图书馆启动了“国家记忆工程”，如美国国会图书馆的“美国记忆”、英国国家图书馆的“国家生活故事”、德国国家图书馆的“我们的故事——民族的记忆”、荷兰皇家图书馆的“荷兰记忆”、日本国会图书馆的“日本年历”、新加坡图书馆管理局的“新加坡记忆”等。

在中国，口述史学的源头可以追溯至20世纪50年代。改革开放以后，国外口述史学理论逐渐介绍进来，口述史学日益引起历史学界及社会各界的关注。进入21世纪以来，口述史学在各地蓬勃开展，国家图书馆以及各地公共图书馆、高校图书馆纷纷加入到口述史采访工作之中。国家图书馆于2012年正式启动“中国记忆”项目，迄今开展了“东北抗日联军”“中国远征军”“大漆髹饰”“蚕丝织绣”“中国年画”“我们的文字”“学者口述史”“中国图书馆界重要人物”“人口较少民族口头传统典藏计划”等多个口述历史项目，获得了大量有价值的第一手历史资料，并通过出版、展览、讲座、现场展示、网上发布等方式，向社会公众传播，得到了有关领导和社会各界的广泛好评。

值得一提的是，2015年12月，在广州召开的中国图书馆年会上，专门设立了“中国记忆资源共建共享”分会场，国家图书馆与国内三十余家单位联合发起并签署了《全国图书馆界共同开展记忆资源抢救与建设倡议书》。2016年，中国记忆“中国图书馆界重要人物专题资源建设”项目正式启动。在第一批申报单位中，除国家图书馆外，共有18个兄弟单位申报，受访人28位，目前这些项目业已完成。2018年6月1日，在河北廊坊举行的中国图书馆年会中国记忆资源建设分会场上，又启动了中国图书馆界重要人物专题资源建设项目第二批申报工作，截至目前这项工作进展良好。

图书馆进行口述历史采集，抢救“活态”文献，具有诸多有利条件。首先，图书馆具有丰富的文献收藏与开发经验。对于作为新型文献的口述历史资料，图书馆将以传统文献收藏与开发为基础，使其得到更好的保存与利用，特别是在口述历史资料连续、长久与有序保存方面优势更为突出。

其次，图书馆具有独特的资源与技术优势，拥有覆盖全社会的公共文化服务网络和公共图书馆服务网络，加之图书馆的软硬件设施等，将在口述历史文献开发利用方面展示其技术优势。再次，在口述史采集方面，图书馆具备一定的人才优势，图书馆员较高的文化修养和良好的专业素质，为开展口述史工作提供了可靠的人才保障。最后，图书馆在开展口述史项目方面还具备一定的传播优势。图书馆是读者与书籍之间的桥梁，担负着向社会公众传播科学文化的重任。图书馆利用其原有的知识传播途径，传播口述史学成果，通过与读者的互动交流，成为社会公众的“发声”平台。

四、口述史采访中存在的主要问题

目前，国内图书馆界已开展诸多口述历史项目，取得了一系列重要成果，积累了丰富的实践经验。不过，总体而言，仍存在不少问题，值得探讨。这些问题中，既有国内口述史界存在的普遍性问题，又有图书馆界存在的一些特殊性问题。

首先，口述史学虽然在世界各地广泛开展已有大半个世纪，许多国家图书馆、地方图书馆、高校图书馆，以及民间机构甚至个人都积极参与其中，然而，不可否认的是，口述史学在国内图书馆界总体认知程度还不是很高。国内公共图书馆系统，在中国记忆“中国图书馆界重要人物专题”资源建设项目启动以前，业已开展口述历史采集的省市级公共图书馆都相对较少，更不用说地市级、县级公共图书馆了；在高校图书馆系统，情况也与此类似。长期以来，人们对于图书馆的认识，习惯于收藏已有文献，对其进行编目、保存、传播与开发利用；对于图书馆记录历史的职责，即我们所说的记忆职能，缺乏足够的认识，有的甚至根本不知口述史学为何物。笔者以为，图书馆界开展口述史采访工作，领导重视是关键。领导如果不重视，不关注口述历史文献的记录与保存，口述史学在图书馆界的开展必定会受到影响。

其次，目前图书馆界虽然不缺乏研究人员和高学历的人才，但是，大多数馆员习惯于传统的图书馆研究领域，没有或较少关注口述史学，对于图书馆存史之职责缺乏使命感和紧迫感，有的宁愿去做一些没有多少创新价值、低水平的重复研究，也不去接触鲜活的社会生活，不去关注即将消逝的文化遗产。有一些人，他们也想做一点事，或者听说过口述史学，但由于对口述史学不了解，缺乏实践经验，找不到有效路径。有的人认为，口述史学是历史学家做的事，或者是学历史专业的人才能做，别人做不好。这种说法不是没有一点道理，但是，也不完全对，因为他们没有把记录历史与研究历史区别开来。研究历史，的确需要较深的史学修养，而记录历史，并不一定要有（当然如果是本专业更好）太多的专业知识。只要有热情，懂得记录历史的基本方法，做好细致的准备工作，非专业人员也可以开展相关工作。实际上，目前真正用口述史料进行历史研究的作品并不多，大多是记录历史的口述史作品，且绝大多数是非专业历史工作者的作品。

最后，目前图书馆界口述历史工作中存在的问题，有的属于国内整个口述史界存在的共性问题。大体说来，存在的问题主要有：一是口述史学基本理论研究不够，原创性、理论性研究成果较少。二是口述历史实践缺乏工作规范，如口述史访谈、文献收集、文稿整理、影像编辑、编目加工等，缺乏比较权威的、操作性强的工作手册。近年来，国家图书馆中国记忆项目中心草拟了《“中国图书馆界重要人物专题”共建共享手册》，可以说是这方面的有益尝试。三是口述史采访水平参差不齐，口述史料的采集落后于口述史研究所需。一些口述史访谈项目，由于采访者经验不够、准备不足，未能得到充分挖掘，没有达到预期效果。如此等等，不一而足。

总之，图书馆界开展口述史学理论研究与实践，是图书馆保存社会记忆、传承人类文明的职责所在，是一件利在当代、功在千秋的崇高事业。让我们迅速行动起来，以一种“舍我其谁”的使命感，积极投身到口述历史工作之中，留住正在消逝的历史文化，为中华文明的传承与发展做出应有的、更大的贡献。

口述史学与图书馆记忆平台建设

历史学的根本目的和主要任务，就是记录与研究人类的历史，传承文明。在历史学的大家庭中，公众史学是源头甚远却又十分年轻的一个分支学科；与之对应的，则是以帝王将相、社会精英为中心的传统史学。钱茂伟先生认为，公众史学是研究公众历史的写作及传播的学问体系。他在《公众史学通论》一书中，将公众史学进一步细化为六个方面，即通俗普及史学、公众历史书写、公众口述史学、公众历史写作、公众影像史学、公众文化遗产。[①] 公众史学的这六个方面，如果去掉其中“公众”二字，均早于公众史学之名称而分别出现。公众史学的提出，其意义在于弥补以帝王将相、社会精英为中心的传统史学的不足，将一直以来被历史学家所忽略、边缘化的普通民众纳入历史书写与研究的学术视野。而口述史学作为公众史学的一个重要分支，目前已越来越受到专业历史工作者与社会各界的广泛关注，正如火如荼地在各地区、各领域开展。另外，图书馆作为汇聚人类记忆的主要场所，与口述史学有着深厚的历史渊源，具有开展口述史学的良好条件，为口述史学构建发展平台是其义不容辞的历史责任。

---

① 钱茂伟：《公众史学通论》，中国社会科学出版社，2015 年，第 12 页。

一、图书馆与社会记忆

1. 个体记忆与社会记忆

记忆是人类最基本的生理和心理功能。记忆对于个人与社会的重要性是毋庸置疑的。英国哲学家洛克（John Locke）说："我们如果没有记忆的帮助，则我们在思想中、推论中和知识中，便完全不能越过眼前的对象。"① 记忆是认识与思维的前提。一个人如果没有记忆，就会在很大程度上丧失自我；一个社会如果没有记忆，这个社会就无法进步。

记忆以持续时间来区分，有感觉记忆系统、短时记忆系统和长时记忆系统。这是心理学家阿特金森和希夫林（R. C. Atkinson & R. M. Shiffrin）提出的记忆理论。②记忆以记忆主体区分，则有个体记忆与社会记忆。个体记忆是每一个自然生命的独立记忆，随着时间的流逝或是生命的消逝，易被弱化、重组、延伸和遗忘；而社会记忆，则是个体记忆的有机聚合，是个体记忆在空间上的拓展与时间上的延伸，由个体记忆的"物化"聚合合成。

所谓记忆的"物化"，就是记忆的"外化"，即通过一定载体存在的主要形式是千百年来遗存于世的浩如烟海的历史文献。社会记忆对于一个民族、一个国家无比重要，社会记忆决定了一个社会乃至一种文明发展的方向与进程。社会记忆的本质是人类基于实践而创造的一切文明成果的凝聚累积，是人类历史的连续性传承机制。社会记忆立足于人类的科技进步与社会发展，经历了口头传承、文字记录与电子媒介三种记忆类型。

2. 图书馆汇聚社会记忆

《周易·系辞上》中说："一阴一阳之谓道，继之者善也，成之者性

---

① （英）洛克著，关文运译：《人类理解论》，商务印书馆，1991 年，第 119 页。

② 周谦：《学习心理学》，科学出版社，1992 年，第 275 页。

也。”又说：“形而上者谓之道，形而下者谓之器，化而裁之谓之变；推而行之谓之通，举而措之天下之民，谓之事业。”① 一般认为，“易”有三种含义：一是道体之“不易”；二是道用之“变易”；三是道义之“简易”。什么是“道”？老子说：“道生一，一生二，二生三，三生万物。”② “道”即自然，是世界的本源，是最高的准则。又说：“人法地，地法天，天法道，道法自然。”③ 那么，一部人类文明发展史，其“道”安在？我以为，就在于以实践为基础、以记忆为媒介，不断创新和发展的历史，记忆则体现了其中道体之“不易”的问题。

图书馆是社会记忆的汇聚之所，是文明传承的重要文化机构。意大利作家翁贝托·艾柯（Umberto Eco）说：“数百年来，图书馆一直是保存我们集体智慧的最重要的方式。它们始终都是全人类的大脑，让我们得以从中寻求遗忘，发现未知。”④ 对此，中外图书馆学家多有探讨。美国图书馆学家谢拉（Jesse Hauk Shera，1903—1982）说：“图书馆正是社会的这样一种新生事物：当人类积累的知识大量增加以至于超过人类大脑记忆的限度时，当口头流传无法将这些知识保留下来时，图书馆便应运而生了。”⑤ 我国图书馆学家杜定友先生说：“图书馆的功用，就是社会上一切人的记忆，实际上就是社会上一切人的公共脑子。”⑥ 吴慰慈、董焱先生认为，“图书馆是社会记忆（通常表现为书面记录信息）的外存和选择传递机制，换句话说，图书馆是社会知识、信息、文化的记忆装置、扩散装置。”⑦

在历史发展的长河中，图书馆所发挥的社会记忆功能，使人类在社会生产与生活实践中所产生、积累的经验与智慧得以传承和发扬。图书馆自

① （唐）李鼎祚撰，王丰先点校：《周易集解》，中华书局，2016 年，第 401 页。
② 黄平：《老子研读》，中华书局，2015 年，第 185 页。
③ 黄平：《老子研读》，中华书局，2015 年，第 129 页。
④ （意大利）翁贝托·艾柯著，康慨译：《书的未来》，《新华文摘》，2004 年第 12 期。
⑤ （美）杰西·H. 谢拉著，张沙丽译：《图书馆学引论》，兰州大学出版社，1986 年，第 59 页。
⑥ 吴慰慈：《图书馆学基础》，高等教育出版社，2004 年，第 29 – 30 页。
⑦ 吴慰慈，董焱：《图书馆学概论》（修订本），北京图书馆出版社，2002 年，第 55 页。

诞生之日起，即发挥着人类文化传统的记忆与守护、知识共享与交流的平台作用。从古代两河流域、埃及最早的图书馆，到当今高新技术云集的巍巍图书馆大厦，图书馆无论是外观还是内涵虽然都已发生沧桑巨变，但是，它作为“人类永久记忆客观知识精华的社会机制”始终未变，也不可能改变，永远是“世界最美的知识花园”“人类永恒的思想天堂”。

3. 毁灭图书馆，就是毁灭人类记忆

西汉学者刘向在《说苑》中说：“书犹药也，善读之可以医愚。”英国近代历史学家卡莱尔（Thomas Carlyle）说：“过去一切时代的精华尽在书中。”关于书籍，古今中外的思想家为我们留下了无数名言警句。而图书馆则是文献典籍的存储之所、交流之所，珍藏着人类最丰富、最完整的历史记忆，是人类巨大的记忆宝库。从某种意义上说，毁灭图书馆，就是毁灭人类记忆。不幸的是，这样的事件在历史上却屡有发生，给我们留下了惨痛的教训。人类文明的历史，其实也是与野蛮做斗争、文明与野蛮交织的历史。

公元前 295 年开始兴建的埃及亚历山大里亚图书馆，曾经是堪与亚里士多德图书馆相媲美的古希腊著名图书馆，但公元前 48 年，它被罗马统帅恺撒（Julius Caesar）毁于战火。从此，荷马全集、欧几里得手稿，埃斯库罗斯、索福克勒斯、欧里庇得斯的全部诗稿等一大批珍贵典籍消失殆尽。在古代中国，秦始皇的“焚书坑儒”、汉代王莽与董卓之乱、唐代“安史之乱”、北宋“靖康之耻”、元兵攻入临安、明代《永乐大典》遭宫中火灾、清代《四库全书》多部被焚，兵连祸接，典籍被毁事件史不绝书。

一个民族、一个国家之所以能屹立于世，其最坚固的根本在于文化。文化的存续，决定着民族与国家的兴亡。正如南怀瑾先生所说：“一个国家亡国并不可怕，可怕的是文化没有了，国家亡了还可以复国，可文化要

是亡了，国家再也复不起来了!”① 当然，国家是不能灭的，因为国家要是被灭，文化也可能被灭。不过，从南先生的话我们或许可以引申出这样的道理，图书与图书馆的被毁，毁灭的不仅是书籍本身，还有民族的文化、民族的记忆；反过来，这也表明图书馆对于人类记忆的重要意义。

二、图书馆与口述史学之渊源

1. 不断演进的图书馆记忆

在人类历史上，在文字发明以前，曾有过“结绳记事”“刻木记事”等多种记忆方式。文字的发明，是人类进入文明时代的一个重大标志，开启了以书籍为主要载体记录历史的伟大时代。图书馆因文献典籍的不断积累、需求的增长应运而生，一直履行着保存与传播的职责。图书馆本身随着文明的不断进步，不断地改变自己的面貌，拓展自己的职能。不过，图书馆的面貌与职能虽然屡有变迁，却是万变不离其宗，终究是社会记忆的重要平台。

在我国历史上，尽管没有“图书馆”这一概念，官府藏书、寺院藏书、民间藏书却十分兴盛。我国古代的官府藏书，至少可以追溯至商代王室的甲骨收藏。汉初宫廷中的天禄阁、麒麟阁、石渠阁，三国两晋时期秘书省下设的秘书监，唐代的弘文馆、史馆、集贤书院，宋代的崇文院、秘书省，明清时期的文渊阁、国子监等，均为官府藏书、编书之所。至于民间藏书，或手抄，或购买，或转赠，或达官贵人，或学者名流，或士绅百姓，林林总总，蔚为大观，形成丰富多彩的藏书文化。不过，由于古代官府藏书与民间藏书不向公众开放，只有少数人能利用，未能充分发挥其社会记忆功能。

---

① 南怀瑾：《一个没有文化根基的民族是没有希望的》，http：//www.92to.com/wenhua/2016/04-20/3507417.html［2016-04-20］.

鸦片战争以后，中国社会面临“三千余年一大变局”（李鸿章语）。随着西方文化思潮的逐渐传播，一批公共图书馆、学校图书馆相继创办。近代图书馆的诞生，标志着传统官府藏书与民间藏书渐次退居次要地位，图书馆以崭新的社会形象成为社会记忆汇聚与传递的重要平台。近代图书馆与传统官府藏书与民间藏书的本质区别，在于它打破了文献的私属性质，公众可以使用、分享，是图书馆社会记忆职能的真正回归。与此同时，古代官府藏书与民间藏书传统依稀可辨，我国传统社会的藏书文化仍绵延不绝，薪火相传。

20 世纪 80 年代以来，随着科学技术的迅猛发展以及广泛应用于图书馆事业，图书馆的藏书结构与运行模式已发生天翻地覆的变化，电子文献、数字存储、数字图书馆迅速发展，极大地改变了图书馆的面貌和原有的发展模式。学者认为，当前图书馆属于“复合图书馆”（Hybrid Library）。“复合图书馆就是在一个机构框架下，以传统图书馆为基础，实现传统图书馆与数字图书馆共存互补并有机结合于一体，是实体加虚拟，围绕信息存储的物理场所和信息空间。”① 这种“复合图书馆”形态的出现，势必对图书馆的发展产生深远影响。当前，图书馆已经从实体图书馆消亡危机的阴影中走出，继续发挥着社会记忆平台的重要作用，而口述史学的发展潮流，将进一步提升图书馆社会记忆功能的发挥水平。

2. 口述史学之前世今生

人类对历史的记忆，在电子技术出现以前，主要是通过口头相传、文字资料与实物遗存进行。人类社会早期，口头相传是历史记忆的主要形式，也是口述史学的历史源头。那时候，人们的知识、经验、情感都通过口头相传而记录下来。这种口头相传的历史传统，被誉为“人类表达文化之根”。在人类文明的不断演进过程中，人类从鲁迅所说会喊出“杭育杭育”的劳动号子，到能相对完整地表达自己的思想，当不会晚于旧石器时代中期——距

① 黄宗忠：《论图书馆的新模式——复合图书馆》，《图书情报知识》，2002 年第 3 期。

今大约10万年。[①] 早期图书馆的收藏中，口述历史资料都占有相当大的比重。不过，当时能留存下来的历史，主要是帝王将相、精英人物的历史，普通民众的历史经常被忽略。

口述史学的源头与图书馆早期形态曾有过高度契合。目前已知的世界上最古老的英雄史诗《吉尔伽美什》，见诸古巴比伦亚述巴尼拔墓里的泥板图书馆；古希腊的《荷马史诗》，见诸埃及的亚历山大图书馆。这两部史诗的内容，多是根据口头相传记录而成。我国古代典籍中，《山海经》记载了许多脍炙人口的神话故事；司马迁的《史记》中，许多历史资料都是他亲自走访耆老采集所得。如《史记》记载项羽被困垓下时的慷慨悲歌："力拔山兮气盖世，时不利兮骓不逝。骓不逝兮可奈何，虞兮虞兮奈若何！"[②] 如果不是通过口头采访，司马迁是不可能取得第一手资料、写得如此栩栩如生的。梁启超《中国历史研究法》一书中，曾提出"五四运动"以前张勋复辟、袁世凯称帝、辛亥革命、戊戌变法等，"亲躬其役或自睹其事之人，犹有存者，采访而得其口说，此即口碑性质之史料也。"[③]

口述历史资料在文字产生、印刷术发明以后，对于人类记忆的重要性有所下降，甚至被一些"正统"的历史学家所抛弃。在西方国家，口述历史资料受冷落，发生于19世纪德国兰克学派[④]兴起以后。在他们看来，档案库的资料是最可信的记录。在我国，清代乾嘉学派在政治的高压之下，考据之风盛行，成为学术之大宗。他们长年累月地钻故纸堆，讲究"无一字无来历"。[⑤] 现代口述历史的兴起，则得益于录音设备的产生与使用。1948年，美国学者A. 内文斯（Allan Nevins）创建哥伦比亚大学口述历史

① 朝戈金：《中国西部的文化多样性与族群认同：沿丝绸之路的少数民族口头传统现状报告》，社会科学文献出版社，2008年，第4页。

② （汉）司马迁撰，文天译注：《史记》，中华书局，2016年，第85页。

③ 梁启超：《中国历史研究法》，江苏文艺出版社，2008年，第42页。

④ 兰克学派，指以德国历史学家兰克（Leopold von Ranke）为代表的史学派别，又称历史研究的科学学派。由于该学派倡导秉笔直书，通过史料批判如实地再现历史，成为实证主义史学流派的同义语。

⑤ 钟少华：《口述历史是活的史料》，《中国图书商报》，2004年2月6日。

研究室，标志着口述史学的产生。随后，口述史学浪潮席卷英美各国，并蔓延至世界各地。

一方面，耐人寻味的是，口述史学自诞生之时起，即与图书馆关系密切，图书馆一直是口述历史项目的重要支持者、推动者、参与者。美国早期口述历史机构大都设在图书馆。除了总统图书馆的口述历史计划外，美国成立最早、影响力最大的两个口述历史研究室——哥伦比亚大学口述历史研究室（成立于1948年）和加州大学伯克利分校地区口述历史办公室（成立于1954年），即分别设在巴特勒图书馆和班克罗夫特图书馆。[①] 直到今天，世界上已经开展或者正在开展的口述历史项目，许多都是由各类图书馆发起、组织实施的。

另一方面，与口述史学关系密切的影像史学，相对比较后起，它与近代电影业的发展有关，电影要到20世纪初才开始风靡全球。电影作为一门艺术，其内容固然有虚构成分，然而其中不乏人类生活的真实记录。而作为公众史学分支之一的影像史学，正式诞生于20世纪80年代。1988年，美国历史学家海登·怀特（Hayden White）在《美国历史评论》上发表了《书写史学与影视史学》一文，正式提出“Historiophoty”这一概念。他认为，影像史学是“以视觉影像和电影话语来表现历史和我们对历史的见解”。[②] 此后，我国台湾学者周梁楷、大陆学者张广智分别撰文，对影像史学有所介绍。[③] 不过，有必要说明，图像史料作为历史研究的重要资料，不是影像史学诞生以后才开始运用。另外，影像史学研究中，将大量散见于各种文献中的图像纳入研究范围，这就与图书馆的关系更加密切，图书馆丰富的馆藏可以作为其研究的重要来源。

不论是口述史学还是影像史学，虽然具体呈现形态有所不同，但都属于文献范畴，作为人类记忆，无不与图书馆有关。图书馆是文献的收藏

---

① 杨祥银：《当代美国口述史学的主流趋势》，《社会科学战线》，2011年第2期。

② （美）海登·怀特，周梁楷译：《书写史学与影视史学》，《当代》第88期，1993年8月。

③ 张广智：《影视史学：历史学的新领域》，《学习与探索》，1996年第6期。

者、传播者，是人类记忆的汇聚之所。

3. 图书馆界之记忆行动

当代图书馆界对于口述史学的积极响应，某种程度上得益于国际图联（IFLA）的大力支持。作为人类文化重要组成部分的口头传统，其保护既依赖于代代相传的活态传承，更需要图书馆等收藏机构的静态保管与动态传播。1987 年，在英国布莱顿（Brighton）召开的第五十三届国际图联大会上，地区事务分组主席 Rapha 1 Ndiaye 提交了题为《口头文化与图书馆》的报告，其核心内容是阐述图书馆作为今天文字记录的记忆中心，同样有能力成为口头表达的记忆中心，图书馆保存口头文化不仅必要而且可行。[①] 1988 年，《IFLA 杂志》刊登了 Rapha 1 Ndiaye 所撰《口头文化与图书馆》一文，其中提到："对口头文化与图书馆关系的探讨与解答，不仅会影响我们的生活方式，而且会影响到图书馆的类型和发展变迁。"[②] 1999 年在泰国曼谷举行的第 65 届国际图联大会，将会前会主题确定为"口头传统的收集和保护"，对图书馆与口头文化的关系以及图书馆新的职责定位进行了交流与探讨。此后，世界各地的文化遗产保护成为图书馆界普遍关注的重要问题。国际图联在口述历史采集与收藏方面的关注和支持，对于图书馆参与、开展口述史项目具有重要的推动作用。

1972 年，联合国教科文组织在第十七次大会上正式通过了《保护世界文化和自然遗产公约》，1976 年又建立了《世界遗产名录》，1992 年正式启动"世界记忆工程"。"世界记忆工程"是与口述史学高度契合的文化记忆工程，其关注重点不仅有手稿、图片、各种档案，还有口述历史资料等，开展各种形式的记忆项目是其工作的核心内容。例如"非洲明信片项目"，将 19 世纪 90 年代至 20 世纪 30 年代大约 3000 张西非国家明信片制

---

① 游明元：《留住渐渐远去的歌——非物质文化遗产保护与图书馆的地域性》，中国科学技术出版社，2009 年，第 1 页。

② Rapha 1 Ndiaye：《Oral Culture and Libraries》，原载于《IFLA Journal》，转自尹培丽：《口述资料收藏——图书馆的新领地》，《大学图书馆学报》，2013 年第 4 期。

成一张光盘，其中汇聚了大量的历史文化信息。许多国家的图书馆尤其是国家图书馆启动了各自的国家记忆工程，如美国国会图书馆的“美国记忆”、英国国家图书馆的“国家生活故事”、德国国家图书馆的“我们的故事——民族的记忆”，荷兰皇家图书馆的“荷兰记忆”、新加坡图书馆管理局的“新加坡记忆”等。

中国国家图书馆于2012年正式启动“中国记忆”项目，迄今开展和完成的项目有：“东北抗日联军”“中国远征军”“大漆髹饰”“蚕丝织绣”“中国年画”“我们的文字”“学者口述史”“中国图书馆界重要人物”“人口较少民族口头传统典藏计划”等，以口述史采访为主，获得了大量第一手历史资料，并通过出版、展览、讲座、现场展示、网上发布等方式，向社会公众传播。与此同时，地方各级公共图书馆和一些高校图书馆都开展了各自的口述史项目，如首都图书馆的“北京记忆”、上海图书馆的“上海年华”、湖南图书馆的“天下湖南”、浙江图书馆的“浙江记忆”、成都图书馆的“锦绣成都”、山西图书馆的“走进山西”、辽宁图书馆的“东北图录”、山东图书馆的“齐鲁文献”、天津图书馆的“津门旧影”、黑龙江省图书馆的“犹太人在哈尔滨”、吉林省图书馆的“中国朝鲜族专题数据库”等。如此众多的图书馆参与到记忆项目之中，标志着口述史学在图书馆界的重要位置。

三、图书馆记忆平台建设之策略

既然图书馆与口述史学有如此深厚的渊源，那么，图书馆在构建社会记忆平台过程中，到底具有哪些优势、应当采取何种策略呢？这一问题，不仅会影响口述史学工作的开展，而且与图书馆未来发展方向密切相关。

正如上文所说，图书馆构建社会记忆平台，具有多方面的优势，诸如图书馆具有丰富的文献收藏与开发经验，具有独特的资源技术优势，具有一定的人力资源优势，并拥有一定的传播优势。认清自己的优势以后，图书馆需要考虑的问题是，在口述史采访中究竟应做些什么？

口述史学涵盖的内容异常广博，社会记忆的对象更是浩瀚无边。如何构建图书馆的社会记忆平台，是图书馆面临的一个战略选择、内容取舍的问题。正如《孙子兵法·九变篇》中说："途有所不由，军有所不击，城有所不攻，地有所不争，君命有所不受。"说到底，就是要懂得取舍。意大利管理学家维弗烈度·帕累托（Vilfredo Pareto）提出过"重要的少数与琐碎的多数原理"，指出80%的价值来自20%的因素，其余价值则来自于80%的因素。这就表明，当我们决定采取某一行动时，战略方向的选择是成败与否、效率高下的关键。图书馆在构建记忆平台建设时，要"有所为，有所不为"。

在我看来，在图书馆社会记忆平台建设中，首先应当关注的是国家记忆与非物质文化遗产。所谓国家记忆，就是关乎国家、民族历史的相关内容。国家和民族的历史，可以从最高的国家层面来考察，可以从一个地区来考察，也可以从一个社会群体甚至个人来考察。一个民族的历史，一个地区的历史，乃至一个人的历史，只要是关乎社会文化传承与发展，都应成为口述史的采访和研究对象，纳入社会记忆平台中来。20世纪是中国社会的大变革时代，关于民族与国家历史变迁的事件和人物异常丰富。同时，承载这些重大历史变革的生命个体，因自然生命的衰老与逝去，导致一些重要的历史事实正在逐渐远离我们的视线，造成不可弥补的重大损失。图书馆在构建记忆平台时，当然应予以充分重视。

我国是世界上屈指可数的文明古国之一，数量庞大的非物质文化遗产，毫无疑问是图书馆构建记忆平台时必须重点关注的对象。根据2003年10月联合国教科文组织通过的《保护非物质文化遗产公约》第二条的定义：非物质文化遗产"指被各社区、群体，有时为个人，视为其文化遗产组成部分的各种社会实践、个人表述、表现形式、知识、技能及相关的工具、实物、手工艺品和文化场所。"① 非物质文化遗产最大的特点，是以人

① 王文章：《非物质文化遗产概论》，文化艺术出版社，2006年，第443页。

为本的活态文化遗产，强调的是以人为核心的技艺、经验、精神。非物质文化遗产也是文化遗产中十分脆弱的部分，依赖于传承人的生命延续与技艺传承。一旦传承人逝去，其技艺得不到传承，这项技艺亦将随之消失。因此，图书馆构建社会记忆平台，将非物质文化遗产作为主要内容，是一件刻不容缓的大事。

拜访丝绸服饰专家、中国丝绸博物馆馆长赵丰先生

目前图书馆所开展的口述史项目，国家记忆与非物质文化遗产已成为主要内容。21 世纪初，温州大学图书馆即开始进行温州鼓词、瓯绣等当地民俗文化的口述史采集工作；香港大学图书馆收集了大约两百份口述历史资料，包括香港不同阶层、行业与团体人士的个人记忆；汕头大学图书馆开展了对汕头地区地方文献的口述史采集工作，建立了口述历史资料库等。又如，云南省图书馆建立了纳西族口述文化、东巴文化数据库；四川省自贡市图书馆建立了自贡扎染、自贡井盐数据库；广东省顺德区图书馆，开展了顺德老手艺、咏春拳、顺德广绣等记忆项目；深圳图书馆开展了深圳记忆口述史项目。另外，2013 年，湖南省图书馆开展的“抗战老兵口述项目”，将采访的 87 位湖南抗战老兵口述编成《湖南抗战老兵回忆录》一书，由湖南人民出版社出版，引起了社会公众的广泛关注。

所有这些，表明我国图书馆界在口述史学开展、社会记忆平台建设方面，已经取得很大的成就，积累了丰富的经验，必将对口述史学的进一步发展产生更加重大的影响。

口述史学的主要特点与基本方法

历史可以说是人类的最大财富。通过历史传承文明，这是人类区别于其他物种的一个重要标志。没有传承，就没有人类文明。那么，人类通过什么途径传承文明？除了以文字为主要载体的典籍文献、实物文献，就是通过口头相传、代代传承。口述史学源自远古时代的口头传承，然而作为历史学的一个分支学科，则诞生于20世纪40年代，迄今遍布世界各地，俨然已成为一个“热门”学科。不过，就口述史学现状而言，项目实践远胜理论探讨，规范性不够、良莠不齐是不争的事实。因此，笔者以为，有必要对口述史学的一些基本理论与方法问题加以梳理，庶几有利于业界达成共识、推动口述史学发展。

一、什么是口述史学

在探讨口述史学的主要特点之前，首先面对的问题，就是什么是口述史学。这是所有研究口述史学、从事口述史访谈的人都必然会遇到且不容回避的问题，也是当今口述史界争论不休的一个问题。目前，国内外学者对口述史学的定义仍莫衷一是，存在较大分歧。英国口述史家保罗·汤普逊（Paul Thompson）认为，口述历史是关于人们生活的询问和调查，包含

采访全山石先生

着对他们口头故事的记录。[①]美国历史学家唐纳德·里奇（Donald A. Ritchie）在《大家来做口述历史：实务指南》一书中说："口述历史是以录音访谈的方式搜集口传记忆以及具有历史意义的个人观点。"[②]在他看来，口述历史不仅是口述史料的收集和整理，还包括对这些资料进行阐释的"个人观点"。

国内学者对于口述历史的定义，也存在一定分歧。钟少华先生认为："口述历史是受访者与历史工作者合作的产物，利用人类特有的语言，利用科技设备，双方合作谈话的录音都是口述史料，将录音整理成文字稿，再经研究加工，可以写成各种口述历史专著。"[③] 杨立文先生认为："口述历史最基本的含义，是相对于文字资料而言，就是收集当事人或知情人的口头资料，它的基本方法就是调查访问，采用口述手记的方式收集资料，经与文字档案核实，整理成为文字稿。"[④] 杨祥银先生认为，口述历史就是指口头的、有声音的历史，它是对人们的特殊回忆和生活经历的一种记录。[⑤] 如此等等，不一而足。

之所以对口述历史概念产生分歧，主要是因为口述史料与口述历史有所区别，即口述历史是否等同于口述史料？目前，多数学者对此持否定态

① （英）保罗·汤普逊著，覃方明等译：《过去的声音——口述史》，辽宁教育出版社，2000年。

② （美）唐纳德·里奇著，王芝芝、姚力译：《大家来做口述历史：实务指南》，当代中国出版社，2006年。

③ 钟少华：《进取集》，中国广播电视出版社，1998年，第414页。

④ 杨立文：《论口述史学在历史学中的功用和地位》，见《北大史学》（第一辑），北京大学出版社，1993年。

⑤ 杨祥银：《与历史对话——口述史学的理论与实践》，中国社会科学出版社，2004年。

度，主张将两者区分开来。荣维木先生认为：“口述史料，是从史料学的角度，特指史料留存的一个种类；口述历史，是从历史学的角度，特指表述历史的一种方式。”① 就是说，根据个人亲闻亲历而口传、笔录的材料，可以称为口述史料，不能称为口述历史。所谓口述历史，是指通过收集和运用口述史料，再现历史发展过程的某一阶段或某一方面，并以自己独特的方式阐释历史。因此，口述历史是对口述史料的加工、整理和提升，而不是简单的访谈史料复原。

比较起来，笔者以为，唐纳德·里奇提出的口述历史概念相对合理。

在这里，可以对口述史料、口述历史、口述史学作以下表达：所谓口述史料，是与典籍文献、实物文献并列的三大史料之一，是通过口述史访谈收集、采集所得史料，以音像、文字为主要载体形态；所谓口述历史，是指根据口述史料、参考其他文献而撰写的历史著作，是采访者与口述者通过对话交流、合作完成的历史作品；所谓口述史学，属于历史学的一个分支学科，以口述史料和口述历史为主要研究对象和研究成果，其内涵包括口述史料和口述历史的方方面面，具有独特的研究对象和研究方法，并与历史学其他分支学科判然有别。

二、口述史学的主要特点

口述史学作为历史学的一个分支学科，自然有其区别于其他学科的本质特征。由于不少学者对此已有专门论述，这里摘录几位学者的一些论点，以便对口述史学的主要特点有所了解。杨雁斌先生②在《口述史基本理论面面观——历史学家眼中的口述史学》一文中，提出口述史学主要有

---

① 荣维木：《关于口述历史研究中的概念界定》，见周新国主编《中国口述历史的理论与实践》，中国社会科学出版社，2005 年，第 110 页。

② 杨雁斌：《口述史基本理论面面观——历史学家眼中的口述史学》，《国外社会科学》，1993 年第 7 期。

以下五个特点：

一是叙述性。长期以来，学界认为历史研究只能依据文献资料，人们只能墨守成规地阅读历史，“而永远无法听到它们”（塔奇曼语）。[①] 而口述史学的出现，则向这种传统观念和旧有模式提出了挑战。以口头方式对历史现象进行调查，不仅能够弥补文献之不足，而且还能够主动地接近和研究历史，甚至能以“拓荒者”的身份出现。

二是客观性。历史研究的客观性问题，可以说是一直困扰史学界的“老大难”问题，受到意识形态与文献资料等多重制约。口述史学因为有充分的口述史料作为补充，受访人又往往是历史事件的直接参与者或见证者，某种程度上可以弥补原有文献记载之不足。

三是社会性。以往的历史，主要是统治者所书写，普通民众的生活很少得到反映，或者只是作为统治者历史书写的背景资料出现。英国口述史家保罗·汤普逊说：口述史学的最大作用在于，“它给了我们一个机会，把历史恢复成普通人的历史，并使历史与现实密切相联”。

四是广泛性。口述史学由于研究目的是为现实服务，能为解决现实问题提供历史依据，不能不涉及多方面和多层次的问题。且因有广大民众的直接参与，其广泛性是显而易见的。

五是完整性。口述史学的完整性，主要体现在口述史料的搜集方面。一般而言，为进行口述采访，往往要制订较为详尽、目的明确的访谈计划，尽可能全面地搜集资料。[②]

与杨雁斌先生观点不尽相同，杨祥银先生[③]将口述史学的特点概括为以下四个方面：

---

① 芭芭拉·塔奇曼（Babara Tuchman），美国历史学家、作家，其作品主题涵盖中世纪到第一次世界大战期间诸多题材，代表有《八月炮火》《实践历史》《史迪威与美国在中国的经验》等。

② 杨雁斌：《口述史学百年透视》（上），《国外社会科学》，1998 年第 2 期。

③ 杨祥银：《关于口述史学基本特征的思考》，《郑州大学学报》（哲学社会科学版），2010 年第 4 期。

一是民主性。在研究对象上，口述史学一反过去政治史和精英史的传统，把历史焦点转向普通人民群众，呈现出明显的“人民化”或“大众化”趋势。在历史的撰述上，口述史学突破了历史学家为人民群众写历史方式的弊端，民众可以直接参与到历史写作中来。当然，口述史学的民主性在不同国家和地区表现也不一样。美国口述史学的发展经历了明显的“人民化”趋向，因为一开始口述史学只是应用于精英人物的访谈。在英国，口述史学因为一开始就主要应用于社会学研究，采访对象基本都是普通民众，其民主性在英国表现得更为明显。

二是合作性。与传统史学不同，口述史学不再是作为主体的研究者的“专利”，不是访谈者单方面的产物，而是受访者和访谈者共同合作的结果。在口述史访谈过程中，尽管访谈者有权根据自己的设想任意设置问题，但是，受访者也有权不作回答或故意隐瞒事实，更何况访谈者在出版口述史学著作之前还需得到受访者的同意。因此，口述历史是受访者与访谈者合作的结果。

三是不确定性。口述历史的获得来源于受访者和访谈者双方的对话，而这种对话时间与历史事件发生的时间是相脱离的，就是说，口述史学具有明显的事后再认识的因素。事后再认识的背景是纷繁复杂的，它可能受到个人经历、社会环境、记忆衰退、访谈者与受访者之间的特殊关系等多种因素影响，而这种影响在很多时候会对历史描述的客观性和准确性产生重要影响。正是由于口述史学的这种不确定性，口述史学的客观性、真实性经常遭到怀疑。在某种程度上，口述史学原本记录的“过去的声音”，会变成“现在的声音”。尽管如此，我们还是可以从人们怎样理解过去，看到过去怎样成为现实的一部分。正如意大利历史学家克罗齐（Benedetto Croce）所说：“一切真历史都是当代史”。

顺便说一句，关于克罗齐“一切真历史都是当代史”一语，学术界有很多的解读。此语在其《历史学的理论和历史》一书中仅出现一次，即在正文第一编《史学理论》之第一章第一节，原文为：“我之所以想起这类历史表现形式，目的是想消除‘一切真历史都是当代史’这一命题中的看来似乎矛盾的局面。”① 克罗齐所说“真历史”是什么？“真”，其实是指“够格的、标准的、与历史之名相符”的意思。这种“真”，带有浓厚的主观评价意味，是历史言说者或书写者用当下境遇对过去事实的介入。所谓当下境遇，包括当代人的感知、观念、精神状态和问题意识。克罗齐所说的当代史，则是过去的事实与现在生活的一种兴趣打成一片。促使过去事实与现在生活打成一片的“故事推动力”，在于人的理性或者情感。因此，这种“真历史”，有浓重的主观意味。口述史学中，自然也有主观的成分在。

四是跨学科性。随着现代科学知识的分化和整合，跨学科研究已成为当代科学研究的一个显著特征。口述史学的方法与理论，几乎涵盖了全部人文与社会科学。口述史学访谈需要新闻学的采访技巧，受访者的选择需要社会学的社会调查和统计方法，口述资料的转录和编辑需要语言学和文学的表达方式，口述史学的解释需要诠释学和心理学理论，口述史学的收藏需要图书馆学和档案学的编目和保存知识，口述史学的传播需要掌握现代各种媒体的操作方法，口述史学的著作权、隐私权和名誉权则涉及复杂的法律问题。尤其是受到20世纪70年代中期以来西方史学的“语言学转向”和“文化转向”的影响，口述史学的研究与诠释视角因人类学、人种学、叙事学、文本理论、交际理论、记忆研究和文化研究等相关学科理论的影响而不断改变与革新。②

总体而言，学者们对于口述史学的特点虽然表达不尽相同，但是，没有本质上的差异，我们可以从不同侧面对其有所了解。

---

① （意）克罗齐著，田时纲译：《历史学的理论和历史》，中国社会科学出版社，2005年。

② 杨祥银：《关于口述史学基本特征的思考》，《郑州大学学报》（哲学社会科学版），2010年第4期。

三、口述史学的研究对象

口述史学属于历史学的一个分支学科，首先具有史学研究的共性特征。历史学的研究对象是自然与人类演变发展的客观历史过程。自然史与人类史，既有相通之处，又有本质区别。马克思说："人类史同自然史的区别在于，人类史是我们自己创造的，而自然史不是我们自己创造的。"① 口述史学的研究对象是人，既是指抽象的人的群体，也包括具体的个人。传统的史学研究往往忽视对具体人物的研究，尤其是忽视对下层民众的研究。而口述史学与传统史学的显著不同，正是强调对具体人物的研究。1952 年，法国年鉴学派②创始人吕西安·费弗尔（Lucien Febvre）指出："历史学是关于人的科学，是关于人类过去的科学，而不是关于物或概念的科学。"因此，口述史学强调对具体历史人物的研究，实际上是史学研究对象真正意义上的复归。

传统史学的研究对象，往往自觉或不自觉地把文献资料看作史学研究对象。其实，这是一种错觉或误解，正如医学研究的是活人的病痛而不是病历、化验单一样，史学研究的对象应是历史过程本身，而不是这一过程遗留下来的一些痕迹，即所谓史料。史学研究对象的这一特点，要求史学研究者在搜集到足够的史料之后，首先要通过对史料的研究，使历史过程在人们的观念中"再现"，然后从这一历史过程中找出历史发展的某些规律，从而得出比较可信的结论。如果研究者罗列了一些史料以后，就用归纳、推理的方法直接得出结论，就很容易出差错。因为这种做法没有经过根据史料"再现"历史过程这一环节，其结论不是从客观历史过程本身得

---

① 马克思：《资本论》（第一卷），人民出版社，2004 年，第 409 – 410 页。

② 年鉴学派：20 世纪 30 年代开始萌芽、40 年代中期开始形成的一个法国史学流派，因其创始人吕西安·费弗尔和马克·布洛赫在 1929 年创办《经济社会史年鉴》，成为以后持相同主张史学家们的主要阵地而得名。

出的。

口述史学研究当然离不开口述史料，口述史料自然就是口述史学的研究对象。然而，与传统史学研究所用史料不同，口述史学的史料不是现成的，而是要通过对具体人物的采访获得。当然，除了采访所得口述史料，口述史学研究还离不开现有文献资料的收集研究。口述史采访对象分布极广，几乎涉及所有社会领域，诸如政治史、军事史、经济史、科学史、劳工史、文学史、家族史、妇女史、企业史、社会史、部落史、宗教史、种族史、城市史、社区史、音乐史、绘画史、戏剧史、电影史、电视史、学术史等。人们通过对各个领域不同人物的访谈，发掘现有文献不曾记录或语焉不详的历史资料。

由于研究对象非常宽泛，口述史学必然会与其他学科发生交叉或者重合。有时候，学科之间的界线往往模糊不清。然而，通过对口述史学与邻近学科的比较研究，可以发现它们之间的区别。

1. 口述史学与文化人类学

口述史学与人类学不同。人类学，顾名思义，它是研究人的学科，是研究人类的本质的学科。人类学体系庞杂，以研究对象的不同，大致分为三个不同的研究领域：一是以研究形态、遗传、生理等为主的人体人类学，亦称自然人类学；二是以研究语言、风俗、文化史等为主的文化人类学；三是以研究史前时期人体和文化为主的史前人类学。

显然，文化人类学与口述史学联系最为密切。广义的文化人类学包含考古学、语言学和民族学三个分支学科。文化人类学的基本研究方法有实地参与观察法、全面考察法、比较法等。实地参与观察法是人类学的基本研究方法，它是一种观察法。研究者通过直接观察，搜集研究资料。那些研究现代民族生活方式的文化人类学家，往往通过参与他们的民族活动，与他们进行交谈，来了解他们的社会文化。采用全面考察法，即人们在选择研究一种人类行为时，必须全面考察与之相关的问题。而比较法则在文化人类学研究中经常使用，可以运用到所有水平的分析之中。由此可见，深入生活，以获得第一手研究资料，是文化人类学研究的基本方法。由于文字史料相对较少，人类学家搜集口述史料的积极性很高，其结果是大量的口述史料丰富了这一领域的研究成果。文化人类学这种与众不同的研究方式，是口述史学理论和方法的重要来源。

然而，人类学与口述史学毕竟有所区别，主要表现在：人类学家的主要任务是研究深层次的文化问题，而不是拘泥于某些具体的历史事实。如人类学在研究社会习俗时，把体格、姿态、食品、情感、心态等社会习俗视为研究对象，集中体现其文化惯性，关注重点是通过习俗来展现其文化特征，而口述史学则更注重历史研究，重点关注真实的历史发展过程，并研究其中原因。

2. 口述史学与民俗学

所谓民俗，是指人们在社会生活中世代相承的生活方式，它与一个民族所处的自然环境、经济发展、民族特性与文化背景密切相关。民俗像一面镜子，从中可以看出一个民族悠久的文化传统。对民俗的关注、记录和研究，可以说由来已久。美国民俗学家斯蒂·汤普森（Stith Thompson）认为，民俗学主要是指“没有文字的人们的文化传统”。民俗学的研究对象，如史诗、叙事诗、民谣、民间故事、神话、民间戏剧、传说、谚语、俗话、宗教仪式、习俗等，几乎都是通过口述形式得以保留或流传下来。民俗研究的社会群体，涉及社会各个阶层，尤其是普通民众。社会性和叙述性是民俗学的主要特点。正是在这一点上，口述史学与民俗学有相同之处。口述史学与民俗学的主要区别，在于口述史学更注重历史研究，而民俗学则强调文化的延续性。例如，神话、民间故事和传奇故事，都是社会历史的一种反映，口述史学通过这些神话、民间故事和传奇故事提供的历史线索，并与有关文献资料、实物资料相印证，某种程度上可以还原一些曾被忽略、扑朔迷离的历史现象。

3. 口述史学与史料学

口述史学与史料学关系密切。史料学是历史学的核心内容，包括运用和分析史料的基本方法和具体领域的历史研究。所谓分析史料，是指确认史料的真实性和有效性。历史上遗留下来的所有文字资料、实物资料与历史遗迹都有一定的史料价值。然而，在研究某个具体历史问题时，不可能所有资料都是真实的、有价值的。因此，史料价值具有相对性。所谓运用史料，是指在历史研究当中，要恰如其分地选择史料、运用史料，得出令人信服的结论。口述史学在分析与研究史料这一点上，与史料学有共同之处。但是，口述史学并不将对已有史料的分析与研究作为主要内容，而将其重点放在口述史采访，以获取新的史料上。

4. 口述史学与民间叙事文学

口述史学与民间叙事文学有相通之处。民间叙事文学研究范围相当广泛，从史诗、叙事诗、民间故事、民谣、民间舞蹈，乃至家庭历史、传记、谚语、俗语、神话等，包罗万象。民间叙事文学研究的许多内容，也是口述史学的研究对象，叙述性是两者的共同之处。芬兰学者安娜·西卡拉（Anna - Leena Siikala）女士认为，叙述诗和家谱知识是“口述传统的一种记事方式和历史的纪念碑”。埃及学者纳比亚·萨莱姆（Nabia Salem）说：“阿拉伯民间史诗代代相传，逐渐丰满完善，直到形成一个完整的形式。在此之后，它很快就通过叙述者之口，在伊斯兰世界的人们中间流传开来，那些叙述者完全懂得怎样把民间文学的特殊魅力传达给公众。”① 由此可见，民间叙事文学与口述史学在沿袭人类口述传统方面是一致的。两者的区别在于：民间叙事文学注重口头传说和民间传说，它是从文学艺术的角度来展开研究的，从严格的意义上讲，它是一种名副其实的“口头文学”。而口述史学的研究对象是历史，是能够反映文化发展、社会变迁的

① 杨雁斌：《口述史学百年透视》（下），《国外社会科学》，1998 年第 3 期。

历史事实。

5. 口述史学与影像史学

影像史学与口述史学一样，渊源甚古，而作为历史学的一门分支学科，却比口述史学的诞生晚。中国古代的《山海经》，即以图配文。南宋郑樵所著《通志》，专设《图谱略》，开创了中国古代史学研究图像器物与文献互证之先河。梁任公在《中国历史研究法》一书中指出，史料是“过去人类思想行事所留之痕迹，有证据传留至今日者也。但幸存至今的史料不仅少之又少，而且还散在各种遗器、遗籍中，东鳞西爪，不易寻觅。”① 不过，作为一门学科，影像史学的概念是由美国历史学家海登·怀特（Hayden White）于1988年提出。海登·怀特在其《书写史学和影视史学》一文中，对这个概念下的定义是：“通过视觉影像和影片的方式，来传达历史以及我们对历史的观念。”② 美国历史学家罗伯特·A. 罗森斯通（Robert A. Rosenstone）说：“历史不一定要书写在书页上。它可以不使用书写文字，可以是使用其他质素的思维模式：声音、影像、感觉、蒙太奇。”③ 口述史学在人物采访、通过声音与图像搜集史料方面，无疑与影像史学非常相似。不过，口述史学的关注重点是受访者所说内容，进而对其进行研究，而影像史学则以图像采集为重点，通过图像解读与再现历史。在这一点上，两者显然不同。

四、口述史学的价值及其局限性

人类记录历史的手段，经历了一个漫长的发展过程，随着文明的进步

---

① 梁启超：《中国历史研究法》，东方出版社，1996年，第44页。

② “The representation of history and our thought about it in visual images and filmic discourse.” Hayden White, Historiography and Historiophoty, American Historical Review, Vol. 93, No. 5, 1988, p. 1193 – 1199.

③ “History need not be done on the page. It can be a mode of thinking that utilizes elements other than the written word: sound, vision, feeling, montage.” Robert A. Rosenstone, Visions of the Past: The Challenge of Film to Our Idea of History, Harvard University Press, 1995, p11.

而不断变化。在语言出现以前，只能是实物传播；语言出现以后，通过语言传播，通过口耳相传了解历史。文字可以说是人类最伟大的发明。自从发明了文字，通过文字记录与传播，便成为文明传承的主要手段。近代以来，随着录音、录像、通信技术的出现和不断发展，记载历史的手段越来越先进，变得更为直观、真实、具体和完整。常建阁先生认为，就复原历史的功能而言，纵使千言万语的文字记录，有时也抵不上一刻钟录音、短短的一段录像。① 就历史记录工具运用而言，口述史学的诞生，由文字记录到录音、摄像，是历史学领域的一个重大进步。从历史记录的广度而言，人们生活中的一切，无论是重大历史事件还是日常生活琐事，均可予以记载，可以大大弥补文献记载之不足。口述史学不仅能使原本相对枯燥的文字表述生动化、通俗化，而且还能借助声音、影像、图片等手段，完整、真实地记录历史，还能让人直接地观察、欣赏和评价，使历史原貌得到较为丰满的再现，使历史变得触手可及。

口述史学的价值，根据李小沧先生研究，主要有四个方面：一是口述历史方法的广泛应用，方便了各领域专门化历史的研究，在增加史料方面发挥了显著功效，拓宽了历史学的研究领域，增加了新的研究方法。二是口述史学探索社会生活的广度远胜于传统史学。从某种意义上说，传统史学记录和研究的主要是统治阶级、精英人物，口述史学则为普通民众进入史学研究领域开辟了一个园地。三是口述史学不仅是历史研究的一种方法，还代表了一种新的研究理念。它实现了“自上而下”写历史和“自下而上”写历史的完美结合，形成了历史学界高雅与通俗、社会与个人并行不悖的全新格局。四是口述史学对社会生活的多方面参与、探索和考察，吸引社会公众参与口述史实践，引得社会公众的广泛响应，从而拓展了历史学的宣传教育功能。②

---

① 常建阁：《对口述史价值的思考》，《黑龙江史志》，2012 年第 11 期。

② 李小沧：《现代口述史对传统历史学的突破与拓展》，《天津大学学报》（社会科学版），2011 年第 1 期。

不过，毋庸讳言，口述史学也存在一定的局限性。一是口述史受访者对话题的选择性，一些重要的史实或因个人因素而被故意回避或被虚构。二是口述历史是基于个人记忆，而记忆并非都是真实发生的历史事件，受访者的自然遗忘不可避免，同时还有一定的选择性。三是在口述史采访过程中，采访者与受访者之间容易产生分歧。正如王军先生所说，在谈话过程中，采访者和受访者是一种合作的关系，但也不乏斗智斗勇，对话双方势力的此消彼长，都会影响最终的口述历史面貌。①

张广智先生说："如何看待受访者的回忆，回忆在多大程度上能反映历史的真实，这些都是可以存疑的。造成这种缺憾有很复杂的情况，或由于年深日久致使受访者的记忆失误和不完全，或由于受访者的个人原因而故意歪曲真相（或避重就轻，或自我拔高，或无中生有，或欲言又止），或受访者受到了访谈者的诱导（或暗示，或曲迎等）而使'过去的声音'变成了'现在的声音'，如此等等。不管出现哪一种情况，都可能使回忆失真，从而背离了历史的真相。"② 钟少华先生说："现在有些创作者，以老人为居奇可用的材料，编创一些像历史的小说体传记。例如茅以升院士在 1985 年告诉笔者：现在有一本写他的书，书中的茅以升讲了不少他自己没有讲过的话。"③

有鉴于此，对于口述历史著作，应参考其他文献资料，客观地评价其学术价值，既不否定，也不盲从。

---

① 王军：《基于对话、共享权威——论口述史的性质》，《北方民族大学学报》（哲学社会科学版），2012 年第 3 期。

② 张广智：《论口述史学的传统及其前景》，《江西师范大学学报》，2003 年第 3 期。

③ 钟少华：《中国口述史学漫谈》，《学术研究》，1997 年第 5 期。

口述史采访需要注意的几个问题

口述史采访是口述史学理论研究与实践中的核心问题和关键环节。口述史学的根本目的，是获取存留于人们脑海中的有价值的历史信息，将受访人的个人记忆转化为社会记忆，成为文明传承与历史研究的宝贵资源。口述史采访是获取口述资料的根本途径，是进行口述史学研究的必要前提。所谓口述史采访，“即对历史见证的有关人员进行口头调查或口头采访而取得第一手资料，在此基础上进行深入的历史研究”。[①] 同时，在口述史采访中，既有成功的经验，又有失败的教训。口述史采访成功与否，会受到诸多因素的影响，最重要的当然是要做好精心的准备。一般来说，口述史采访可以分为前期准备、采访过程、文本转录与编辑处理三个阶段。熟练掌握口述史采访的基本方法和技巧，进行有效的口述史采访，是口述史工作者必须具备的专业素养和技能。

一、口述史采访的前期准备

进行口述史采访必须做充分准备，这是毫无疑问的。不过，在进行口述史采访准备以前，还有一个不可忽视的问题，那就是要明确进行口述史

---

① 郭倩：《口述历史与历史的重建》，《学术月刊》，2003 年第 6 期。

采访的主要目的，确定受访对象；否则，口述史采访就没有多大意义，当然不会成功。口述史采访的目的决定口述史采访的对象，而口述史采访的对象反过来又会对口述史采访的目的产生重要影响。换句话说，口述历史项目的启动，是在确定口述史采访目的的前提下进行的。口述史工作者在明确口述史采访目的与采访对象的基础上，再进行必要的准备工作，包括知识准备、组建团队、物质准备等。

与王记录（左一）、焦润明（左二）、钱茂伟（右二）在中国人民大学举行的国际口述史学术研讨会上

（一）确定选题与受访者

1. 确定选题

明确口述史采访目的，实际上就是确定选题。恰当的选题是开展口述史采访的第一步，是进行口述史采访的必要前提。选题的恰当与否，将直接影响甚至决定整个口述历史项目的成功与否。因此，在选择口述史项目时，一定要综合考虑各方面因素，慎重行事。首先，要判断选题的意义与价值。口述史学研究是一项长期而艰苦的工作，需要投入大量的人力、物力，选择具有重要现实意义与研究价值的课题尤为关键。什么是重要现实意义？就是要考察这个课题所涉及内容对于社会历史发展有没有或者在多大程度上产生过影响。什么是重要研究价值？就是不仅要看这个课题所涉及内容在社会历史发展中产生过什么影响，还要考察学术界对这个课题的研究状况。就是说，通过口述史采访，能否搜集到现有文献资料所缺、无

法通过其他途径获取的历史资料，或者能否突破传统史学的研究范围，丰富已有的文献资料，在一定程度上扩展和深化历史研究的广度和层次。这是选择口述史采访项目的主要依据。其次，要考虑寻找潜在受访者的难度。受访者是进行口述史访谈的主角，找不到合适的受访者，采访根本无法进行。最后，要对口述史采访进行经费预算与人力估算。进行口述史采访，会发生不小的费用，需要团队运作，应根据现有的人力、物力，做好妥善的准备工作。

2. 受访者的选择

受访者的选择与确定选题有密切关系。有什么样的选题，就会有什么样的受访者，选题决定或规定了受访者的选择方向。然而，两者不是简单的对等关系，不是确定了选题，受访者就会自然而然地产生，因为一个选题可能有很多貌似合适的受访者。假如我们要开展关于当年“知识青年上山下乡”这一口述历史项目，可以从不同的角度选择受访者：从上山下乡的时间维度选择，有运动一开始就下乡的，也有较晚参加的，时间跨度自20世纪50年代中期直到70年代末；从空间维度选择，涉及祖国各地、四面八方；从涉及人员角度选择，有来自不同城市、不同家庭、不同文化程度的知青人群，也有与知青发生密切关系的相关人员；就上山下乡的模式而言，主要有农场、兵团、干校和农村插队等。至于具体某一群体、某位知青的经历和命运，更是千差万别。对于这样一个口述历史项目，受访者的选择不是一件容易的事情。

个人以为，在受访者的选择方面，有三点应当注意：一是受访者能否提供与本课题研究相关的资料或信息，受访者要对访谈内容有确切的理解，能够正确表达自己的感受与体验，尽可能真实而又充分地讲述自己的经历与感受；二是受访者的身体状况要能完成访谈任务，尽量避免选择那些由于身体原因而无法清楚表达自己思想、不能完成访谈的受访者；三是受访者的选择要趋向合理性，可以根据受访者的生平经历、教育程度、职业、民族、性别等做出综合判断，划定不同类型，最好能实现互补互证，这样更能挖掘珍贵的第一手历史资料，还原历史的本来面目。在确定潜在的受访者后，要尽早与其联系，告知进行口述史采访的目的与主要内容、要达到的预期成果，以及受访者的权利与义务等。此外，还要对每位受访者建立个人档案，记录其姓名、性别、年龄、信仰、职业、简历、家庭情况、联系方式等。

（二）知识准备

在确定选题与受访者后，口述史项目团队特别是采访者应根据选题情况，进行必要的知识准备。口述史学与传统史学的不同之处，在于口述史工作者不是在已有文献资料的基础上进行学术研究，而是主动地发掘甚至是抢救可能消逝的活态文献，需要与受访者协作互动，因而要具有较强的社会实践能力，而充足的知识准备则是访谈顺利进行的必要条件。口述史访谈的一个显著特点，在于它需要较为丰富的历史知识，会涉及复杂的社会历史背景和许多相关知识。采访者只有具备相关的历史知识，才能在访谈中提出有针对性的问题，引起受访者的谈话兴致，发掘有价值的历史资料。否则，访谈中即便受访者提到了有发掘价值的历史线索，也可能被采访者忽视。同时，采访者应对受访者所从事的专业或职业有所了解，以便与受访者进行顺利交流，有条件的话，应当选择本专业人员担当采访者。

此外，口述史采访者如果能具备一定的心理学知识、掌握一定的访谈技巧，则更好。口述史采访的过程，是采访者与受访者交流互动的过程。其中，采访者是主动的，是采访的发起者，有明确的采访意图，并对采访的最终成果负责；受访者是被动的，是采访的对象，其谈话内容要受采访目标的制约。同时，采访者所要达到的预期目标，有赖于受访者的配合，受访者的配合程度，将直接关系到采访的成功与否。因此，采访者需要掌握一定的谈话技巧，尊重受访者的人格尊严与个人习惯，避免因涉及敏感问题而影响访谈的正常进行，这样才能达到预期的效果。要尽量消除与受访者语言沟通上的障碍，因为“即使研究者和受访者使用同一种语言，研究者也要有敏锐的感觉，不同社会阶层、年龄、族群及性别的受访者，对于语言使用，发音与说话方式，都可能有很大的差异。所以访谈者应尽量减少因语言差异所导致的隔阂”。[①] 这是进行口述史采访必须注意的问题。

（三）采访提纲

对口述史采访来说，一个详细的采访提纲非常重要，很大程度上决定着采访的成败。为了准备采访提纲，采访者必须尽可能地对受访者有更多的了解，包括他（她）的人生经历、专业发展、思想感情、兴趣爱好、家庭情况、社会关系等。口述史采访不同于一般新闻采访，它所关注的往往不是受访者的一段经历、某一具体事件，而是对受访者全面的、完整的记录。因此，对于受访者知道得越多，越容易提出具有针对性的问题，调动受访者的积极性，从而挖掘留存在受访者脑海中的历史记忆。2018 年，笔者在准备对著名历史学家、北京师范大学资深教授刘家和先生与中国油画学会副主席、中国美术学院教授全山石先生的采访提纲时，首先对两位先生的相关资料进行了广泛收集与认真阅读，分别编制了较为详细的《刘家和先生年表》《刘家和先生著作目录》《全山石先生年谱》（包括《全山石先生著作目录》《全山石先生参展证书目录》《全山石先生荣誉证书和聘书目录》）等。以此为基础，再根据不同时期、不同事件对其学术生涯和专业发展的重要程度，既照顾其人生经历的连续性，又避免没有重点的平铺直叙，既有重点，又有亮点。实践证明，事先准备的较为详尽的采访提纲，为后来的采访顺利开展提供了很大的便利。目前，两位先生的口述采访已经完成，进入后期成果的整理阶段。

① 李向平，魏杨波：《口述史研究方法》，上海人民出版社，2010 年，第 44 页。

（四）组建团队

口述史采访项目往往不是一个人所能独立完成的，需要组建一个工作团队协作进行。由于口述史项目的性质、规模各不相同，因而组建团队也应根据项目情况而定。一般来说，口述史采访工作团队应由下列人员组成：项目负责人、学术顾问、导演、摄像、录音、后期制作人员；如果受访者是外国人或少数民族语言使用区或重方言区的人，不能用汉语普通话进行访谈，则还需配备翻译人员。团队成员各自职责如下：

项目负责人：负责相关资料的收集与整理，调查提纲的设计；拍摄记录过程中的提问、记录；填写工作日志；后期口述文稿的转录、校注、编辑与整理。

学术顾问：负责项目拍摄的专业指导，如果条件允许，可担任口述采访者；需是项目相关领域研究者、熟悉受访人所从事的工作，尽可能全程参与项目工作。

导演：负责整体拍摄的内容及质量，统一指导现场拍摄、录音、用光以及后期剪辑等，要求具备两年以上工作经验或具备一定的拍摄基础。

摄像：负责数字化影像记录，现场摄像、摄影，完成导演及项目拍摄要求，填写场记单、工作日志中的相应内容，要求具有两年以上工作经验或一定的拍摄基础。

录音：负责拍摄现场录音，要求熟悉录音设备，能准确判断现场录音环境，处理出现的技术问题，具有两年以上相关工作经验或一定的录音工作基础。

后期制作：负责文献片、综述片的剪辑制作，影片制作过程中的调光、调色、艺术化处理等工作内容，要求具有两年以上的工作经验。

翻译：负责采访者和受访者之间翻译，如各种外语、少数民族语言、方言翻译。要求熟练掌握该种语言，具有较高的文化水平，对进行的口述史项目有一定了解。

（五）物质准备

口述史采访不同于传统文献资料的搜集整理和学术研究，需要耗费较多的时间与人力、物力，因此在开展口述史采访前，一定要做好必要的物质准备。作为口述史采访工作团队，首先需要解决经费的来源问题，并对将要开展的口述史项目进行前期预算，合理安排经费支出，购买访谈所需各种器材，如摄像机、录音机、照相机等。在购买相关设备时，应尽可能选择质量较好的产品，以保证访谈录音或摄像的质量和效果。同时，相关人员还必须熟悉各种设备的操作技能，在访谈前对各种设备进行“认真检查和实验，使其能正常工作，以免出现故障而影响采访正常进行”。[①] 较好的访谈设备，可以为口述访谈的进行提供很大的便利。

二、访谈过程中的操作要领

前期准备工作就绪以后，即进入口述史访谈环节。访谈是口述史采访的中心环节，前期所有的准备工作都将在访谈过程中体现，它在很大程度上决定着口述史采访的最终成果。换句话说，访谈的效果如何，将直接关系到口述史项目的成败。在口述史访谈过程中，需要注意以下几个操作要领。

1. 注意访谈细节

口述史访谈是采访者与受访者的一种互动，是人与人之间关系的一种体现。因此，在访谈过程中，一定要注意一些细节问题。

首先，要布置较为舒适的采访环境。在选择访谈地点时，应尽可能选择受访者熟悉和较为安静的环境，如家里、办公室或是其他受访者熟悉的场所，既要让受访者在较为熟悉的环境中从容地接受采访，又要避免外界

---

① 梁景和，王胜：《关于口述史的思考》，《首都师范大学学报》（社会科学版），2007 年第 5 期。

人员或噪声的干扰，确保访谈的顺利进行。如果采访是在采访者安排的一个特定环境中进行，则应尽可能为受访者提供舒适、轻松的谈话氛围，包括采访室的装饰风格、受访者的座椅、茶几等。在访谈开始前，应事先将设备调试好，保证设备能正常使用，可以随时开始正式访谈。此外，还应做好应急预案，一旦需要临时更换电池、有噪声干扰等，不至影响采访的继续进行。

其次，要注意访谈礼节，尊重受访者。采访者应确保在访谈当日按时（尽量提前）到达访谈地点，不能让受访者怀着焦虑的心情等待接受采访。如果受访者年迈多病，采访者最好能安排迎接。受访者到达访谈地点后，采访者要与受访者进行简单沟通，尽量营造一种轻松、融洽的谈话气氛。对于受访者随身携带的物品，不要随意翻动，即便是与访谈有关的一些物品，也要在得到受访者许可的情况下才可翻动或拿取。访谈开始前，如果发现受访者有衣着需要更换、整理，应征得受访者本人同意，不可勉强。

最后，要对访谈时间有所控制，不可随意拉长或变更访谈时间，除非征得受访者同意。所谓访谈时间，包括访谈日期、访谈次数、访谈时长等。访谈时间应与受访者协商确定。一次访谈的时间一般不宜过长，尤其对年迈体弱的受访者，一定要注意受访者的身体状况。通常情况下，一次采访一个半小时或两个小时比较合理。访谈过程中，要注意观察受访者的身体情况与精神状态，考虑是否中间休息。如果采访者与受访者不在一个城市或相距较远，考虑到采访的时间与往返成本，还应对采访周期、行程和食宿等做出合理规划，并做好处理突发事件的准备。

2. 提问要领

对口述史采访来说，采谈者的提问非常重要，直接关系到最后的访谈结果以及后期研究工作。在进行访谈以前，采访者应将所准备的采访提纲与受访者进行交流，将需要重点了解的内容告知受访者。在访谈中，要将访谈内容细化为便于言说的话题，尽可能使用人们熟悉的语言提出简明扼要的问题，尽量避免理论性太强、学究气太重的生硬问题。当采访者与受访者由于社会地位、文化差异而处于人际关系不太平衡的访谈状态时，采访者更要以诚恳的态度，虚心倾听受访者的谈话，缩小彼此间的距离感，以便让受访者在放松的心态下讲述自己的故事，表达自己的意见。有时候，由于受访者文化程度较低，需要对谈话内容进行适当引导，否则，受访者可能会脱离采访主题，“这样记录的口述历史可能仅仅是受访者一部零散的叙述史，甚至可能是一场唠叨而已”。① 因此，有必要根据不同的受访者，事先做出相应的访谈预案。

一般来说，那些社会地位与文化水平较高的受访者，他们往往对于历史事件或历史人物有较深的认识与理解。因此，只要采访者有较充分的准备，掌握一定的谈话技巧，唤醒沉睡在他们脑海中的记忆，发掘有价值的历史资料不是什么难事。对于这样的受访者，采访者一定要有问题意识，“没有问题意识，不知从何入手问，这是口述采访面临的最大问题。问题是口述采访的向导，问题设计最为重要。对于文化层次较高也会说的人，问题设计最要紧，采访效率最高。”② 2016 年，我们对著名藏学家、编目专家、国家图书馆研究馆员黄明信先生进行口述史采访，黄老当时已 99 岁高龄，记忆力难免有所减退。笔者为了唤起黄老记忆深处对一些重大事件与重要人物的回忆，特地根据所掌握的相关资料，草拟了一份访谈提纲，对与他人生经历有过交集的卢木斋、黄钰生、冯文潜、柳无忌、蒋廷黻、雷海宗、李安宅等重要人物进行设问，保存了一部分珍贵的历史资料。

对于社会地位与文化水平较低的受访者，访谈中一般应采取自然闲聊的方法，否则受访者会感到一定的压力，本来知道的事情可能都想不起来，或者有意回避不谈。一般来说，采访者提的问题往往是直截了当的。但是，如果问题问得太直接，受访者的回答多半是简明扼要的，没有一点

---

① 杨祥银：《关于口述史学基本特征的思考》，《郑州大学学报》（哲学社会科学版），2010 年第 4 期。

② 钱茂伟：《中国公众史学通论》，中国社会科学出版社，2015 年，第 231 页。

多余的信息。这样简单的一问一答，显得比较生硬，不可能取得良好的访谈效果，也不符合采访所要达到的目标。因此，对于那些社会地位与文化水平较低的人，不宜采用结构严谨的访谈提纲，根据自己所拟的提纲逐个提问，而要从拉家常式的普通聊天入手，逐渐进入想要访谈的话题，待其心情放松后再让其展开叙述。有时候，也可采取启发式的提问方式，让受访者自动地将话题展开。

3. 话题控制

在口述史访谈过程中，采访者不仅要善于发问，还要善于倾听。采访者的访问技巧是否得宜，“将会直接影响到所获得的口述资料是否能够正确反映受访者的思想和观念。因此，访问者必须学习如何在访问的过程中，倾听受访者发自内心的声音。”① 当受访者沉浸在自己的回忆之中时，采访者应尽量专心倾听，不插嘴、不打断，不强加自己的观点或与其争辩，也不要根据自己的采访提纲，随意转移话题。口述史访谈的目的是要获得传统文献所没有的历史资料，因此，在访谈过程中出现与传统文献资料不一致的信息实属正常。即使受访者在叙述中有明显的记忆错误，一般情况下，也不要随意打断，以免影响受访者的讲述思路。

有时候，受访者在讲述过程中，可能会出现“跑题”的情况，这就需要采访者具有一定的驾驭能力，把话题拉回到访谈的主题上来。同时，要避免让受访者较长时间地连续讲述，这样很容易出现内容的跳跃与简化现象，受访者一口气就把自己的故事讲完。一般来说，对于受访者的生平、人生经历，宜采用分段讲述的方式，采访者出题，受访者讲一段，逐次进行。在受访者讲述过程中，采访者应注意细节，对于某些可能隐含史实的细节，不可随意放过，要进行深入挖掘，不厌其烦地进行追问。只有认真地倾听，深入地发掘，才能提升口述史采访的深度，记录历史发展的具体过程，为历史研究提供有价值的第一手资料。2018 年 6 月，笔者在采访全

① 李向平，魏杨波：《口述史研究方法》，上海人民出版社，2010 年，第 45 页。

山石先生时，请他谈一下他第一次赴敦煌、新疆考察的经历。全老记忆清晰，谈兴甚浓，一口气讲了约一个半小时。我一直倾听，并注意他讲述中有待深入挖掘的话题，等中间休息以后，又用了差不多半天的时间，让他对其中发生的有趣故事和重要作品进行详细叙述，得以发掘以前关于全老文献资料中所没有的一些重要内容。

在访谈过程中，采访者还要善于察言观色，懂得随机应变。肢体语言是人类表达感情的特殊途径，一个人的生理与精神状态往往通过肢体语言自然地流露出来。采访者在访谈过程中，要注意观察受访者的面部表情及肢体动作，因为这些会透露受访者的感情变化以及对某些历史问题的态度，“访谈者要敏锐地观察受访者的这些变化，以便及时调整自己的提问方式和访谈主题，当然也可以借题发挥”。[①] 同时，受访者的一些肢体语言也能暗示受访者对所提问题是否感兴趣，以及受访者当时的身体状况。如果发现受访者对这个话题不感兴趣甚至反感，或者受访者有疲劳迹象，采访者应根据谈话情况，及时做出调整，变更访谈问题，或者暂停访谈。如果是暂停访谈，采访者需对刚结束的访谈进行记录备案，以便为下一次访谈做准备。

4. 补充访谈

口述史采访结束以后，有时候会发现访谈所获取的信息不够，需要进行补充采访。为什么口述史采访不能一次完成？因为，对于采访者来说，对于受访者的了解不太可能一次完成，起初准备的采访提纲不可能尽善尽美，对于受访者及其相关领域的认识是一个逐渐深入的过程。对受访者来说，有时口述访谈，或许能激发出其更多的历史记忆，采访者便能收集到更多的历史材料，补充到口述访谈内容中来。另外，对于一些重要的受访者，采访者除了对其本人进行访谈外，还可以考虑对其家人、同学、同

---

① 杨祥银：《与历史对话——口述史学的理论与实践》，中国社会科学出版社，2004 年，第 66 页。

事、合作者、亲戚朋友进行补充访谈，对受访者的学习场所、工作场所、日常生活、生活环境、业余爱好等进行资料采集，以丰富采访内容，从而为口述史研究提供丰富、翔实而又生动的历史资料。

三、文本转录与编辑处理

1. 文本转录

口述史采访的最后成果，除了访谈中记录的音频和视频资料，还要将其转换成文本，转换成文字。将口述内容转换成文字，其重要性不言而喻。因为，人类的历史存在，主要有两种方式，即生活世界与文本世界。人类的生活世界是人类现在的活动世界，具有客观性、可知性的特点，同时具有一度性、暂存性、易逝性。人类的文本世界，则是通过记忆而保存下来。① 个人通过大脑进行记忆，只能在较短的时空内保存自己的活动踪迹。只有采用文本的形式，才能取得较为长久的记忆效果。所谓文本，主要有三种形式，即文字文本、录音文本、图像/录像文本。这三种文本，不能互相取代。

口述史采访得到的历史资料，主要是录音、图像和录像资料。图像与录像不可转换成文字文本，然而，录音资料可以转换成文字文本。对历史研究来说，除了声音，还要有文字。将录音转换为文字，这一转录过程相当费事，经常比口述史采访的时间还要长。转录的过程，就是将口语转化成书面语（可适当保留受访者的一些语言风格），将方言翻译成普通话，用文字记录下来。口述史的文字转录稿，主要有两种形式：一种是一问一答式的，不断地在采访者与受访者之间来回变换；一种是只有答，不见问，略去采访者发问的文本表达方式。一般说来，在对口述文稿进行编辑处理前，还是采取第一种方式较好，这样可以真实地反映访谈的访谈过

① 钱茂伟：《中国公众史学通论》，中国社会科学出版社，2015 年，第 71 页。

程。当然，如果受访者文化水平较高，逻辑比较清楚，讲述比较连贯，则略去采访者少量的提问，亦无大碍。此外，在进行文字转录时，有两种方式可供选择：一是一人单独来做，边听边打字；二是两人合作，一个人听，一个人打字。

将口述录音资料转换成文字文本，是一项较为复杂而又费时的工作，没有一定的文化素养和认真负责的态度，不可能胜任。那么，什么样的人适合来做转录？笔者以为，有以下要求：第一，转录者要有较高的文化水平。口述史采访对象及内容有时是我们日常工作与生活中比较容易接触的，有时是平时不太容易了解的，甚至从来没有听说过，涉及相当专业的知识与技能。因此，如果没有较高的文化素养，往往对受访者的讲述不知所云，甚至找不到检索相关知识的途径。第二，在具备一定的文化素养的情况下，应选择对受访内容有一定了解的人来做转录，比此前对此领域一无所知的人来做更为适宜。第三，如果存在语言问题，外语、少数民族语言或是方言比较难懂，则应找能懂相关语言的人来做，或请其担任语言顾问。

2. 文本编辑

从口述史采访的角度而论，将口述史访谈内容转换成文字文本以后，就可以算作采访工作已经结束。不过，口述史采访的目的不是为了纯粹的记录，还要进一步对所得口述史料进行整理和研究，还原真实可信的历史发展过程。因此，在文字文本的基础上进行文本编辑，便是不可忽视的重要一环。需要指出的是，对于口述访谈资料进行文本编辑，除了忠实于受访者的口述史料，还要借助相关资料，进行研究与考订。只有这样，才能编写出具有研究价值的口述文稿。所以，文本编辑不是简单的照录与编辑，还具有编写、创作的性质。具体说来，口述史文本编辑要注意以下几点：

一是要注意内容的逻辑分析。在口述史采访过程中，有时候，受访者在讲述时不一定完全按照采访者事先所准备的提问展开，具有较大的随意性，访谈内容会出现杂乱无序现象。因此，在文本编辑时，不仅要进行结构与文字的调整、文字的修饰，还要注意内容的逻辑分析问题，必须按事情的发展过程、用大家易懂的语言进行叙述。对于某些重要的历史事件，还要进行一定的分析，看讲述内容是否符合逻辑、是否存在遗漏。总之，根据事件的种类、按照时间顺序，是文本编辑必须遵循的原则。

二是注意突出具有史料价值的内容。文本编辑的过程，其实也是一个研究的过程。口述访谈只有经过整理，才能成为可阅读的史料。对于普通文本编辑，可能只需对访谈内容稍加归纳，就能使其成为可读的史料。只要编得符合逻辑，文字通顺，便于阅读就行。如果要对访谈内容进行深度加工，则要求编辑者具备一定的研究能力。好的口述文本大多都是经过研究的，不是简单的文字转录或是理顺文字而已。文本编辑不是受访者说什么，就写什么，而应突出史料价值，将精华部分编写出来。如果没有多大史料价值，口述采访的时间再长、转录的文字再多，也没有多少意义，对于历史研究没有多大帮助。

三是要对访谈内容进行适当扩充。有时候，因受访者文化水平不高，或是不善言辞，或是记忆欠缺，或是受访者不太愿意配合，讲述时语焉不详，语句不连贯，故事不完整。遇到类似情况，有时需要编辑者根据自己所了解的情况，或是所获得的文献资料，对访谈内容进行必要的补充。同时，口语与书面语不同。口语的表达方式与文字的表述方式有不同之处，如语法上的不同、句式的不同。口语通常比较简短，有时会省略某些成分。因此，为了阅读的方便，有必要在文本编辑时，将一些句子表达完整，适当添加一些字句，文字上也可以做一点润色。而重复、没有实际意义的一些口头语，则可以删去。

四是要将访谈内容与已有文献进行互证。进行口述史采访的目的，是为了获取新的文献，补充已有文献的不足。然而，这并不意味着可以完全抛弃已有的文献资料。在口述史采访过程中，经常出现的一个问题是，受访者对于所述内容时间上模糊、故事具有不确定性。也就是说，如果不加甄别，有将历史文本变成具有文学色彩的故事文本的可能。为了避免出现这种情况，就必须与已有文献资料进行核对，对于受访者叙述中模糊不清甚至记忆错误的情况进行纠正。有关受访者本人的生平资料，有时候查一下其相关档案即可解决。如果出现文献资料不能补正，受访者所说内容存在疑问的情况，则应考虑是否有采访其他相关人员补充的可能，亦可暂时存疑。

总之，一个完整的口述史采访，从最初的选题策划，到口述文本的最终形成，是一个非常复杂的工作流程，其中哪个环节出现问题，都会影响口述史采访目标的实现与质量水平，必须认真对待，耐心细致地勤勉从事，才有望取得良好的工作业绩。

口述史采访中的文献收集工作

口述史采访是口述史理论研究与项目实践中的核心问题和关键环节，没有口述史采访，口述史就不能成立。口述史采访的根本目的，是要获取存留于受访人脑海中有价值的历史信息，将受访人的个人记忆以文本的形式记录下来，成为社会记忆的组成部分，成为历史研究和文明传承的一种文献资源。口述史采访是获取口述史料的根本途径，也是口述史学研究的必要前提。然而，口述史采访实践中，既有成功的经验，也有失败的教训。为什么有的采访能成功，有的却失败了？原因当然是多方面的。个人以为，口述史采访中的文献收集工作做得是否到位，是一个很重要的原因。甚至可以说，文献收集工作做得好坏，将直接关系到访谈的最终成果。那么，究竟如何才能做好口述史采访中的文献收集工作呢？笔者根据多年的实践经验，试从文献收集的重要意义、基本原则、主要途径等几个方面加以论述。

一、文献收集的重要意义

1. 什么是文献

一般认为，“文献”一词出自《论语·八佾》。孔子云：“夏礼吾能言之，杞不足征也；殷礼吾能言之，宋不足征也。文献不足故也，足则吾能征之矣。”在这里，孔子虽然用了“文献”一词，但没有对它进行解释。三国时，何晏《论语集解》引郑玄注云：“献，犹贤也。我不以礼成之者，以此二国之君，文章贤才不足故也。”南宋朱熹《四书章句集注》云：“文，典籍也；献，贤也。”所谓“典籍”，是历代文献或典册、书籍的统称；所谓“贤”，指见多识广、熟悉历史的贤人。这样，“文献”就组合成一个固定词汇，“文”与“献”不再各自独立了。

我国古代，最早以“文献”一词作为书名的，可能是宋末元初历史学家、文献专家马端临。马端临是饶州乐平（今江西乐平）人，其父马廷鸾，为南宋右丞相兼国史院编修官、实录院检讨官。马端临一生最大的功绩，是他历时三十余年，完成了千古流传的史学名著《文献通考》。《文献通考》共分二十四个门类，三百四十八卷，书中详细记述自古迄宋二十五个朝代典章制度的兴废沿革和利弊得失。此书与唐杜佑撰《通典》、南宋郑樵撰《通志》合称“三通”，且因其内容最丰富、记述时限最长、考证最精深，被誉为“三通”之首。在《文献通考》自序中，他对“文”和“献”做了这样的解释：“凡叙事，则本之经史，参以历代会要，以及百家传记之书，信而有征者从之，乖异存疑者不录，所谓文也；凡论事，则先取当时臣僚之奏疏，次及近代诸儒之评论，以至名流之燕谈，稗官之记录，凡一话一言，可以订典故之得失，正史传之是非者，采而录之，所谓献也。”① 这里的“献”，不再是指“贤人”，而是指臣僚、诸儒、名流和稗官的言论、记录，其含义已与“文”比较接近。

近代以来，随着大量考古资料的发现和科学技术的发展，“文献”的内涵与外延都有了很大的变化，许多学者根据自己的理解，对“文献”概念提出了自己的观点。有的学者认为，“文献指一切历史材料”。② 有的学

---

① （元）马端临：《文献通考》（上册），中华书局，2006 年，第 3 页。

② 王欣夫：《文献学讲义》，上海古籍出版社，1986 年，第 2 页。

者认为，“文献应理解成一切历史遗留和现存有关某一问题、某一事实、某一作家的文字资料”。① 还有学者认为，“文献是用文字、图画、符号、声频、视频等手段记录的知识”。② 1983 年 7 月颁布的国家标准《文献著录总则》则认为，“文献是记录有知识的一切载体”。③ 这一“文献”定义具有高度的概括性，已被学者广泛接受。

2. 收集文献的重要意义

文献是人类文明发展到一定阶段的产物，同时又是文明传承的一个重要载体，在社会发展中具有不可估量的巨大作用。古今中外，不论是政府、社会团体还是民间个人，都十分重视文献收集工作。南宋学者郑樵不仅是一位目录学家，还是一位大藏书家。他对文献收集有自己的心得体会。他在《通志·校雠略·求书之道有八论》中写道：“求书之道有八：一曰即类以求，二曰旁类以求，三曰因地以求，四曰因家以求，五曰求之公，六曰求之私，七曰因人以求，八曰因代以求，当不一于所求也。”可见，他对文献收集是有相当研究的。有学者指出，他（郑樵）所总结的“求书八法”就是对中国图书馆学思想的一大贡献，在中国图书馆学发展史上占有重要地位。④

口述史采访中的文献收集，与通常我们所说文献收集有一定的区别，主要是为进行口述史采访做准备。在口述史采访中，收集文献为什么重要？笔者认为，至少有以下三个理由：

一是口述史采访，就其本质而言，就是采集文献。采集文献与收集文献，从字面上看，仅有一字之差，其内涵却有所不同：采集主要指将留存于受访人脑海中、现存文献中没有或比较匮乏的文献挖掘出来，而收集更多的是指将现存的文献（尽管可能散处在不同地方、不同机构或个人手

① 谢灼华：《简论文学文献与文学文献学》，《图书馆学研究》，1982 年第 4 期。

② 武汉大学、北京大学《目录学概论》编写组：《目录学概论》，中华书局，1982 年，第 2 页。

③ 中国文献工作标准化技术委员会：《文献著录总则》（GB 3792. 1—1983），［1983 - 07 - 02］。

④ 黄宗忠：《文献采访学》，北京图书馆出版社，2001 年，第 10 页。

中）收集过来加以保存。无论是采集还是收集，都离不开“文献”两字，都属于“文献”工作。

二是文献收集是口述史访谈的必要准备。进行口述史访谈前，必须有一个访谈提纲（即便不将这个访谈提纲形诸文字，心中也会有个大致想法），而收集文献则是形成访谈提纲的一个重要依据。通过对受访人相关资料的收集，采访人可在采访前对受访人有个基本了解，便于与受访人进行有效沟通，以提高口述史采访质量。如果不做文献收集工作，或者收集不全面、不深入，想要做一个成功的口述史采访，基本上是不可能的。

三是文献收集是口述史采访后期成果检验与评价的重要基础。口述史访谈结束以后，需要对采访成果进行整理。不是所有的访谈都能成功的。有的访谈没有达到预期目标，有的做得差强人意，有的甚至与采访预期相去甚远。究其原因，既有受访人的因素，又有采访人的责任。如何检验、评价口述史采访质量，其中一个重要依据，就是访谈成果与收集文献的匹配度。如果访谈内容与所收集的文献不相符合，应当认真研究，分析其中原因；如有必要，可能需要重新采访。

3. 文献收集的主要特点

口述史采访中的文献收集，与图书馆、档案馆、博物馆等的文献收集有所不同，与一般研究机构的文献收集也不同，与收藏家的文献收集更不相同，主要是为口述史采访做准备，就其性质而言，属于专题文献收集，围绕一个采访主题而展开。口述史采访对象不同，文献收集的内容和方式也不尽相同。在口述史采访中，文献收集主要有以下几个特点：

一是文献载体的多样性。由于口述史采访的对象不同，三百六十行，行行都有，文献收集的载体异常丰富。如果采访的是一位老兵，除了我们常见的各种图书、期刊、手稿、信件、照片等，当年老兵使用过的器物、穿过的服装、保存的弹片等，都是收集的重要内容。如果采访的是一位非物质文化遗产（以下简称非遗）传承人，其使用的工具和材料，演出的道具和服装等，也都是收集的重要内容。总之，口述史采访中的文献收集，不同于平时为研究而做的文献收集。可以说，图书馆有多少种文献载体，我们要收集的就有多少种文献类型。

二是文献题材的广泛性。由于口述史受访人来自各行各业、五湖四海，必然会涉及各个专业领域，分布于各个学科、各个专业，因此，文献收集的领域也必然是广泛的。实际上，目前国内外口述史项目之多，已很难确切统计。仅“我们的文字”项目，我们就从非物质文化遗产各级名录中，筛选了与文字关系密切的非遗项目62个。

三是文献内容的专指性。口述史采访的每一个项目、每一位受访人，都有其相对应的专业领域、独特的人生阅历，不可能与别人完全相同。特别是那些平时不太被公众关注的受访人，在文献收集过程中，更应当多动脑筋，深入发掘。从某种意义上说，对这样的受访人进行文献收集，与口述史访谈一样重要。道理很简单，口述史访谈是要发掘受访人脑海中、当前文本所没有的历史信息，将其转换成视频、音频或文字材料，形成新的文献，而访谈中所收集的文献，如老战士的战时日记，传承人的手稿、道具、作品等，不可能与现有文献完全相同，需要进行有针对性的发掘收集。

除了以上特点，口述史采访中的文献收集，还有跨时代性、地域性、参考性等特点。所谓跨时代性，就是所收集文献，有的是当代的，有的是较早的，有的可能是古老的、历史久远的。所谓地域性，就是受访人因所处地域不同，许多文献具有明显的地域色彩，属于具有地方文化特色的历史文献。所谓参考性，就是所收集的文献资料，既有其独立的文献价值，又是为口述史采访服务，既是口述史采访必要的前期准备，又是进行后期成果检验和评价的一个依据，具有重要的参考价值。

4. 文献收集中的常见问题

应该说，大多数从事口述史采访的人，都比较重视受访人相关文献的收集工作。然而，重视的程度和实际收效可能很不相同。近年来，笔者有幸参与采访并审阅了中国记忆项目中心开展的几乎所有资源建设项目，参与了文化部国家级非物质文化遗产代表性传承人记录工作的评估验收，以及中国图书馆界重要人物口述历史项目后期成果的验收工作，发现有许多项目的文献收集或多或少地存在一些问题。

有的项目文献收集品种不全。一般的口述史受访人，通常都有一些文字资料，如图书、期刊、日记、手稿等，还有照片、证书、奖状、器物等实物文献，如果与受访人的人生经历或工作业绩相关，应当尽量争取收集。可是，有的采访人或采访团队对此不是很重视，只是少量收集，忽视所收集文献是否能充分反映受访人的人生经历与主要成就。

有的项目文献收集数量不足。进行口述史采访，到底应该收集多少与受访人相关的文献，数量上没有规定，应当根据不同受访人进行大致评判，以决定是否应当进行补充收集。假如采访的是一位著名学者、科学家，他出版的著作、发表的论文可能很多，如果不认真调查，挂一漏万，没有收集到足够数量的与受访人相关的文献，口述史采访质量一定会受到影响。

有的项目收集文献专指性较差。例如，非遗记录工作中一个传统戏剧类项目，采访人收集的传承人相关文献，其中不少是《东周列国志》《三国演义》《杨家将演义》等古典小说，这个与受访人不是没有关系，然而，大众化的古典小说读本与受访人联系不是很密切，可以不收（除非该书上有受访人的特殊印记）。再如，假如采访的是一位抗战老兵，与抗战有关的文献浩如烟海，难道都要去收集吗？显然，这是不可能的，必须选择专指性高的与这位老兵直接相关的历史文献。

同样的问题在一些受访人的照片收集中也有所表现。有的项目在收集受访人照片时，不加选择，没有分门别类，有的甚至将受访人数千张照片都收集过来，没有考虑到其代表性，重复现象比较严重。文字资料收集中也存在类似情况，将一些与受访人没有直接关系（也非受访人本人著作）

的书籍或文章都收集过来。从对工作认真负责的角度讲，这当然值得称赞。然而，由于没有细心鉴别，收集文献专指性不够，影响到收集文献的质量。

有的项目没有对所收集的文献进行规范整理，分类混乱。出现这一问题的主要原因，可能是收集者没有系统的文献分类知识，有的可能是因为不够认真。对于收集到的与受访人相关的文献，要进行分类整理，如正式出版物、非正式出版物、音像制品、电子文献、实物文献等，往下还可以继续细分。

有的项目所收集文献信息不全，就是东西拿来了，但不知道是什么，文献价值难以判断。有的著作、论文、手稿，没有作者、时间、文献出处等信息；有的照片没有人物、时间；有的实物文献没有名称、用途、收集地点等；有的没有注明是否解决著作权问题，是否得到受访人许可、授权。诸如此类，不一而足。

总之，口述史采访中，文献收集的重要性是不言而喻的，如果不能做好文献收集工作，势必对访谈质量产生重大影响。

二、文献收集的基本原则

口述史采访中，文献收集非常重要，许多人都有这个意识。但是，意识到是一回事，能否做好又是另外一回事。文献收集绝不是随口一说、伸手一拿那么简单。姑且不论有的文献不是可以从受访人那里直接拿来，即便受访人手中有，拿来的东西也有一个整理问题。在笔者看来，文献收集要遵循以下基本原则：

1. 要解决著作权问题

在口述史采访中，除了在图书馆、一些公共机构或网上收集到的与受访人相关的文献外，许多是要从受访人那里取得的。从受访人那里取得的文献，可以分为两类：一是受访人的私人藏品；二是受访人的私人作品。所谓私人藏品，包括受访人所收藏的古籍善本、普通图书、期刊、古玩、字画、道具、器物等；所谓私人作品，包括受访人的手稿、书信、日记、照片、书画、艺术品、视频或音频资料等。无论是私人藏品，还是私人作品，在向受访人收集（征集）时，都有一个著作权问题。

1990 年，第七届全国人大常委会第十五次会议通过了《中华人民共和国著作权法》。1992 年，我国加入《保护文学艺术作品伯尔尼公约》和《世界版权公约》。我国《著作权法》规定，私人所有的手稿、书画、书信、录音、日记、照片等，均受著作权保护。我国著作权实行自动保护制度，即对作品的著作权保护自动产生于作者创作活动之中。至于私人藏品，由于非所有人所作，则存在所有权的转让问题。

有鉴于此，在收集文献过程中，为了避免将来可能出现纠纷，一定要与受访人协商解决著作权问题，并区分私人作品与私人藏品。在口述史采访中，受访人可能会主动捐赠所藏文献。根据《著作权法》，捐赠文献也存在著作权问题。这是因为，捐赠文献是指作者或作品所有者无偿地把自己合法拥有的作品赠送给对方，放弃对捐赠物的所有权。然而，要知道，捐赠者所捐赠的，只是捐赠物的所有权，作品的著作权仍然属于作者本人。

2. 全面性和准确性原则

在进行口述史采访前，首先要收集与受访人相关的文献。如何有效地收集受访人相关的文献？个人以为，要注意两点，就是全面性、准确性。所谓全面性，就是要力图把与受访人相关的文献收集完整，包括各种文献形态，纸质与非纸质，正式出版物与非正式出版物，音频、视频文献，以及证书、奖状、照片、道具、器物等实物文献。所谓准确性，就是要对文献进行鉴别，确认与受访人直接相关的文献资料再收集，不能盲目地贪求数量。为了达到文献收集的全面性和准确性要求，最好能请有关专家来做这项工作；如果专家不能亲自参与，也应尽量请专家对所收集的文献进行鉴别。

实际上，口述史采访中，我们会接触很多受访人，在收集文献过程中，一些文献的真伪或价值是需要由相关专家来帮助鉴定的。假如采访的是一位参加过抗日战争的老兵，在收集相关文献时，就要对这位老兵参加过的战斗经历、历史背景有一个了解，对战斗发生的时间与地点、参加战斗的部队、战斗经过等，都要心中有数，否则收集到的文献很可能没有针对性，不能反映受访人当时的实际情况。即便收集到的是一件真实的历史文献，也存在一个价值评估问题，是常见的一般性文献，还是新发现的稀缺文献。

总之，对不同受访人进行相关文献收集，既要全面，又要准确，应尽量请相关专家帮助收集，或请他们对收集文献进行鉴定。

3. 掌握文献检索的基本方法

要想高效地收集所需文献，首先要掌握文献检索的一些基本方法，具备一定的目录学知识。清代学者王鸣盛在《十七史商榷》一书中说："目录之学，学中第一紧要事，必从此问途，方能得其门而入。然此事非苦学精究，质之良师，未易明也。"① 他还说："凡读书最切要者，目录之学。目录明，方可读书；不明，终是乱读。"② 现代著名历史学家、文献学家陈垣说："目录学就好像一个账本，打开账本，前人留给我们的历史著作概况，可以了然，古人都有什么研究成果，要先摸摸底，到深入钻研时才能有门径，找自己所需要的资料，也就可以较容易地找到了。"③

以上两位学者所说虽然是读书，但目录学是治学之门径，同样适合于口述史采访中的文献收集。收集受访人相关文献，首先应对可能收集的文

① （清）王鸣盛撰，陈文和等校点：《十七史商榷》，凤凰出版社，2008年，第1页。
② （清）王鸣盛撰，陈文和等校点：《十七史商榷》，凤凰出版社，2008年，第35页。
③ 陈垣：《陈垣史学论著选》，上海人民出版社，1981年，第643页。

献类型进行预判。如果是实物文献，可能主要存放于受访人家中，或是其原单位、档案馆、艺术馆等，对这类文献进行收集，需要用到的目录学专业知识可能不多，直接找受访人或有关单位即可。如果收集的是纸质文献或非纸质文献、网络文献，或者根据出版情况，有正式出版物与非正式出版物，文献载体多样，文献来源较多，就需要运用目录学知识了，要掌握文献检索的基本方法。

首先，要了解文献检索系统，学会使用检索工具，熟悉检索界面。通常，我们到图书馆、档案馆、博物馆或科研单位资料室查找文献，其文献编目都有一定规则，或根据学科、专业进行分类编目，或根据主题、著者进行分类编目。以图书馆系统为例，目前国内图书馆基本上是根据《中国图书馆图书分类法》（已出五版）进行分类编目。收集文献时，如果懂得分类编目规则，以学科分类进行检索，可能收到事半功倍的效果。如果是按主题进行检索，则要掌握相应的主题检索方法，即会使用主题词检索。

主题词，又可分为正式主题词（叙词）和非正式主题词（关键词）。正式主题词，是指专门为文献标引或检索而从自然语言中挑选出来、并加以规范处理的收入各种主题词表的词汇或词组；关键词，又称自由词，是指出现在文献标题（篇名、章节名）以及摘要、正文中对揭示文献主题内容具有实质意义的，从文献中直接抽取，没有进行规范处理或只做少量规范处理的一些词汇。在计算机检索系统中，关键词检索最为常见。当然，如果确定要找到某个人的著作，或者某一本书，则比较简单，直接将作者或书名输入检索即可。作者或书名，一般来说，就是关键词。

三、核心文献源：收集文献的主要途径

无论是研究所需，还是为口述史采访做准备，在收集文献过程中，都要对可能的文献来源进行分析，即要善于发现核心文献源，这样才能做到准确而又高效。1971 年，美国科学家、《科学引文索引》（SCI）的创始人

加菲尔德（Eugene Garfield）统计了两千种期刊中约一百万篇参考文献后发现，被引频次高的文章，有24%来自25种期刊，50%来自152种期刊，75%来自767种期刊，而其余被引文章则分散于各种数量庞大的期刊中。他认为，被引文章在期刊的分布中，有一个较为集中的核心区与广为分散的相关区。因此，从提高文献收集效率与质量角度看，在收集受访人相关文献时，只要能找到其相关文献信息的核心分布区域，就可收集到绝大部分的文献资料。具体说来，应当注意以下几点：

1. 发现核心文献源与文献类型

面对浩如烟海的不同载体、不同类型的文献资料，在收集文献过程中，首先要做的，就是要找到与受访人联系最为密切的文献信息源。每一位受访人，都可以根据其性别、职业、主要业绩等，归入相应的专业或类别中。同时，每一位受访人所属专业或类别，都会有一些大致相同的文献类型。收集这一专业或类别的相关文献，必须区分核心文献源与非核心文献源，注意收集主要文献类型。以“中国图书馆界重要人物专题”口述史项目为例，如要收集有关图书馆学家的相关资料，就要对这位图书馆学家出版的著作和发表的论文进行文献收集，同时收集与其联系较为密切的其他学者的相关资料。这些论著、学术期刊和他们所在的工作单位，可以视为核心文献源。在文献收集过程中，必须重点关注这些核心文献源的文献资料。

值得一提的是，对于已收集的相关文献，要善于从中挖掘和发现新的文献信息，做进一步的文献收集。例如一本专著，一般都会有相关参考文献；一篇论文，一定会有一些引用的论文。对于这些专著、论文中的参考文献或引用论文，要做一定的分析，如有必要，应对这些文献资料进行收集。

2. 选择核心研究机构与核心作者

口述史受访人分别属于不同专业领域，属于不同社会群体，而每个专业领域或社会群体，都会有一些比较有影响力的核心研究机构与核心作者（如非遗项目中的同行）。在文献收集过程中，一定要围绕受访人的专业特点，收集该专业领域核心研究与核心作者的文献资料。这些核心研究机构与核心作者的著作与论文，往往能代表这一领域当前研究的学术水平与未来发展趋势。收集这些机构与作者的相关文献，有利于口述史采访的前期准备与后期成果检验评估。事实上，由于学科发展的日益专业化，这些核心研究机构还是比较容易发现的。如中国记忆项目中心开展的“中国丝绸”“大漆髹饰”“中国年画”“我们的文字”“人口较少民族口头传统典藏计划”等专题资源建设项目，都有一些比较重要的研究机构与核心作者。

3. 注意核心出版机构与文献收藏机构

在口述史采访中，与受访人相关的文献可能集中于某些主要出版机构，相关文献往往集中收藏在某些机构。除了一些大型的综合性出版社，长期以来，我国出版社有一个大致的专业化分工。正如图书馆学界的专著或工具书，往往在国家图书馆出版社出版；或者中国古代经典著作，往往在中华书局、上海古籍出版社出版一样。受访人相关文献收集，可以考虑优先对该专业领域图书出版较为集中的一些出版社所出图书进行调查收集。另外，由于每个专业领域往往有一些核心研究机构，这些核心研究机构往往同时也是重要的相关文献收藏机构。有些文献收藏机构，可能没有冠以图书馆、档案馆、博物馆等名称，但是相关专业文献资料可能收藏非常丰富，如一些传统戏剧项目，一些专业文艺团体往往收藏了不少外界没有的重要文献资料。在收集文献时，对此一定要引起重视。

4. 注意收集文献的时代特征

在受访人相关文献收集过程中，一定要对受访人的主要活动、主要业绩进行时间上的分析，着重收集那些与受访人主要活动、主要业绩有直接关联的相关文献。如果采访的是一位老兵，采访的目的是请其讲述当年的战斗经历，文献收集就要以战争年代与受访人活动有直接关联的文献为主；如果采访的是一位非遗传承人，则应主要收集传承人学艺经历、师承情况、创作高峰时期的文献资料；如果采访的是一位学者、科学家、艺术家，则主要收集他们在求学、教学与科研、艺术创作活跃时期的文献资料。另外，要考虑到与受访人主要活动、主要业绩有关的时代背景和专业发展状况，通过收集与受访人有关的时代背景和专业发展状况相关文献，可以将受访人的主要活动和业绩置于大的时代背景之下，对受访人有一个更加全面、客观的认识判断。

最后，我们正处于信息高度发达的网络时代，在文献收集过程中，除了传统文献收集，切不可忽视对海量网络文献的发掘和收集。

口述历史采访中的深度把握

口述史学与以文字书写的传统史学在技术路线上固然有所不同，然而，就其本质而言，两者并不是对立的，要达到记录与阐释历史的目标是一致的，只是采取的方式有所差别。我们所说的历史，是人的历史；进一步说，既是人类的历史、国家的历史、民族的历史，也是个人的历史。历史是如何呈现的？当然要通过具体的人物与事件。历史如何能为人所信？就是要通过细节。可以说，没有细节，就没有信史。道家学派创始人老子说："天下难事，必作于易；天下大事，必作于细。"①正是无数的历史细节，为我们钩沉了遥远的人类记忆。在实际采访过程中，由于受访人的职业、经历、学历、表达能力千差万别，我们从受访人那里采集到的历史信息往往参差不齐，甚至大相径庭。因此，在进行口述历史采访过程中，我们一定要根据不同受访人的个性特点，采取不同的采访策略，抓住要点，才能取得理想的采访效果。近年来，国家图书馆中国记忆项目中心开展了多个口述历史项目，针对的受访人群体异常丰富，既有学识渊博的专家学者，又有专精一技的能工巧匠，还有饱经沧桑的老兵群体、鲜为人知的少数民族文化工作者。在对如此众多的受访人进行采访以及受访口述资料的整理过程中，笔者深切地感到，口述历史采访中的深度把握，既有共性，

---

① 任继愈：《老子绎读》，国家图书馆出版社，2015 年，第 139－140 页。

又有个性。就其共性而言，相关的历史细节一定要清楚；就其个性而言，对于究竟采录什么细节，又要因人而异，不可“一刀切”、过于勉强，否则会事倍功半。

一、好的史书必重细节

自古以来，我国就有重视历史的良好传统，浩如烟海的史籍文献是中华民族独特而又珍贵的文化遗产。《尚书·多士》中说：“惟尔知，惟殷先人，有典有册，殷革夏命。”周代史职人员，有太史、外史、左史、右史等。儒家学派创始人孔子非常重视史书的编纂，相传《尚书》就是由孔子编定。至于《春秋》，主要记载鲁国历史，相传亦出于孔子之手。司马迁在《史记·报任安书》中说：“文王拘而演《周易》，仲尼厄而作《春秋》。”《春秋》一书，字字针砭，文风独特，历代史家均将其奉为经典，其写作手法被称为“春秋笔法”。《尚书》与《春秋》，在古代儒家“六经”中占有两席。

由于《春秋》文字过于简洁，不易理解，所以诠释之作相继出现，对书中所记进行解释，称之为“传”。根据班固《汉书·艺文志》记载，为《春秋》作传者，共有五家，现存《左传》《公羊传》《谷梁传》三家。《谷梁传》《公羊传》着重阐发《春秋》中的“微言大义”，《左传》则注重具体历史事实的补充。《左传》一书，相传为春秋末年鲁国左丘明所作。他还著有现存最早的一部国别史《国语》，被誉为“文宗史圣”“经臣史祖”“百家文字之宗、万世古文之祖”，可以说是中国历史学界的开山鼻祖。《左传》在儒家“十三经”中篇幅最长，在《四库全书》中被列入经部。作为一部编纂于两千多年前的史学名著，《左传》的引人注目之处，就是善于通过历史细节的客观描述，向我们生动形象地展现一大批有着不同经历和不同性格的历史人物，秉笔直书，不虚美，不隐恶，具有很高的可信度。东汉史学家班固称司马迁为“良史”，其实“良史”至少从左丘明起就已经发端了。

西汉时期伟大的历史学家、文学家司马迁所著《史记》，被鲁迅先生誉为“史家之绝唱，无韵之离骚”。《史记》开启了我国古代纪传体史书的范例，是历代“正史”的典范，它与北宋司马光所著《资治通鉴》并称为“史学双璧”。司马迁之所以能有如此巨大的成就，其中一个重要原因，就是他不是简单地依赖现有的文字材料，而是亲自奔走各地，搜集第一手历史资料。司马迁从 20 岁起，就开始游历天下，足迹遍及长江中下游和山东、河南一带，到过襄樊、江陵、湘西、长沙、庐山、钱塘、姑苏、淮阴、临淄、曲阜、开封等地，考察大禹、孔子、屈原、春申君、项羽、韩信等人的历史遗迹。在《史记》一书中，有许多珍贵的历史资料是司马迁亲自采访所得。可以说，司马迁是我国历史上进行口述历史采访的一位先驱者。

《史记》之所以能成为一部划时代的巨著，还与司马迁特别重视历史细节的记录描写有关，并为以后历史书写树立了不朽的榜样。《史记》所记录与描写的人物来自不同的社会阶层，上自帝王将相，下至市井细民，诸子百家，三教九流，涉及人物四千多名，重要人物也有数百名。这些不同的历史人物，在司马迁的笔下，通过细节的传神描写，可以说是栩栩如生、呼之欲出。以《高祖本纪》为例，司马迁在刻画刘邦这个人物时，较多地使用富有个性的语言，将刘邦的形象生动地展现出来。同样是见到秦始皇巡游天下，项羽见到秦始皇南巡时脱口而出：“彼可取而代也。”足见其粗豪率直之性。而刘邦见到秦始皇，则喟然太息曰：“嗟乎！大丈夫当如此也！”写出他虽气象不凡，然而能控制自己的情感，委婉曲折。《高祖本纪》中有一段话，陈述他之所以能得天下的原因：“夫运筹帷幄之中，决胜于千里之外，吾不如子房。镇国家，抚百姓，给饷馈，不绝粮道，吾不如萧何。连百万之军，战必胜，攻必取，吾不如韩信。此三者，皆人杰也，吾能用之，此吾所以取天下也。项羽有一范增而不能用，此其所以为我擒也。”能“与天下同利”，并且善于用人，这正是刘邦的长处。张良、萧何与韩信，都是当世杰出人物，俱能为他所用，则刘邦之才、之德，更在这三人之上。通过刘邦这一番话，我们可以真切地触摸到他的内心世界，表面上谦逊，实际很自负。

《项羽本纪》是《史记》中最重要、最精彩的篇章之一，文中描绘了一幅幅惊心动魄的战争画卷，塑造了项羽这样一个悲剧英雄形象。《项羽本纪》中的“鸿门宴”，作者选择表面平静、实际杀机四伏的鸿门场面，让众多的人物在明争暗斗和彼此映衬中展示各自鲜明的个性。如文中描绘樊哙进入宴会现场一段：

> 于是张良至军门见樊哙，樊哙曰：“今日之事何如?”良曰：“甚急！今者项庄拔剑舞，其意常在沛公也。”哙曰：“此迫矣！臣请入，与之同命。”哙即带剑拥盾入军门。交戟之卫士欲止不内，樊哙侧其盾以撞，卫士仆地，哙遂入，披帷西向立，瞋目视项王，头发上指，目眦尽裂。项王按剑而跽曰：“客何为者?”张良曰：“沛公之参乘樊哙者也。”项王曰：“壮士！赐之卮酒。”则与斗卮酒。哙拜谢，起，立而饮之。项王曰：“赐之彘肩。”则与一生彘肩。樊哙覆其盾于地，加彘肩上，拔剑切而啖之。项王曰：“壮士，能复饮乎?”樊哙曰：“臣死且不避，卮酒安足辞！”

文中将樊哙粗犷、勇猛与豪放的人物形象描写得生动传神。又如，巨鹿之战中，项羽破釜沉舟，引兵渡河，“楚战士无不一以当十”，所向披靡，无坚不摧。再看各诸侯军的反应，“诸侯军救巨鹿下者十余壁，莫敢纵兵。及楚击秦，诸将皆从壁上观”，“诸侯军无不人人惴恐”，“于是已破秦军，项羽召见诸侯将，入辕门，无不膝行而前，莫敢仰视。”这一仗，写出了项羽不畏强敌的精神、无比旺盛的斗志，通过与“莫敢纵兵”“人人惴恐”的诸侯军的对照，更衬托出项羽非凡的英雄气概。

总之，《史记》塑造了众多各具特色的人物形象，在谋篇布局与语言运用方面都达到了很高的成就。通过《史记》这部作品，司马迁不仅开创了我国古代纪传体史书与史传文学传统，并且确立了历史书写与传记文学的光辉典范。

遗憾的是，我国传统史学这种优秀的品质在当代历史书写中却有所淡化。一方面，一些专业历史研究著作，或流于探寻空泛的“历史规律”，或从字里行间发掘“微言大义”，或陶醉于进行刨根究底式的琐碎考证，鲜活的人物形象不见了，历史逐渐与公众的日常生活脱节，成为仅供一部分人把玩的“阳春白雪”。另一方面，为迎合公众的历史兴趣，一些人则开始“戏说”历史，乱弹神侃，以至真实的历史逐渐被人遗忘，虚假的历史知识却广泛传播，以讹传讹，结果自然是差之毫厘，谬以千里。因此，作为口述史工作者，我们有责任“让历史从历史学家营造的象牙之塔中走出来，走入千家万户，走入每个人的心里”。① 我们要让那些历史的亲历者、见证人说话，让久远的历史事件在细节展示中还原其本来面目，让珍贵的历史资料得以保存，让不朽的人文精神重放光芒。

二、面对学者，深入发掘

北宋理学家张载有句名言：“为天地立心，为生民立命，为往圣继绝学，为万世开太平。”②这是对学者使命的高度概括。学者是人类文明的创造者、记录者、传承者，是人类文明向新的更高层次发展的重要力量。千百年来，一代又一代知识分子本着“天下兴亡，匹夫有责”的文化自觉，经世济民，忠贞报国，为社会进步、文化发展做出了重大贡献。2012 年国家图书馆中国记忆项目启动时，就开展了著名学者口述史项目，以口述

① 黄朴民著：《大写的历史：被忽略的历史文化》，浙江文艺出版社，2016 年，第 4 页。

② 关于“横渠四句”（冯友兰语）还有两个版本。南宋吴坚刊本《张子语录》等作：“为天地立心，为生民立道，为去圣继绝学，为万世开太平。”南宋真德秀《西山读书记》：“为天地立心，为生民立极，为前圣继绝学，为万世开太平。”此处采纳黄宗羲《宋元学案》卷一七《横渠学案》引黄百家案语所引。

史、影像史的方式，对一批卓有成就的专家学者进行抢救性记录工作。通过采访，我们感到，一方面，学者们都是事业上的成功者，其丰富的阅历与业绩，加上良好的表达能力，为口述历史的采访提供了有利条件；另一方面，也不可忽视学者的个体差异，不仅是他们的记忆力有差异，还有他们是否愿意放开来讲的问题。因此，我们要努力挖掘历史细节，还原历史真相，为公众提供美好的精神食粮。

（一）细节还原历史真相

历史事件都是由细节构成的。然而，历史又是稍纵即逝、不可复制的。随着时间的流逝，历史会被遗忘，甚至被曲解。历史学家的神圣使命，就是要尽可能还原历史真相。历史学家如何才能还原历史真相？首先要有足够的历史资料，从历史事件亲历者、见证者那里获取可信的历史资料。口述史采访的根本目的，就在于记录与保存历史资料。历史资料未必完全真实，口述史采访所得也未必完全真实，然而，收集不同的口述者对于同一话题的历史表述，则是我们接近历史真相的有效途径。特别是对学者进行口述史采访，由于他们一般都具备良好的专业素质，通常具有常人所没有的丰富阅历与表达能力，因此，从他们的脑海中发掘第一手历史资料，其重要性自不待言。根据笔者经验，学者们在讲述他们的人生经历时，不经意间，往往能够为许多重要历史事件提供极有价值的历史资料。

冯其庸（1924—2017）先生，曾任中国人民大学教授、中国艺术研究院副院长、中国红学会会长、中国戏曲学会副会长，被视作红学研究的“定海神针”，在近四十年的研究中，著有《论庚辰本》《曹雪芹家世新考》等30余种红学专著。2012年8月至2014年2月，中国记忆项目中心工作人员对其进行了历时两年多的采访，共计采访23次，留下了许多珍贵的历史资料，2016年由商务印书馆出版了由宋本蓉采访整理的《风雨平生：冯其庸口述自传》。中国记忆项目中心在对冯先生进行访谈时，他虽已年届九旬，依然思维敏捷，表达能力极强。在接受采访时，他提到了许多重大历史事件的一些细节。例如，冯先生讲到 1937 年抗日战争全面爆发以后，日军侵略无锡时他在家乡的一段经历：

> 没有过几天，日本鬼子就真的来了。我正在厨房里跟我母亲做饭。我家的房子很破陋，厨房有漏窗，漏窗可以看到大门外面。大门外的小道上，日本鬼子扛着闪亮的刺刀，真像漫画一样的，刺刀上面挂着两只鸡，前面一个带路的汉奸翻译。
>
> 当时我母亲急得不得了，说你赶快走吧。她拿了一双布鞋，找了两个干的饼子，给我带上，从后门把我推出去，说你赶快跑吧，反正在家里是不行了，他们可能一家一家来抄呢。我就急急忙忙从后门逃出去。逃出去以后不知道往哪里走，四周都是田野。
>
> 我就往长满甘棵的墓地里钻。甘棵就是像玉米一类的植物，叶子非常锋利，但是秆子比玉米细，长得比人还高得多，我就钻到那个里头去。当时也是慌不择路，以为躲到里面就没人找得见我了，没想到刚躲进去，一会儿就听到旁边有人走路，原来我就在路边。我心想这个太危险了，但是也不敢再出去了，一直不敢动。到了傍晚的时候，忽然听到有人叫，出来吧，鬼子走了，大家放心吧，回来吧。我一听那声音很熟，是村子里的人。我就从甘棵丛里出来，结果发现甘棵丛里有很多人，都出来了。
>
> 回家一看这次总算是没有杀人，但是我的两个堂房的妹妹都被日本鬼子抓走了，任鬼子糟蹋，到放回来的时候已经一个多月以后了。①

冯其庸先生的这段口述，不仅生动具体、画面感强，而且以其亲身经历，揭露了日本鬼子的野蛮行径，提到了当下极为重要的“慰安妇”问题，是对日军野蛮侵略行径的有力控诉！这就是我们所要挖掘的历史细节，是重大历史事件的有力见证！

---

① 冯其庸口述，宋本蓉记录整理：《风雨平生：冯其庸口述自传》，商务印书馆，2017 年，第 16 – 17 页。

著名历史学家、北京师范大学历史学院资深教授刘家和先生在接受口述史访谈时，讲到他在上中学时的一个故事：

> 日本老师给我们讲习日文的时候，我们谁都不听讲，后来抽问考试的时候，全班同学都说不会。日本教员开始打板子，大家都伸出手来挨打，包括所有女同学都非常勇敢，全班同学没有一个露出怯意。后来学校的中国老师们听说这件事情都流泪了，悄悄对大家说："大家很勇敢，做得很好，中国不会亡国的！"日本教员见状无奈，后来的课程也就做做表面文章，没有真正推行下去。当时痛恨学日文，越是痛恨学日文，就越是爱学中国古文，所以就是在上县里办的中学时，我也几乎没有中断过跟着老先生读古书、学古文。①

刘先生的这个故事，2018 年我们对刘先生进行访谈时，他也讲起过。这个故事不禁让我们想起了法国作家都德（Alphonse Daudet）的《最后一课》。1871 年，法国在与普鲁士的战争中败北，被迫割让阿尔萨斯和洛林两地，作为胜利者的普鲁士对其占领后，禁止在学校中教法语，改教德语，热爱祖国的法国师生上了最后一堂法语课。1912 年，胡适将这篇文章译介到中国，此后这篇小说长期被选入中学语文教材。刘先生所处的时代与环境，经受了日本帝国主义的疯狂侵略。"九一八事变"以后，日本占领东北，开始推行其殖民教育；"七七事变"以后，日本侵略者将殖民教育进一步推行到其他占领区。然而，即使像刘先生当时所在的小县城，在一所普通的中学里，人们依然洋溢着强烈的爱国主义热情，这是中华民族不可战胜的力量所在！刘先生讲的似乎是一个平凡的故事，其意义却十分重大。

2016 年，国家图书馆中国记忆项目中心采访了著名藏学家、编目专家黄明信（1917—2017）先生。1938 年，黄老从清华大学历史系毕业，后在

---

① 刘家和口述，雪晶整理：北京师范大学刘家和先生口述史［2012－09－06］，http：//www.360doc.com/content/14/0919/12/19413279_410668809.shtml.

甘肃省夏河县拉卜楞寺学习与研究藏传佛教文化八年，获得佛学拉然巴（rabjamba）格西①学位。中华人民共和国成立之初，他调入中央民族事务委员会参事室工作，并于1951年参加了和平解放西藏协议谈判，担任中央政府首席谈判代表李维汉同志的藏语翻译。因此，黄老无疑是这一重大历史事件的亲历者、见证人。在访谈中，黄老回忆了当时一些重要名词的翻译情况。他说，协议谈判经过二十余天，修改过的是哪些条款已记不清了，不过对于“中华、人民、解放”这三个词的藏文译法争论的过程仍有很深的印象。其中，关于“人民”一词的藏文翻译，他回忆道：

> 争论最大的是“人民”一词。在初稿上我用了mi ser，这是一个藏文古籍里有过的词，不是杜撰的。但是西藏代表认为，在西藏地方政府的公文习惯里，这个词指属民，与官吏、领主是相对的。如果使用这个词，就把他们这些代表乃至达赖喇嘛都排斥在“人民”之外了，所以不能接受。他们主张改成mi dmangs，这个词不是藏文词汇中固有的，是新造的，是否合适，我不敢说，打算向喜饶嘉措②大师求教。经请示，协议的条文在谈判过程中，即签订之前，是绝密的，不准透露，但是个别字词的翻译上向人请教还是允许的。喜饶大师是十三世达赖喇嘛的教理侍从，顾问性质，是很高的荣誉。这一辈达赖、班禅和他见面时行碰额礼，这是一种地位平等者的礼节，可见他的威望之高。在这个问题上喜饶大师同意用mi ser，坚决反对用mi dmangs。他说：dmangs字在藏文典籍中是固定用来翻译印度的sudra这个词的。sudra是印度的四个“种姓”里最低贱的一级，绝对不能用。如果一定不用mi ser，非要用mi dmangs不可，就把其中的d、s两个字母去

---

① 格西：藏语“格威西联”简称，意为“善知识”。西藏读经僧人在精通佛教五部经典著作以后，通过层层严格的辩经考核，便可申请格西学位。拉然巴格西是藏传佛教格西中级别最高学衔，也是藏传佛教显宗中最高学位。

② 喜饶嘉措（1884—1968）：藏族，青海省循化撒拉族自治县人，曾任中国佛教协会会长，是中国佛教界一位卓越的领导人，一位伟大的爱国主义者，也是一位杰出的学者。

掉，写成 mi mang，是“多数人”的意思，勉强可通。[①]

不过，他们把喜饶大师的意见转达给西藏代表以后，却遭到了西藏代表的反对，双方意见一直相持不下。最后，还是李维汉同志做出决定，尊重西藏代表提出的意见，采纳了 mi dmangs 一词。

这样的例子，还可以举出很多。由此可见，进行学者口述史采访，发掘他们脑海中的历史故事，不仅是为了记录学者本人的人生阅历，还可以还原和丰富重大事件的历史过程。

（二）细节彰显人文精神

学者口述史采访，在还原重大历史事件发展过程的同时，还使我们获得另一个重要收获，便是感受学者们浓厚的人文精神，从而提升我们自己的思想境界。我国传统经典对老师都有很高的期许：“师也者，教之以事，而喻诸德者也。”[②] 老师除了讲授知识，还有培养学生思想品德之重任。《荀子·劝学》说：“学莫便乎近其人。《礼》《乐》法而不说，《诗》《书》故而不切，《春秋》约而不速。方其人之习君子之说，则尊以遍矣，周于世矣。故曰：学莫便乎近其人。”荀子这里讲的，主要还是学习文化知识。然而，即便是学习文化知识，没有老师的言传身教，亦难以有切实的领悟。民国时期教育家陶行知先生说：“为师之道，端品为先。学高为师，身正为范。”也就是说，学生从老师那里学习的，不仅是文化知识，更有高尚的品德修养。我们在对学者进行口述史访谈时，可以通过他们的生动故事、一言一行，切实地感受他们的道德情怀与独特的人格魅力。

黄能馥先生是著名的中国丝绸与传统服饰文化研究专家、清华大学艺术学院教授。黄老与其夫人、故宫博物院研究员陈娟娟，都是著名作家、服装史研究专家沈从文先生的助手。中国记忆项目中心在对黄老进行口述

---

① 黄明信：《追忆十七条协议翻译工作二三事》，《中国藏学》，1991 年第 3 期。

② 邓启铜、王川、刘波注释：《礼记》，东南大学出版社，2015 年，第 250 页。

史采访时，他给我们讲了沈从文先生这样一个故事：

有一次，我跟娟娟到他家里去，那是“文革”刚结束、他到社科院以前，工作很不顺，身体就不好，眼睛红斑出血，血压非常高，下不去。家里就他一个人，也没人管他。我们每个礼拜去只能看看他，也没有什么别的，当时看到他这个情况，我也挺灰心的。我们俩回家的时候，路上我跟娟娟说：“沈先生在社会上这样有名气的人，现在都这样子，我们将来还有什么奔头。”娟娟背着我，去告诉沈先生，结果沈先生一听就生气了：“你马上把黄能馥给我叫来。”这样我就去了。沈先生当时只有一小间房子，门也没有关，就有一张小桌子，一张单人床，一个书架，自己钉得挺高的一把椅子，蜂窝煤搁在门口。我去的时候，他是冲着墙躺着，门也没关。我去的时候，我就“沈先生、沈先生”叫了几声，他回过来朝我看了一看：“你来了。”过了半天，他说：“听说你不干了？”我一下心里冲动，就哭了。后来他就说：“眼光要看远一些”。就跟我说这个。这个事情对我教育非常深，这一辈子，不光是他这句话，因为他平时的为人以及他的遭遇，一辈子教育着我，言传和身教。[①]

这个故事似乎很平凡，却反映了“文革”刚结束时学术界的真实状况。十年浩劫之后，满目疮痍，百废待兴，年轻学者一时看不到希望，情绪低落，作为长者的沈从文先生尽管自己境况堪忧，令人心疼，却仍鼓励他们不要失去希望，目光要长远，要坚持下去。沈从文先生身上体现的这样一种道德情怀，难道不正是我们应当学习、继承的吗？难道不正是中华民族百折不挠、无怨无悔、自强不息、奋发有为的民族精神的最好写照吗？

图书馆学家、南京大学教授倪波先生，在“文革”发生时，尽管还是

---

① 黄能馥口述，张倩彬、全根先采访整理：《锦绣流光：黄能馥口述史》，商务印书馆，2018年，第102页。

一名青年教师，同样受到了不小的政治冲击，遭受不公正的对待，但是，他始终对生活保持乐观态度，能正确地对待前进道路上的挫折与失败。在“中国图书馆界重要人物专题”口述历史项目中，南京大学信息管理学院青年教师谢欢对倪先生进行了口述史访谈。倪先生在谈到这段经历时说：

> “文革”期间，我从如皋社教工作队归来，我多次受到批斗、隔离审查。“文革”初期，因是“匡黑爪牙”“黑笔杆”被批斗、陪斗多次。从溧阳农场归来，被宣布隔离审查，后又被押送到农场“混合连”监督劳动，直至党的十一届三中全会后，结束审查，宣布“事出有因”“未发现政治问题”而平反。这不过是一段小插曲，我对此理解，我感谢党对我还是信任的，我也坚信中国共产党的领导。①

我们从倪先生的这段话中，可以感受到他在经历挫折、遭到不公正对待以后，所持有的坚定的政治信念，乐观向上的精神力量。正是这种信念与精神，使他们在“文革”结束以后，犹如火山喷发，释放出强大的能量，成为改革开放时代学术文化一股重要的创新力量。这样的思想境界，需要继承与发扬，是中华优秀传统文化的重要组成部分。

中国人民大学校学术委员会主任、哲学院资深教授陈先达先生，曾任全国哲学社会科学规划哲学组组长、中国历史唯物主义学会名誉会长，其研究成果两次获得中宣部“五个一工程”奖。在“文革”后期，他因在北京大学讲过一次《反杜林论》出了点名，被学校党委调入“梁效”写作组，即由北京大学、清华大学部分学者组成的一个写作组，主要为“四人帮”② 宣传其错误的政治主张服务。陈先生在其自传中，回忆了毛主席逝世后、“四人帮”被粉碎前他参与写作《永远按既定方针办》一文的具体经过：

---

① 倪波先生口述文稿尚未整理出版。文中“匡黑爪牙”，“匡”，指匡亚明（1906—1996），时任南京大学党委书记兼校长。

② “四人帮”指王洪文、张春桥、江青、姚文元四人在“文化大革命”期间所结成的政治帮派。

对我们组来说，最要命的一篇文章就是《永远按既定方针办》。这是我们小组三人共同的责任，虽然初稿完全是按《光明日报》提纲的要求，由何芳川拟草稿，我们共同修改完成的。何只用了半天就写好了，我们共同修改后交《光明日报》。这篇稿子是《光明日报》的命题作文。约稿时间是 9 月 16 日毛泽东追悼会的第二天，20 号我们组三人按约去《光明日报》社当面听取《光明日报》副主编提出的详细要求和写作提纲。24 号交稿，此后我们再也没有接触过这篇文章。为什么 10 月 4 号突然在《光明日报》头条发表，我们一无所知。

陈先生提到的《永远按既定方针办》，这篇文章非常重要。毛主席逝世后，“四人帮”加快了篡党夺权的步伐，他们有计划、有预谋地伪造了一个“按既定方针办”的所谓毛主席的临终嘱咐，连篇累牍地加以宣扬。陈先生作为这篇文章的作者之一，虽然对炮制这篇文章的政治目的和具体背景并不知情，可是在“文革”结束以后还是被政治审查。对于这段经历，陈先生没有刻意回避，而是襟怀磊落，充分展示了学者应有的直面历史、开诚布公的诚实品格。这种正视历史、勇于解剖自己的优秀品德，令人肃然起敬。

在改革开放四十年以后的今天，对于绝大多数中国人来说，饥寒交迫、食不果腹的时代已经一去不复返了。然而，优裕的生活环境有时也会消磨一些人的意志，有些人沉迷于物质享受，做起事来却萎靡不振。对此，我们通过对老一辈学者的口述史访谈，往往能感受到一种极大的精神力量。黄能馥先生讲到他写作《中国服装史》时的具体情景：

这部书我们写的时候，当时房子两室一厅，一间房子我跟我爱人住，一间房子儿子住，一间客厅，厅是很小的。因为我爱人身体不好，老在家里，当时来采访的人特别多，白天基本上客厅是要给她留着用的。我白天，一方面，比方给她买药、做饭、洗衣服，就没时间写作。晚上等他们都睡着了以后，我不敢打搅他们，我就在晾台上写。这个晾台当时是露天的，很小的一个晾台，我们住在三楼，我拉出去一盏电灯，在那晾台上写，不打搅他们。夏天特别热的时候，穿一条裤衩，坐在晾台上写。冬天穿着棉衣，冷得不得了，脚都特别冷，就拿棉被垫在底下，因为露天的嘛。每天都写到半夜，这样差不多一年多时间下来，写完了以后，去体检的时候，血压一下就高上去了。①

20 世纪 70 年代，沈从文先生在撰写《中国古代服饰研究》一书时，由于出土资料不多，他就从夏、商、周开始写，原始社会没有写。1989 年，黄能馥与陈娟娟夫妇开始写《中国服装史》时，因积累了丰富的考古文物资料，在中国服装史研究中首次把原始社会写了进去，并在此后的研究中，将中国丝绸历史上溯至七千年前，取得了创新性的研究成果。然而，这样一部重要的学术著作，竟然是在如此困难的条件下写成的，这种精神难道不令人感动吗？

这样的例子，当然可以举出很多。医学科学家、病毒学家顾方舟（1926—2019）先生，他是中国脊髓灰质炎（小儿麻痹症）疫苗的主要研制者。1960 年，他带领团队研制出了我国第一批脊髓灰质炎（Sabin 型）活疫苗，当时需要进行人体试验，而且必须在幼小的孩子身上进行试验。这是有一定风险的。为了试验的顺利开展，他带头在出生不久、不满一岁的自己儿子身上进行。这一举动，体现了他作为科学家舍己救人、大公无私的崇高的奉献精神！

三、能工巧匠，重在技艺

国家图书馆中国记忆项目中心开展的口述历史项目，有不少是关于非

---

① 黄能馥口述，张倩彬、全根先采访整理：《锦绣流光：黄能馥口述史》，商务印书馆，2018 年，第 73 页。

物质文化遗产传承人的。他们是自己所从事的领域、这个行业的能工巧匠，是传统技艺的传承人，是不可多得的“活态”文献。不过，在我们所接触的非遗传承人中，绝大多数都文化程度不高，对于所从事的技艺没有进行深入的学术研究。因此，我们在进行传承人口述历史访谈过程中，不可一味地要求他们去讲述这一技艺的来龙去脉，重点是把他们的技艺，尤其是他们的“绝活”记录下来。以“大漆髹饰”项目为例。中国是大漆的故乡，使用漆器已有七八千年的历史。2013 年，我们开展这个项目，当时在国家级非遗名录中，有大漆髹饰技艺共 19 项，相应的国家级传承人 22 人。除了一位传承人因健康原因未能接受采访外，我们对其他 21 位传承人进行了口述历史访谈。考虑到传承人的特殊身份，我们将采访记录的重点放在了对这门技艺，特别是传承人“绝活”的记录上。

何俊明是山西省闻喜县人，是国家级非物质文化遗产项目绛州剔犀技艺传承人、山西省工艺美术大师。他于 1979 年进入山西省新绛县国营工艺厂，从一名普通工人做起，凭着对漆器工艺的热爱和刻苦钻研的精神，他逐渐掌握、精通了剔犀生产制作的整个流程。1993 年，他自筹资金，开办黄河云雕工艺厂，从沿用古法精心熬制大漆，到表胎、灰胎、髹漆、画图、雕刻、推光，一丝不苟，精益求精，确保其产品的上乘品质。经过多年坚持不懈的努力，他使剔犀这一传统技艺焕发出新的生机与活力，并将其提升至新的艺术高度。在对他进行采访时，他一上来，就表示自己对绛州剔犀的历史并不太了解。因此，我们把采访的重点放在对剔犀技艺本身的记录方面。在访谈中，何俊明讲述了许多关于这门技艺的细节问题，非常宝贵。例如，关于熬制大漆，他说：

从漆农手里收来的大漆，首先得熬制。开始是用大火把漆烧开，烧开了以后，我们就用小火慢慢地熬制，熬到把里面的水分、杂质都熬干净。一开始冒的是汽，到了冒青烟的时候，也就是我们所说的“青烟见底”，就是透过青烟能看见漆，那时所有的杂质都去除干净

> 了。到那个时候，我们的漆就熬制成功了，熬制时间不能过久，也不能过早地起锅。①

再如，关于木胎的制作，他说：

> 制作木胎是剔犀必需的工序。做木胎我们主要选用老房上拆下来的杨木，就是必须超过10年以上的老房子上拆下来的，这种大料才好用。小件东西我们采用的是桐木，因为桐木不变形，不易开裂。大件的话，一定要老房子上拆下来的杨木，因为我们要放在地下室里阴干，放3个月到4个月，100多天。一般的木头，比如核桃木等，特别好的料、硬的料，放到地下室里面，承受不了那种湿度，拿上来以后都会绷开的。②

通过以上两段文字，不难发现，非遗传承人虽然可能对本行业缺乏相关的学术研究，但是，在他们几十年的工作经验中，的确掌握了独特的生产技艺，是一般学术研究著作中所没有的。这种发现与记录，正是我们进行口述历史采访所追求的工作目标。

2014年，中国记忆项目中心开展了“我们的文字”项目，2014年年底、2015年年初举办了“我们的文字”大型展览。我们有幸邀请到很多非遗传承人到展览现场对广大观众进行展示。其间，我采访了江西省非物质文化遗产项目“龙凤呈祥”福字彩绘及雕版拓印传承人毛诚衍先生。毛先生是江西省靖安县人，是一位民间手工艺人，1957年小学毕业后，在家务农至今。“龙凤呈祥”福字彩绘及雕版拓印，主要是用于民间厅堂张贴。龙和凤是中国传统文化里祥瑞的象征，以龙凤纹样组合成“福”字，字形饱满圆润。在传承人生活的地方，有“升米造福字”的传统，

---

① 国家图书馆中国记忆项目中心：《大漆髹饰传承人口述史》（下），国家图书馆出版社，2014年，第467－468页。

② 国家图书馆中国记忆项目中心：《大漆髹饰传承人口述史》（下），国家图书馆出版社，2014年，第469页。

每逢春节，要请来“福字先生”，打一升米，米上点三炷香，静默祈祷，待香燃尽，吹去米上的香灰，把米倒在红纸上，用筷子在米上划写“福”字，再以墨水勾边，把米收回升筒里，用毛笔把“福”字填满颜色，以表示吉祥、喜庆、圆满之意。这个“福”字，写法颇为特殊，而且要有一定的制作手艺。传承人凭着自己的爱好，加上他掌握了一定的书法、雕刻与木工技艺，故而能传承与发扬这一传统技艺。在访谈中，毛诚衍提到：

> 做这个“龙凤呈祥”福字，我要先制一块版。制版的时候，首先我把福字的底稿描好，然后挂在一个不高不矮的地方，从好远的地方去看，才能看出问题来，在面前看不出来，看到哪有问题再修改。字体定型以后，再在字体当中设计图案，怎么摆好看，就怎么摆。底稿描好之后，就覆在木板上，去刻。木板有八分[①]厚，也就是两公分多一点点。我用过两种板，一种是木子树[②]。木子树坚硬度很好，要防晒、除湿，不容易裂。刨子刨的树皮，我们一定要两只手揪着用力去拉，手拉得动。还有一种树，我们叫白果树[③]。木板我是从山上砍的树，再到开板厂自己做的。我会做木工。
>
> 雕刻一般用木刻刀。木刻刀都用比较小的，因为它有精细的地方。大凿子很少用，有时候也用。另外，还有好多种雕木头的刀、90度的角锉，还有起槽子的用斜锉、平锉，大小不一，有几十把。还要有清底的锉子，比如雕出来花纹以后，这底下凹凸不平，要把它铲平，这叫清底。[④]

由此，我们不难发现，即使像书写与制作“福”字这样貌似并不深奥的一门技艺，其实也是有一定的诀窍在里面的，不经过多年的钻研与实

---

① 分，指市分，10 分为 1 寸，1 分 =0. 3333 厘米。

② 木子树，大戟科、乌桕属落叶乔木，为中国特有的经济树种，已有 1400 多年的栽培历史。

③ 白果树，指银杏，为银杏科，银杏属落叶乔木。

④ 毛诚衍的访谈稿，尚未正式出版，此处系根据采访整理。

践，不可能取得这样的突出成就。

笔、墨、纸、砚是中国传统的“文房四宝”。其中，徽墨在制墨行业中享有盛誉。在“我们的文字”口述历史项目执行过程中，我们对国家级非物质文化遗产代表性项目徽墨制作技艺代表性传承人汪爱军先生进行了口述历史访谈。汪先生虽然是高中毕业，但是，当他叙述一些历史问题的时候，有时也记不清。例如，他在讲到先世汪华、汪近圣的时候，将他们的世系弄错了。不过，这并不妨碍他作为国家级传承人对于制墨技艺的纯熟掌握。从当年招工进入绩溪县胡开文[①]墨厂，他从事制墨、炼烟等工作开始，直到担任车间主任与厂长，以及参与国家“文房四宝邮票墨”的外形及包装设计，制作了许多精品。其中，“苍珮室”系列产品在2009年第四届中国文化礼品博览会上荣获金奖，在2010年第25届文房四宝博览会上被评为“国之宝”和“中国十大名墨”。2010年上海世博会上，他制作的徽墨作品，被指定为安徽省政府世博会礼品墨。所以，我们记录的重点，自然是他的制墨经验和技艺。关于顶烟的制作，他是这么介绍的：

> 顶烟传统的制作方式是有一个瓷的碗罩在上面，但是关键的技术在哪里？你不能给它炭化掉。得掌握一个关键的点，不能炭化掉的关键点就是里面的空气。任何物体离开氧气，它就没法燃烧，所以要控制一定的空气。为什么古代的烟房总是一个窗户在上面，一开始的时候它是关死的，空气里面有氧气它就可以燃烧，烧到后面烟房里面缺少空气，他会拉开一点点，让少量的空气再进来。像我们农村里面，烧了个炉灶，搞个东西去挑一下，火哗一下都上去了，因为它的氧气冲进去了，就是这么一个道理。顶上的烟是飘在上面的，有一定的油

① 胡开文（1742—1808），字柱臣，号在丰，安徽省绩溪县人，清代乾隆年间制墨名家，胡开文墨业创始人。

分，油烟的标准有一个吸油值①。黑度②也一样，遮盖得越密就越黑，好多人不知道黑度是什么，黑度用现在科学的说法，就是白的遮盖率，你越细腻，就遮盖得越好，感觉就越黑。③

当然，对于制墨整个过程来说，顶烟只是其中的一个工序。每一个非遗项目，特别是手工技艺，必定会有很多道工序。这些工序加在一起，组成了一个完整的生产过程。在这个生产过程中，任何一道工序出了问题，都会对最后呈现的产品质量造成重大影响，可以说是“牵一发而动全身”。我们进行非遗记录，最要紧的恐怕不是去听传承人讲的历史故事，而是把他们所掌握的这门技艺特别是一些“绝活”记录下来。口述历史并不要求什么都记录，但是，主要的东西不仅要记录，还要尽量不遗漏。

四、老兵群体，挖掘细节

国家图书馆中国记忆项目中心开展老兵口述历史采访，开始于2012年启动的“东北抗日联军老兵口述史”专题资源建设项目，这也是我们建设时间最长、口述史受访人最多、收集文献载体形态最多的一个专题。在东北抗联专题资源建设过程中，我们先后在北京、辽宁、湖北、新疆、广东、吉林、黑龙江等7个省区，历时5年，对全部25位已知健在的东北抗联老战士和60位抗联后代、相关历史研究者、亲历者，进行了口述史访问、影音文献采集，获得长达240小时的采访史料及大量照片、手稿、音像资料，完成东北抗日联军专题资源抢救性阶段工作。在项目执行过程中，由于东北抗联老战士年事已高，许多老兵身体状况欠佳，属于抢救性

① 炭黑吸油值，即DBP值，是在规定试验条件下，100克炭黑吸收邻苯二甲酸二丁酯（DBP，Dibutyl Phthalate）的体积（立方厘米）数。可以计算炭黑聚集体之间的空隙体积，是炭黑聚集和附聚程度的量度。

② 黑度，是指炭黑所具有的黑色呈现强度。炭黑着色时，黑度主要基于对光的吸收，对于特定浓度的炭黑，炭黑越细小，则光吸收程度越高。

③ 汪爱军的口述史尚未正式发表，此处系根据口述采访整理。

记录性质，而在他们参加东北抗联之时都年龄较小，职务偏低，不太知道战争的大局，因此，我们着重记录的是他本人的经历、所见所闻。

“八女投江”① 的故事，是东北抗联八名女战士为中华民族的解放事业献出年轻生命而书写下的壮丽篇章。2009 年 9 月 14 日，她们被评为一百位为新中国成立做出突出贡献的英雄模范之一。1938 年 10 月，东北抗联八名女官兵，在指导员冷云率领下，与日伪军展开激战。她们主动吸引日伪军火力，使部队主力迅速摆脱敌人攻击，却被敌军围困河边。在背水战至弹尽的情况下，她们面对日伪军逼降，誓死不屈，毁掉枪支，挽臂涉入乌斯浑河②，高呼：“打倒日本帝国主义！”高唱《国际歌》，集体沉江，壮烈殉国，表现了中华民族与敌人血战到底的英雄气概。这一英勇事迹的见证人之一，是东北抗联第五军战士胡真一（1920—2008）。2006 年 12 月 15 日，沈阳军区作家、中国记忆项目中心东北抗联专题资源建设顾问姜宝才先生对胡真一进行了口述历史访谈。这次访谈中，胡真一回忆了“八女投江”的具体情况：

> 那时候我们的设备就差一点儿，打一打子弹啊，什么都没有了，都打光了，手榴弹也都丢完了。那个时候指挥这一队伍的是一个叫关书范的师长，已经死了，后来就是由姜信泰来指挥的。姜信泰就让妇女们先退，先撤，敌人攻上来了以后，就让男同志来抵抗，来打，跟敌人打，这时候出来的是谁呢？就是这八个女的，带队就是冷云，为什么叫冷云去，冷云当时是指导员，她爱人原来也在一师，就叫她当了指导员，她也愿意去。走的时候，她们在前边走，后边就在打，这时姜信泰就对冷云说：“你带着人，带着女同志先退着。冷云就把抢收起来了，然后就带着这几个人集合，说我带你们走，带你们过河

① 八女投江，八女指：指导员冷云，班长胡秀芝、杨贵珍，战士郭桂琴、黄桂清、王惠民、李凤善和被服厂厂长安顺福。

② 乌斯浑河，系松花江二级支流，是牡丹江的一条支流，位于黑龙江省东南部林口县境内，全长 141 公里。“乌斯浑”是满语“凶狠的河流”之意，清代称“武斯浑河”。

> 去。这八个女的很快就往山上赶，那时候对面有个大山，大山上也是敌人，被敌人包围了，她们不晓得那里有敌人，把方向看错了，她们就想，过了这个河安全了，实际上过了河也不安全，还有一部分敌人在那儿包围着。这几个女的，扯着队伍就过河了，过这个刁翎河[①]，对面的敌人看到了，就开始打。她们八个人手拉手，就到水里去了，开始的时候还好，过到河中间的时候，河很深，浪很大，浪把她们都打倒了，这时候她们东西不一定很多，可也有点儿笨重，一下就给打倒了，一下就给冲下去了，冲下去以后敌人也没追了，对面的敌人就打她们，她们想退也退不回来，想过也过不去，就这样倒下去了，顺着水就冲下去了，河的两边种的是柳树，有几棵柳树应当在河里边，当时有个同志就挂在柳树上了。[②]

胡真一的叙述，弥补了过去一些不为人知的历史细节，使抗联战士在当时极其恶劣的历史环境下坚持抗日的英雄事迹更加真实而具体，是宝贵的第一手历史资料。

东北抗联老战士李敏（1924—2018）于1932年参加反日宣传，1936年参加东北抗联，在第六军第四师被服厂做军服。2012年，中国记忆项目东北抗联专题资源建设顾问史义军先生在对李敏进行口述历史访谈时，她讲到这样一个故事：

> 我这时候在加工服装嘛……当时王永昌和马富东送来的里头没有红布，都是一般的白布、灰布和黑布这么三种。白布呢，我们搞树皮就染了，做了帽子，我们做的主要是黑蓝色的帽子。帽子颜色是统一了，但是五星不够，没买到红布啊。我印象很深的是，做了将近70顶帽子，有那么十几个帽子没有红布，把战士们抢的包有些发黑的红布

---

① 刁翎河，乌斯浑河流经刁翎之处。刁翎镇隶属于林口县，位于县境北部，乌斯浑河下游，北与依兰县毗邻。

② 国家图书馆中国记忆项目中心：《我的抗联岁月——东北抗日联军战士口述史》，中信出版社，2016年，第109页。

也剪下来做了红五星了，到最后，班长夏红连的帽子上有红五星，战士于德发的帽子上没有红五星，但是没有办法，红布只有这一点儿了。战士不干了，上去就把班长的帽子摘下来，把没有红星的帽子给班长扣在脑袋上。班长也不干了，他们两个就打，滚得一塌糊涂。正好李兆麟经过，问你们干什么。夏红连就站起来了，“报告政委，他把我的帽子抢了。”于德发就说：“报告政委，他穿戴的是有五星的，我这个是没有五星的。”李兆麟没有批评他们两个，而是告诉裴大姐，你们想个办法吧。裴大姐说，哎呀，我们把所有的擦枪的红布都用光了，实在找不到红色的东西。李兆麟说：“那你们到山上去想想办法。”这样我们就到山上去，扒的带颜色的桦树皮给他带上了，解决了这个问题。①

在东北抗联战士口述历史采访中，这样的例子还可以举出不少。例如，出生于1918年的抗联老战士孟宪德，曾参加过伪满洲国靖安军，1942年7月起义加入东北抗联教导旅，随部队进入苏联，在通信连担任发报员。2014年3月，我们对孟宪德老人进行口述史采访，老人讲述了当年他在通信连的经历，对于我们研究教导旅在苏联的战斗经历，是很重要的资料补充。还有，当年在抗联教导旅第三营的老战士张正恩，2012年5月我们采访老人时，他讲述了1945年日本投降前，他与另一名战士发现日本机场的具体经过；东北抗联女战士王铁环2012年5月在接受我们采访时，讲述了她自己在抗联队伍中成长的战斗经历；等等。通过东北抗联战士口述历史的调查，我们获得了丰富的第一手资料，使得对于抗联历史的研究更加细化，还原了一些历史事件的具体过程，使我们对抗联历史的认识变得生动和丰满。所有这些，拓展了我们研究抗联历史的广度与深度。

① 国家图书馆中国记忆项目中心：《我的抗联岁月——东北抗日联军战士口述史》，中信出版社，2016年，第205页。

总之，在口述历史采访过程中，我们一定要根据受访人的具体情况，对于不同的采访主题预先做出判断，把握采访的主题，确保采访主要目标的实现，在此基础上，在可能的情况下，做进一步的细节发掘。所有的故事都有一定的价值，然而不同的故事，价值并不等同。

口述历史后期成果的评价问题

进入21世纪以来，口述史学在国内可以说是方兴未艾。目前，学术界对于口述史学的研究，基本上集中于对口述史学理论、开展方法与项目成果的介绍，对于口述历史后期成果的评价问题却少有问津。然而，一个学科的健康发展，如果缺乏一个切实可靠的评价标准，便很难成为体系严谨、发展成熟的一门学科，得到学术界的普遍认同。因此，笔者以为，对于口述历史后期成果的评价问题进行探讨，势在必行，意义重大。至于评价标准的建立，当然不能脱离口述历史的基本特色。钟少华先生认为："口述历史是受访者与历史工作者合作的产物，利用人类特有的语言，利用科技设备，双方合作谈话的录音都是口述史料，将录音整理成文字稿，再经研究加工，可以写成各种口述历史专著。"① 口述历史所涉及的内容非常丰富，这里主要从口述历史访谈、口述文稿整理、口述历史成果的艺术呈现、文献收集与工作卷宗等方面进行探讨。

一、口述历史访谈

口述历史访谈可以说是口述史学中最主要的问题，是口述历史后期成

① 钟少华：《进取集》，中国广播电视出版社，1998年，第414页。

南京图书馆研究馆员沈燮元先生

果评价的关键所在。这一点，对于所有口述历史项目而言都是相同的。不过，由于口述历史访谈的对象不同、目的不同，对其成果的评价不能搞“一刀切”，要根据访谈目的而区别对待。口述历史的对象与口述历史的目的，两者既有区别，又有联系。口述历史的目的决定了口述历史的对象，而口述历史的对象反过来又会对口述历史的目的产生重要影响。换句话说，口述历史项目的启动，是在确定口述历史目的的前提下进行的；而口述历史对象的选定，无论其对象是群体还是个人，都会对口述历史目的之实现产生重要影响，甚至决定口述历史项目的最终成果。

同时，口述历史与单纯以文字形式书写历史的方式不同，口述历史不是一个人所能完成的；或者说，口述历史本质上就是多人参与的历史记录与书写方式。口述历史项目的关键人物，姑且不论其影像文献的艺术展示，至少有两人，即采访者与受访者；口述历史的内容是由采访者与受访者共同决定的，项目的成败与成果的展示，就内容而论，是采访者与受访者互动的结果。正如左玉河先生所说：“作为研究者的访谈者是口述历史研究的主体，受访的历史当事人不仅处于研究对象的客体地位，也不仅是历史研究的旁观者，而是历史研究的参与者，同样是口述历史研究的主体，双重主体是口述历史研究的突出特性。”①

口述历史的采访者与受访者共同参与口述历史的创作。然而，他们在口述历史创作过程中各自所起的作用又是不同的，其中采访者对于口述历

① 左玉河：《口述历史与国史研究》，《当代中国史研究》，2016 年第 3 期。

史的创作所起的作用尤为重要。首先，采访者与受访者所扮演的角色不同，一个是主动者，另一个是被动者；其次，采访者对访谈内容起引导甚至主导作用，直接决定了口述历史的最后成果；最后，作为口述历史创作一方，受访者一般都是由采访者选定的。同时，口述历史的采访者能否充分发挥其主动性，遵守口述历史访谈的学术规范，有针对性地进行知识准备、访谈问题设计，在访谈过程中是否能娴熟运用访谈技巧，对于访谈记录能否进行高水平整理，并与受访者进行良好的沟通、不断地修改和完善，这些都是影响口述历史后期成果的重要因素。

真实性是口述历史的灵魂。口述历史的真实性，当然不能脱离受访者的个人记忆，又不能完全依赖受访者的个人记忆。有学者指出，记忆并不只是单纯地再现过去，它还“拥有忘却和写入两方面”。[①] 所谓“忘却和写入”，实际上决定了记忆不可能是历史的真实与完整的再现，而总是有所选择、有所损益的。口述历史是否真实，这是决定口述历史的必要性、可信度的核心问题，也是评价口述历史后期成果的根本标准。换句话说，只有具备历史真实性的口述历史成果，才有进行评价的意义和价值；没有真实性，根本就没有必要进行评价。

然而，口述历史的真实性，由于社会与个人原因，总会面临各种挑战。来自社会的挑战，主要是在特定时代、特定背景下，记忆可能被有意篡改，只是部分地甚至片面地加以展现。著名戏剧批评家、作家夏衍（1900—1995）先生说：“电影是阶级斗争中最犀利的思想武器。”[②] 实际上，岂止是电影，几乎所有领域都可能出现类似问题，由于政治或其他原因，社会集体记忆遭到篡改。来自个人的挑战，既有受访者记忆衰退的自然因素，又有其当时的心境、情绪、动机，以及政治权力、意识形态与对采访者的信任度等因素。尽管如此，在口述历史后期成果评价中，真实性

① ［日］三岛宪一著，贾倞译，《破坏·收集》，河北教育出版社，2001 年，第 399 页。
② 夏衍：《忆秋白》，人民文学出版社，1985 年，第 313 – 314 页。

仍然是评价的根本标准。

就口述历史后期成果评价而言，对于项目本身的意义与受访者选择是否得当也是需要考虑的重要问题。口述历史采访是一项长期而艰苦的工作，需要投入大量的人力与物力，项目是否具有重大的现实意义与研究价值至关重要。就是说，要考察这个项目所涉及内容对历史发展是否产生过重大影响、有没有继续研究的必要。开展口述历史采访的目的，就是要搜集现有文献资料所缺、无法通过其他途径获取的历史资料，或者能够突破传统史学的研究范围，丰富已有的文献资料，拓展历史研究的深度和广度。如果项目不符合以上条件，即便这个项目实施过程如何尽力，费了再大功夫，都不能算是一个好的口述历史项目。与此同时，在口述历史项目选定以后，受访者的选择也非常重要。项目再好，如果受访者选择不当，这个项目的后期成果也不可能太好。笔者以为，一般情况下，理想的受访者应是口述历史项目的亲历者、见证者，具有清晰的历史回忆和良好的表达能力，并且是这一项目的积极支持者。

就口述访谈的过程而言，访谈前准备是否足够充分也是后期成果评价的重要内容之一。访谈准备是否充分，可以通过访谈成果加以判断。成功的口述史采访，必然会有一个切实可行的采访提纲。通过访谈提纲，可以看出采访者对于这个项目的理解程度，对于受访者是否有深入的了解，是否具备项目所涉及的相关知识。采访者对受访者知道得越多，越容易提出具有针对性的问题，调动受访者的积极性，从而挖掘保存在受访者脑海中的历史记忆。同时，在访谈过程中，我们还可以看出采访者与受访者之间的交流情况，访谈是否达到了此次采访的主要目的，挖掘到已有文献所没有的历史信息，受访者所讲述的信息是否完整且足够深入。不论访谈过程如何，内容新颖、完整、深入，在后期成果评价中都是第一位的。

总之，一个成功的口述历史访谈，必须满足以下要求：交流充分，内容可信，发掘深入，生动具体，富于个性，能够弥补已有文献之不足，从而形成新的历史文献。

二、口述文稿整理

口述历史与一般学者撰写的历史著作不同，它不是个人创作成果，而是采访者与受访者通过对话共同完成。由于是口头交谈，必然会掺杂许多不符合文字书写常态的表现形式，甚至出现政治、学术问题，因此，对于口述文稿进行整理是口述历史项目的重要工作环节。口述文稿的质量高低，既受前期口述访谈内容制约，又与口述文稿整理有关。就前期访谈内容而言，采访者与受访者的文化修养与性格习惯，以及他们之者的互动与博弈，对于口述文稿会产生直接影响。此外，口述文稿整理者（不论是采访者、受访者，还是第三者）能否进行高水平的文字处理，对于口述文稿的质量高低也会产生重要影响。

口述文稿整理要遵守一定的程序和规范。首先，必须将音频资料转录成文字，如果是以少数民族语言或外语进行的口述访谈，还应转录为对应文字的速记稿（无对应文字除外），同时转译为汉文。速记稿中，需保留每次访谈开始时对访谈时间、地点、采访者、受访者的信息介绍，并与口述内容逐句对应，不做任何润色与修饰。在此基础上，整理者根据文稿内容进行大致切分，组成若干章节，拟定相应标题，形成主题明确、逻辑合理的口述文稿。这是口述文稿的基本框架。由于口述访谈目的与对象各不相同，口述文稿篇幅也存在较大差异。不过，口述文稿的最终呈现形式，大致不外乎书稿与文章两种。不论是书稿还是文章，口述文稿的整理者都应对口述访谈内容进行合乎逻辑的结构编排。

对口述文稿进行结构编排以后，接下来，就是对文稿内容进行逐字逐句的处理。这是一件非常细致、非常费时的事情，需要注意许多问题：一是要保持口述内容的真实与话语风格；二是要使口述文稿的语句通顺，纠正错别字，具有可读性；三是要对访谈中出现的人名、地名、专业术语等专有名词进行逐一核对，适当进行注释，以免发生学术性错误；四是对受访者习惯使用的无实际意义的口头语酌情删除，使文稿更为简洁通顺；五是对语义不完整的句子，要根据访谈时的具体语境内容加以补充，并用括号的形式标明；六是根据书稿或文章的出版（或发表）要求，选择质量较高的照片进行配图。虽然口述文稿的具体形态丰富多样，整理过程中所发现的问题也是五花八门，但是在口述文稿整理过程中，最重要的莫过于历史事实与文献资料的考证与核实。

根据笔者经验，在口述史访谈中，记忆错误的事情屡有发生，也是在所难免的，文稿整理时不可不审慎处理。例如，一位学者提到江苏省淮安市西汉名将韩信祠里的一副对联："生死一知己，存亡两妇人"。然后，他又讲到韩信的生平事迹：韩信屡建奇功，被封为淮阴侯。刘邦当了皇帝，猜疑韩信，韩信知道后密谋造反，被韩信一个门客的兄弟举报。吕后知道后，便与萧何商量，引诱韩信到长乐宫中，将他斩首。萧何发现韩信要逃跑，于是月下追韩信，并密告吕后，把韩信给杀了。这段叙述与历史事实不符，因为"萧何月下追韩信"是在韩信拜大将前。接着，他又讲，韩信投军之前，家中贫困，食不果腹，差点饿死，是一位洗衣的妇人把他接到家中，他在妇人处吃住十多天，才保住性命。这个记忆也有误，因为韩信在"漂母"处"蹭食"，不是十多天，而是几十天。这两件事在《史记·淮阴侯韩信列传》中均有记载。又如，一位学者谈到"文化大革命"初期批判"彭陆罗杨"① 事件，说是批判这几位老帅。事实上，他们都不是1955 年授予军衔的中华人民共和国元帅。对于这样的问题，在进行口述文稿整理时必须注意。

口述内容不符合逻辑的情况也时有发生。例如，某位非遗传承人在谈到国家级非遗项目徽墨制作技艺时，追溯该项目历史：汪近圣是越国公汪华的后裔，我们是他们一个家族下来的。汪氏家族为了不跟李世民发生战争引起战乱，归顺唐，汪华被封为越国公。汪华生有 9 子，徽州汪姓就是

① 彭陆罗杨，指彭真、陆定一、罗瑞卿、杨尚昆，四人均未被授予元帅军衔。

他的后代。发展到清雍正年间，制墨大家有汪近圣，他是我们家祖上，他应该是第84世，我们是第90世。这个世系，如果不加推算，可能看不出什么问题。然而，如果稍加推算，就会发现其中的问题：如果汪华是第一代，传承人本人是第90代，那么，差不多是15年左右一代；如果汪近圣是第84世，传承人本人是第90世，那么，两代人之间相隔差不多是40年！无论是何种算法，传承人的口述可能都有误。

在口述文稿整理中，我们既要尊重受访者，又要对其口述内容进行分析，根据文献进行核准。例如，某位传承人在口述过程中，引用美国发明家爱迪生的名言："天才是百分之一的灵感，百分之九十九的勤奋。"由于传承人记忆有误，他说成是："（天才是）百分之九十五的勤奋，零点五是天赋。"又如，某位学者回忆"文化大革命"中关于"红专辩论"与"工具论"时提到，有些人说，"我就是工具"，可是我挺反感，因为马克思说过："工人是不会说话的工具。"我说共产党是挽救人民的，他怎么会把人民当成"不会说话的工具呢"？所以就是想不通。[①] 按：口述者提到马克思说"工人是不会说话的工具"，此处记忆有误。马克思在《资本论》第一卷中写道："工人这种会说话的工具一直是受苦最深、喂得最坏和虐待最残酷的。"[②] 他还提到，"劳动者在这里只是作为会说话的工具"。[③] 如此看来，马克思原话不是像口述者所说的"工人是不会说话的工具"。马克思在《资本论》中所表述的，可能是套用古罗马作家马可·铁伦提乌斯·瓦罗（Marcus Terentius Varro）在《农业论》中的一段话。瓦罗将奴隶比喻为"会说话的工具"，牲畜是"会发声的工具"，犁是"无声的工具"。[④]

在口述文稿整理过程中，我们不仅要关注、纠正文稿中的学术问题，

---

① 参见黄能馥口述，张倩彬、全根先采访整理：《锦绣流光：黄能馥口述史》，商务印书馆，2018年，第31页。

② 马克思：《资本论》，人民出版社，2004年，第777页。

③ 马克思：《资本论》，人民出版社，2004年，第249页。

④ 关于牲畜是"会发声的工具"、犁是"无声的工具"原文核准，笔者得到中国人民大学哲学院张文喜教授帮助，谨致谢意。

还要关注文稿中可能出现的政治问题。根据笔者的经验，口述文稿出现政治问题的情况并不鲜见。

总之，在口述文稿整理过程中，我们会遇见各种各样的问题，可以说是不胜枚举。对于口述文稿整理质量进行评价，要从篇章结构、学术、政治与文字处理等方面进行考量，严格检验，做出实事求是的评价，以便进一步修改完善。

三、口述历史成果的艺术呈现

口述历史作品与单纯以文本形式书写的历史作品不同，其创作除了采访者与受访者，还有摄像、录音、剪辑等多人参与；其成果展示方式，除了口述文稿，还有视频与音频形式。对于口述历史作品的视频、音频展示，根据采访目的、采访条件、设备情况，其形态各不相同。就访谈环境而言，如何合理地安排访谈环境，如采光、访谈人座位、摄像机分配以及摄录技术标准等，均为进行口述史采访时必须考虑的问题，也是后期成果评价的一个重要内容。一般而言，为了尽量避免引起受访人的不适与紧张，拍摄中应尽量使用自然光，如自然光照不理想，再考虑全部或部分使用灯光。在采访人的座位安排上，以采访者与受访者坐高相仿、视线相对为佳。

至于摄影机分配，如仅有一台摄影机，没有摄影师，摄影机应主要拍摄受访者；在有摄影师的情况下，应在采访者提问时，拍摄两个人。景别为中近景，构图原则为人物主体在画面中央稍微偏左或偏右的位置，视线应与偏移方向相反。如有两台摄影机，则可考虑两种情况：一是如访谈采用类似对话形式，即受访者与采访者语量相仿，则一台拍摄受访者，另一台拍摄采访者。两台摄影机都应位于采访者、受访者轴线的同侧。景别为中近景，采访者在画面中的位置应与受访者相对，视线也相对。二是如访谈以受访者为主，采访者仅负责提问，无过多交谈，两台摄影机均可拍摄受访者，摄影机位置位于采访者旁边或身后，一台拍摄中景，另一台拍摄近景，两者构图原则相同。如有三台摄影机，则可以安排其中两台拍摄受访者，一台拍摄采访者，构图原则相同。①

口述采访完成以后，除了对口述文稿进行整理以外，对于音频、视频资料的处理（即素材整理）是一项非常繁重的任务，而最终的呈现形式，大体可以分为文献片、综述片两类。所谓文献片，就是在不省减口述采访基本内容的情况下，对采访所得音频、视频资料，根据口述历史访谈的时间顺序，以次为单位，根据口述史文稿剪辑成片。文献片应最大限度地保存访谈内容，除去中间休息、噪声打断等与口述内容无关部分，将不同机位拍摄的画面剪辑在一起。需要注意的是，受访者提出不予公布的部分，其画面要加黑色字幕题版，隐去声音，并添加“此处根据受访者意愿，隐去××分钟内容”字样。文献片要求结构合理，叙述流畅、完整，声音清晰，画面美观。

所谓综述片，则是在文献片制作完成的基础上，对口述史采访成果进行提炼，选择其精彩部分，进行概括性展示。一般来说，综述片可以不拘泥于采访者的对话形式，将受访者的生活场景、历史资料、工作状态等音频或视频内容嵌入其中，运用蒙太奇手法制作，可以进行调色、调光、配音、配乐、特效、解说等艺术化处理，影片应做基本包装，片头、片尾、字幕要有一定标准，要达到一定的艺术水准。这样可让人们在了解口述者的人生经历、思想情怀、事业发展等采访内容的同时，有一种美的享受，精神得到升华。

值得一提的是，无论是文献片还是综述片，影片中的字幕都非常重要。正是通过这些字幕，才能正确传递口述史访谈的基本信息，体现口述史访谈的意义与价值所在。首先，字幕必须正确无误。根据笔者经验，口

① 国家图书馆中国记忆项目中心：《国家级非物质文化遗产代表性传承人抢救性记录工程操作指南》（内部资料），2016年，第28－29页。

述历史影片中字幕错误现象屡见不鲜。此外，字幕要求清晰、准确，视频分辨率为 1920×1080 像素。字幕位置须贴合内安全框左下角，字幕版式一般是左对齐，字体为黑色，并设置字间距，每屏字幕不超过 14 个字。如果访谈是少数民族语言（且有对应文字）或外语，需有双字幕。如果受访者在叙述中记忆有偏差或是发生口误等，因加以修订，并在其后加括号注明。

对口述历史作品的音频质量，基本要求是清晰、完整。由于采访环境或受访者身体状况等原因，有时采访会受到噪声干扰，有时还会因某些突发情况而被迫临时中断。对于采访团队来说，保证采访过程中受访者叙述的清晰可辨以及内容的连贯和完整，这是非常重要的。

笔者在参加文化部 2015 年、2016 年度国家级非物质文化遗产代表性传承人记录工作后期成果评估验收时，接触到许多传承人口述历史文献片（包括口述片、项目实践片、传承教学片）和综述片，其中占相当比例的影片都或多或少地存在一些问题。发现的问题中，既有项目执行团队对于记录项目理解不深造成的问题，又有项目执行团队总体艺术水准不够的问题，林林总总，千差万别。笔者所接触到的其他口述历史项目，也或多或少存在这些问题。尽管具体问题各不相同，但是，有一点却是肯定的，就是在对口述历史项目后期成果进行评估时，应当重视对其进行艺术化展示，并对视频、音频作品进行评价。通过口述历史成果的艺术化展示，可以进一步传播口述历史研究成果，激发人们从事口述历史创作的热情，推动口述历史的健康发展。

四、文献收集与工作卷宗

1. 文献收集

口述历史采访，本质上是要从受访者那里获取第一手的历史资料，以补充或填补已有文献资料的不足。为了有效地进行口述历史访谈，采访者必须进行充分的文献资料准备，主要是收集有关受访者的各种信息与资料。实践证明，对受访者的充分了解，有利于采访者与受访者的沟通与情感联络，是做好口述历史采访的必要环节。同时，口述历史采访不能满足于已经取得的口述史料，还应尽量收集相关历史文献，与口述访谈史料进行互证、核实和辨伪。如果条件允许，采访者还应注意收集与访谈内容有关的文献与物品，如受访者的日记、家谱、相册、奖章、奖状、证书、手稿、笔记、纪念品，以及磁带、音频、视频资料等，以丰富口述历史访谈成果，为历史研究提供更多的文献资料。对于那些受访者无法赠予原件的文献资料，应当尽可能数字化。

需要说明的是，采访者在向受访者征集文献资料时，还存在著作权问题，对此应当妥善处理。美国历史学家唐纳德·里奇说："将口述历史狭隘地界定为只适用于大型档案收藏是不对的，但是访谈者做口述历史必须按照口述历史的标准，并且应该承担法律、伦理和方法上的责任，包括将其访谈提供给其他研究者验证或进一步运用的责任。"[①] 在国内，口述史界著作权纠纷事件也时有发生。这就向口述历史工作者敲响了警钟，要强化自己的法律意识。当然，尽管存在一定的法律风险，作为口述历史的采访者，还是应当尽量收集与受访者相关的文献资料，这些文献资料往往可以弥补口述访谈之不足。

对于口述历史项目的文献收集情况，也可拟定一定的评价标准。根据国家图书馆中国记忆项目中心为文化部非物质文化遗产司起草的《国家级非物质文化遗产代表性传承人抢救性记录工程操作指南》，收集文献情况评价大体可以分为三个等级：一是具有较高史料价值、文献价值，能全面反映传承人及非遗项目各方面的特点及信息，种类丰富、全面，数量多，

---

① （美）唐纳德·里奇著，王芝芝等译：《大家来做口述历史》，当代中国出版社，2006 年，第 111 页。

且能合理地解决版权问题；二是具有一定史料价值、文献价值，能较全面地反映传承人及非遗项目各方面的特点及信息，数量较多，在一定程度上解决了版权问题；三是史料价值、文献价值一般，仅能反映传承人及非遗项目的部分特点及信息，种类单一，数量较少，未能解决版权问题。以上标准，虽然是针对非遗传承人的记忆项目，其他口述历史项目也可作为参考。

2. 工作卷宗

口述史采访费时费力，完整地记录口述史采访过程、形成系统而完整的工作卷宗非常重要。根据采访目的与采访对象的不同，工作卷宗的内容也会有所不同。国家图书馆中国记忆项目中心在口述史采访过程中，已基本形成相对成熟的工作程序和工作规范，在项目结束以后，构成一份比较系统、全面的工作卷宗，以便长久保存。一般来说，口述历史项目结束以后，其工作卷宗由三部分组成：一是法律类文件，包括采访者伦理声明，受访者伦理声明，采访团队成员保密协议，文献采集、收藏与使用协议（特指通过口述历史采访所得之新形成文献），文献收集与使用协议，著作权授权书等；二是工作过程类文件，包括受访者基本信息表、工作团队成员基本信息表、拍摄日志、场记单等；三是工作成果类文件，包括收集文献目录、提交资料清单、元数据表单、口述史文稿等。

对口述历史项目后期成果进行评价，自然也包括对其工作卷宗进行评价，基本要求是：法律类文件要求完整有效，不能出现空缺、信息不全、存在疑问、信息不正确等情况；工作过程文件，要求能完整地记录工作信息，实事求是地反映工作过程；工作成果类文件，要求记录完整、全面、条理清楚，能真实反映项目实施情况，不能出现遗漏、空缺或错误。

当然，口述历史后期成果的评价，还可进一步延伸至项目成果和所有文献的保存和整理，甚至包括项目成果的传播和开发利用。由于篇幅所限，相关内容需要进行深入探讨，这里不再赘述。

镜头中的历史与图书馆收藏

——以中国记忆项目中心影像史学实践为例

我们生活的地球，大约已有46亿年左右的历史；然而，兼具直立行走与制作工具这一社会文化特征的人类祖先大约在250万年前才出现。[①] 至于有文字记载的人类历史，不过是短短的五千余年！在文字发明以前，人类经历了有语言而无文字的漫长岁月，借助于一些标志性的记号或图画等进行记忆。图像作为人类记忆的一种手段，先于文字而出现，始终是我们了解和研究历史不可或缺的重要资料。不过，图像史料与影像史学却不能混同。

影像史学的诞生与近代电影的产生有关。电影的起源，可以追溯至17世纪德国人基尔谢（Athanasius Kircher）发明的幻灯，1825年英国人约翰·A. 派里司（John A. Paris）发明的幻盘（thaumatrope），1832年比利时人约瑟夫·普拉托（Joseph Plateau）发明的诡盘（phenakistiscope）。19世纪中叶至20世纪初，电影产生并迅即风靡全球，作为记录人类生活的一种手段得到广泛运用。当然，不是所有的电影都是人类生活的真实记录。作为历史学分支学科的现代影像史学问世较晚，诞生于20世纪80年代。

① 武寅：《简明世界历史读本》，中国社会科学出版社，2014年，第5页。

从此，以镜头书写历史，与以文字书写历史一起，成为记录人类历史、凝聚人类记忆的重要手段。

一、镜头中的历史有其不可替代性

1. 镜头中的历史传神而动人

现代影像史学的诞生，改变了传统史学的文字书写方式，丰富了历史学研究的表述方法，拓宽了史学研究的视野。正如有学者所说："尤其在近现代史领域，丰富的影像资料直接为书写史学提供了一个鲜活的'影像注脚'。"[①] 通过镜头记录、书写的历史，具有不可替代的价值，并因其生动形象、丰富有趣，使原本枯燥生硬的史学研究顿时变得兴味盎然。

德国艺术史家阿比·瓦尔堡（Aby Warburg）是20世纪初现代图像学的创始人。他认为，图像只是通向文化深处的中介，图像是时代文化的症状，图像与文化是通过隐秘的精神象征联系在一起的。而这些象征常常不是存在于对图像显层的意义呈现起着主导作用的形式或主题中，而是存在于图像的某些特殊细节之中。[②] 他还有一句格言，即"上帝住在细节中"。[③]

笔者因工作关系，有缘与著名纪录片导演刘湘晨先生有过工作交流。刘先生长年行走于新疆大漠南北、山川草原之间，拍摄了许多反映新疆各民族文化生活的优秀纪录片。这些纪录片，不论是从艺术角度，还是从史学角度，均具有很高的研究价值。例如电影《阿希克：最后的游吟》，这是他历经波折、耗时五年才最终完成的作品，第一次全方位地记录了塔克

① 谢勤亮：《影像与历史——"影视史学"及其实践与试验》，《现代传播》，2007年第2期。

② 吴琼：《"上帝住在细节中"——阿比·瓦尔堡图像学的思想脉络》，《文艺研究》，2016年第1期。

③ Cf. E. H. Gombrich and Aby Warburg, His Aims and Methods: An Anniversary Lecture, Journal of the Warburg and Courtauld Institutes, Vol. 62, 1999, p. 268.

拉玛干沙漠南缘维吾尔族民间流浪艺人阿希克的生活。阿希克为维吾尔语，意为“痴迷者”。在维吾尔族中，阿希克是极为特殊的一个人群，占维吾尔族人口千分之一的一半都不到。他们居住的地方多在社区边缘，人们一般也不愿与他们多交往，他们处于社会和心理的双重边缘。不过，在维吾尔族中，阿希克的特立独行还是被接受的，他们常有到任何一家餐馆吃饭而不用付钱的“特权”，乘坐乡间的驴车、牛车不会被拒绝。他们是维吾尔族人内心渴望却没有多少人能承受、能最终实现的人格极致。[①] 对于这样一个特殊的群体，人们所知很少。在这部作品中，阿希克不仅有持之以恒的经典游吟者，还有小商贩、剃头匠、铁匠、掘墓人等各种不同职业的人。在最近的距离，对他们近于隐形的生活逐一纪录，让我们有可能第一次走近维吾尔族最隐秘的内心世界，数个世纪在新疆大地行吟的阿希克第一次被记录在镜头之中。导演通过自己的镜头，不仅让观众认识与了解他们，还给人以强烈的心灵震撼。这是用文字书写的史学著作很难达到的。

与刘湘晨先生合影

刘湘晨先生的其他几部纪录片也给我留下了深刻的印象。其中，《太阳部族》反映的是生活在高山上的塔吉克人的生活。在高山上生活的塔吉克人对于外界来说，像一个谜，在数千年的沧桑岁月里，他们的生活很少发生改变。在这部作品中，导演第一次将镜头探入帕米尔高原深处，记录

① 刘湘晨：痴迷者说：《阿希克：最后的游吟》创作手记［2011－10－02］，http：//blog. sina. com. cn/s/blog_7cfff1190100uxzq. html.

他们的生存状态与正在悄然发生的一些变化。电影中的场面凝重而充满诗意，高山民族塔吉克人谜一样的神奇习俗，以及他们悲欢离合的生活故事，已成为塔吉克整个民族生存状态的生动摹写。刘湘晨先生的另一部作品《驯鹰人》，记录了一位柯尔克孜族老人驯鹰的故事，这位老人被人尊称为“鹰王”。老人一家生活的地方叫阿合奇，自古以来有“金雕之乡”之誉，而他就在一个叫“黑石头的耳朵”的美丽牧场放牧。住在帕米尔高原上的柯尔克孜人养鹰、驯鹰的传统已经延续了一千余年，然而对于驯鹰人的生活，外界可以说知之甚少。这个作品以浓郁的柯尔克孜风情为背景，讲述了鹰与人的传奇故事，不仅记录了他们鲜为人知的历史故事，而且具有很强的艺术感染力。

通过刘湘晨先生导演的纪录片，我们可以充分领略影像在历史叙事中的独特优势。当然，优秀的纪录片还有很多，这里不可能一一介绍，向大家介绍这些纪录片只是想要表达这样一个观点，或者说这样一个事实，镜头——影像史学的确具有文字书写的历史作品无法比拟、不可替代的优势。

当然，影像史学的优势还不只这些。在现实社会中，有些文字档案被刻意遮掩，通过文字我们很难寻找历史的真相。有时候，镜头中的历史可以弥补这一缺憾，甚至使历史真相成为铁证，无可辩驳。以南京大屠杀这样的重大历史事件为例。日本军国主义者始终否认其惨绝人寰的残暴行径，而美籍华裔作家张纯如女士拍摄的《南京暴行——被遗忘的大屠杀》，以长达600分钟的珍贵影像资料，记录了9位南京大屠杀幸存者的证言，记录了他们作为大屠杀受害者和幸存者的历史回忆，成为侵华日军南京大屠杀这一事件的“活证据”①，引起了世界各国极大的社会反响。同时，张纯如还发现了《拉贝日记》，它成为记述南京大屠杀的著名历史档案。

① 蔡玉高：《华裔女作家张纯如所摄录像带公开 为日军侵华铁证》，原载新华网［2008－02－16］，转自中国法院网 https：//www. chinacourt. org/article/detail/2008/02/id/288580. shtml.

2. 镜头中的历史具有超强的传播能力

用镜头记录的历史，往往具有文字作品难以企及的超强传播能力。影像史学奠基人海登·怀特（Hayden White）认为，作为一种新的历史表述方法，影像史学借助于影像与音响技术，比文字书写的史学著作具有更强烈的视觉冲击。他说："电影（或电视）的确比书写的论述更能呈现某些历史现象，例如：风光景致、周遭气氛以及繁杂多变的冲突、战争、群众、情绪等。"① 法国哲学家米歇尔·福柯（Michel Foucault）1974 年在接受法国著名电影杂志《电影手册》采访时也说："如果不依靠（电影）史诗这种方式，也就是说把历史当作英雄故事一样来讲述，历史又该怎样才能坚持自己的话语，进而找回过去?"② 的确，影像史学以其独特的魅力，可以在观众中产生广泛的影响力，可以在较短的时间内生动活泼地传递或许尘封已久的历史知识，并激发公众的历史兴趣，从而促进历史知识的广泛传播。

美国学者罗伯特·A. 罗森斯（Robert A. Roosens）认为，视觉媒体将成为现时代绝大多数民众获取历史知识的主要渠道。③ 在中国，电影、电视剧是许多人接受历史知识的一个重要甚至是主要渠道。据统计，1979 年，全国电影市场的人均观影量达 28 场次，全国观众总数高达 293 亿人次。④ 根据国家电影局 2018 年 12 月 31 日发布的数据显示，2018 年全国电影总票房为 609.76 亿元，同比增长 9.06%；国产电影票房 378.97 亿元，占票房总额的 62.15%；票房过亿元影片 82 部，其中国产电影 44 部；城

---

① 海登·怀特（Hayden White），《书写史学与影视史学》（Historiography and Historiophoty），周梁楷译，台北：《当代》，1993 年，第 88 页。

② 克里斯蒂昂·德拉热、樊尚·吉格诺著，杨旭辉、王芳译：《历史学家与电影》，北京大学出版社，2008 年，第 91 页。

③ Robert A. Roosens, History in Images/History in Words: Reflections on the Possibility of Really Putting History onto Film, American Historical Review, Vol. 93, No. 5 (December, 1988).

④ 吴琪：《从国营到混合的电影生产》，《三联生活周刊》，2005 年第 23 期。

市院线观影人次 17.16 亿，城市院线观影场次 1.11 亿。[①] 由此可见，改革开放以来，由于媒体发达，电影观众虽然有所减少，但是，观众数量仍然相当惊人。当前，我们正处于资讯高度发达的信息时代，通过电视、电脑、手机等获取信息已成为人们日常生活中不可或缺的一部分，影视对于历史故事或者说历史事件的传播能力比过去更强，非普通文字作品可比，这是不容置疑的。

3. 镜头中的历史未必是历史真相

人类是需要记忆来延续和发展的一个物种，记忆也是人类最基本的生理和心理功能。记忆无论对于个人，还是对于社会来说，都非常重要。英国哲学家洛克（John Locke）说："我们如果没有记忆的帮助，则我们在思想中、推论中和知识中，便完全不能越过眼前的对象。"[②] 不过，人类的记忆，并不只是单纯地再现过去，它还"拥有忘却和写入两方面"。[③] 不论是哪个时代，也不管是什么人，记忆都不可能是真实经验的全部回复，总是有所选择、有所损益的。

在特定时代、特定背景下，记忆还可能被有意篡改，只是部分地甚至片面地加以展现。镜头作为记录社会生活、记录历史事件的一个手段，自然不能例外。著名戏剧批评家、作家夏衍说："电影是阶级斗争中最犀利的思想武器。"[④] 这句话的背后，反映的正是中华人民共和国以后在特定的历史时期，为了政治宣传需要而有意突出或隐去历史真相这样一个事实。在当时拍摄的革命电影中，没有爱情，突出的是阶级感情。这样一种社会记忆，其形成与建构有其深刻的历史背景，是政治作用于艺术的结果。美国学者詹姆斯·E. 扬（James E. Young）说："历史是已经发生的事情，而回忆

---

① 2018 年中国电影年度调查报告　全年总票房超 600 亿，http://www.sohu.com/a/285869673_157635.

② （英）洛克著，关文运译：《人类理解论》，商务印书馆，1991 年，第 119 页。

③ （日）三岛宪一著，贾倞译：《本雅明：破坏·收集》，河北教育出版社，2001 年，第 399 页。

④ 夏衍：《追念瞿秋白同志》，《文艺报》，1955 年第 12 期。

则是人们相信是发生的事情。”① 个人的记忆何尝不是如此。在进行口述史采访或影像史学实践中，这种情况也经常发生。

应当说，对于历史记忆的事实偏差，不论是发生在社会记忆还是个人记忆当中，都不是什么奇怪的事，也不是什么可怕的事。在传统的文字书写中，同样充斥着大量不真实的历史信息，甚至是有意作伪的历史谎言。德国哲学家伽达默尔（Hans－Georg Gadamer）认为，历史精神的本质并不在于对于过去事物的修复，而是在于与现时生命的思维性沟通。② 无论是采用何种记录与叙述历史方式，我们永远不可能完全恢复历史原样，只能是尽量接近历史真实；并且，即使是那些有意歪曲的历史作品，实际上也从一个侧面反映了当时的历史情景。

二、中国记忆项目中心的影像史学实践

国家图书馆中国记忆项目于2012年正式启动。中国记忆项目是以现当代重大历史事件、重要历史人物为主题，以传统文献体系为依托，系统性、抢救性地进行口述史料、影像文献等新类型文献建设，并最终形成特色资源体系的文献建设服务项目。中国记忆项目的专题资源建设，主要包括：重大历史事件与重要历史人物、非物质文化遗产与当代重要学者口述历史专题。截至目前，中国记忆项目完成或正在进行的专题资源建设项目有“东北抗日联军”“中国远征军”“大漆髹饰”“蚕丝织绣”“中国年画”“我们的文字”“学者口述史”“中国图书馆界重要人物”“人口较少民族口头传统典藏计划”等20余个。通过这些项目的开展，国家图书馆积累了丰富的文献资料，提高了服务水平与社会影响力。

---

① （美）詹姆斯·E. 扬，《在历史与回忆之间——论将回忆之声重新纳入历史叙述》，载哈拉尔德·韦尔策主编，季斌、王立君、白锡堃译：《社会记忆：历史、回忆、传承》，北京大学出版社，2007年，第21页。

② （德）伽达默尔著，洪汉鼎译：《真理与方法》，上海译文出版社，1999年，第221页。

1. 东北抗日联军专题

东北抗日联军是中国共产党创建与领导的第一支中国人民抗日武装，从1931年“九一八事变”到1945年日本宣布无条件投降，他们在极其严酷的条件下与敌人展开殊死搏斗，为中国人民抗日战争和世界反法西斯战争的伟大胜利做出了不可磨灭的重大贡献。东北抗日联军专题资源建设项目开始于2012年，是中国记忆项目中心启动最早、建设时间最长、口述史受访人最多、收集文献载体形态最多样的一个专题。在项目实施过程中，专题组先后在北京、辽宁、湖北、新疆、广东、吉林、黑龙江等多个省区，采集和收集了79位受访人、超过150小时的口述史料，采集到东北抗联密营、战迹地影像资料约10小时，同时收集到纸质或数字版历史照片约1000幅、老战士日记手稿17册、非正式出版物138册件，以及一些相关实物。①

自2012年始，中国记忆项目中心在已采集到的东北抗联专题口述史料基础上，通过编写口述史文章，在新华社、《人民日报》《光明日报》《中国文化报》等媒体上对东北抗联战士的生活进行报道，国家图书馆网站还开辟了“中国记忆”专题网页，发布抗联老战士及战士后代口述史视频与历史照片。2013年9月18日，中央电视台《新闻直播间》播出了中国记忆项目寻访东北抗联老战士的系列新闻报道，向全国观众介绍抗联老战士的生活状况。2014年9月18日，国家图书馆网站推出的东北抗联专题受访人已达35位。2015年8月，为纪念中国人民抗日战争暨世界反法西斯战争胜利70周年，国家图书馆与黑龙江省兴隆林业局合作举办了“冯仲云图书馆”揭牌暨“重走抗联路”主题纪念活动，首次以“记忆空间”概念，推动在历史事件发生地进行文献文物的本地保存和保护。2016年9月，中国记忆项目中心编写的《我的抗联岁月——东北抗日联军战士口述

---

① 肖昊宸：《学者全根先谈东北抗联口述史料》（2017 - 05 - 10），中国社会科学网，（2017 - 05 - 10），http：//orig. cssn. cn/zf/zf_dh/201705/t20170510_3514527_1. shtml.

史》《最危险的时刻——东北抗联史事考》由中信出版社出版。

通过对东北抗联老战士及其后代的口述史料、影像史料采集，不仅抢救和保存了一大批珍贵的历史文献，还还原了部分历史真相，使我们对东北抗联历史的认识更加生动而具体。例如，出生于1918年的抗联老战士潘兆会，1935年就参加了东北人民革命军（东北抗日联军前身），曾任东北抗日联军第六军保安连一排排长，在战斗中屡次负伤，有一次甚至连肠子都流出来了。1939年3月，他在养伤时，因与部队失散，弹尽粮绝，被迫弃枪回家。1946年，他参加了黑龙江省汤原县剿匪战斗。中华人民共和国成立以后，他一直在汤原县务农。可是，他的抗联经历长期得不到有关部门承认，没有人能为他作证，国家没有给他一点应得的荣誉。2012年5月，我们对他进行口述史采访，他的抗联经历终于得到认可，在老人离世之前为他赢得了应得的荣誉。① 又如出生于1918年的抗联老战士孟宪德，曾参加过伪满洲国靖安军，1942年7月起义加入东北抗联教导旅，后随部队进入苏联，在通信连担任发报员。2014年3月，我们对孟宪德老人进行了口述史采访，老人讲述了当年他在通信连的经历，对于研究教导旅在苏联的战斗经历是很重要的补充。② 还有当年抗联教导旅第三营的老战士张正恩，2012年5月我们在采访时，他讲述了1945年日本投降前他与另一名战士发现日本机场的具体经过；③ 抗联女战士王铁环，2012年5月对她进行采访时，她讲述了自己在抗联队伍中成长和战斗的经历。通过口述史采访与影像记录，保存了一个正在逝去的珍贵的历史记忆，大大拓展了研究抗联历史的广度与深度。

---

① 国家图书馆中国记忆项目中心：《我的抗联岁月：东北抗日联军战士口述史》，中信出版社，2016年，第53页。

② 国家图书馆中国记忆项目中心：《我的抗联岁月：东北抗日联军战士口述史》，中信出版社，2016年，第75页。

③ 国家图书馆中国记忆项目中心：《我的抗联岁月：东北抗日联军战士口述史》，中信出版社，2016年，第231页。

2. “我们的文字”专题

“我们的文字”专题资源建设项目是2014年中国记忆项目中心受文化部非遗司委托负责执行的一个重要项目。在这一项目策划、执行过程中，我们首先进行了前期资料搜集和整理工作，统计出非物质文化遗产各级名录中与文字关系比较密切的项目共62项，并从中选择关于文字传说方面的仓颉造字传说、仓颉祭祀习俗、王羲之传说，与文字书写相关的笔墨纸砚制作，以及文字书写包括汉字书法、藏文书法、维吾尔文书法，与文字传播相关的木活字印刷技术、雕版印刷等30个项目，开展影像史料记录、传承人口述史料采集及其他相关资料收集工作。为此，中国记忆项目中心派出5个工作组，历时一年，行程数万公里，走访了60多个市区和城镇，共拍摄视频资料400余小时，涉及41位传承人、16位专家学者等。[①] 这个项目的部分成果，于2014年年底至2015年年初在国家图书馆举办的“我们的文字”大型展览上得以展示，并有非遗传承人到展览现场进行展示；编辑出版了《我们的文字》一书（清华大学出版社）；与京港地铁合作，开辟了地铁图书馆，展播与宣传“我们的文字”相关资料。新华社、《人民日报》《光明日报》、中央电视台、《中国文化报》等许多媒体对此进行了宣传报道，获得了社会各界的广泛好评。

在非物质文化遗产的记录与保护工作中，影像记录是口述史采集非常重要的记录手段。徽墨是传统制墨技艺中的一件珍品，也是驰誉中外的“文房四宝”之一。徽州制墨的历史源远流长，至少在唐代即已出现。可是，由于市场经济大潮的冲击与人们书写习惯的改变，徽墨制作也已成为一项需要保护的传统工艺。为此，2014年，我们采访了安徽省宣城市绩溪县胡开文贸易有限公司总经理、国家级非物质文化遗产代表性传承人汪爱军先生，对徽墨制作的整个工艺流程进行了影像记录。与徽墨制作技艺相似，湖笔制作技艺同样亟须保护。自古以来，湖笔就是毛笔中的佼佼者，

① 国家图书馆中国记忆项目中心：《我们的文字》，清华大学出版社，2015年，第239页。

以制作精良、品质优异而享誉海内外，素有“毛颖之技甲天下”“紫毫之价如金贵”之美誉。湖笔的发源地在浙江省湖州市南浔区善琏镇，其制笔业大约始于晋代，历经唐宋直至元代异军突起，一举奠定“毛笔之冠”的地位。2006 年，湖笔制作技艺入选第一批国家级非物质文化遗产代表性项目名录。2014 年，我们对国家级非物质文化遗产代表性传承人邱昌明先生进行了口述史采访，并用镜头记录了湖笔纯手工制作的全部 120 多道工序。

3. 影像史学与图书馆职能回归

图书馆的社会职能，主要是记录历史、传播知识。通过镜头记录历史，是图书馆基本职能的一种回归。图书馆记录历史，就是履行其社会记忆之功能。如果说，一个人没有记忆，在很大程度上会丧失自我；那么，一个社会如果没有记忆，这个社会就无法进步。社会记忆对于一个民族、一个国家来说，往往决定着一个社会乃至一种文明的发展方向与历史进程。而图书馆则正是社会记忆的汇聚之所、传承之所。意大利作家翁贝托·艾柯（Umberto Eco）说：“数百年来，图书馆一直是保存我们集体智慧的最重要的方式。它们始终都是全人类的大脑，让我们得以从中寻求遗忘，发现未知。”[①] 美国图书馆学家谢拉（Jesse H. Shera）说：“图书馆正是社会的这样一种新生事物：当人类积累的知识大量增加以至于超过人类大脑记忆的限度时，当口头流传无法将这些知识保留下来时，图书馆便应运而生了。”[②] 另一位美国图书馆学家巴特勒（Lee Pierce Butler）在《图书馆学导论》一书导言中这样写道：“图书是保存人类记忆的一种社会装置，图书馆则是将这种记忆转移到人们意识之中的一种社会机构。”[③]

---

① 翁贝托·艾柯著，康慨译：《书的未来》，《新华文摘》，2004 年第 12 期。

② 杰西·H. 谢拉著，张沙丽译：《图书馆学引论》，兰州大学出版社，1986 年，第 59 页。

③ Pierce Butler, An introduction to library science, Chicago: University of Chicago Press, 1933. 参见蒋永福，《图书馆与人类的记忆——从知识记忆角度理解的图书馆学》，《中国图书馆学报》，2000 年第 2 期。

在历史的长河中，图书馆发挥的社会记忆功能，使人类在社会生产与生活实践中所产生、积累的知识、经验与智慧得以传承和发扬。图书馆自诞生之日起，即发挥着人类文化传统的记忆与守护、知识共享与交流的平台作用。从古代两河流域美索不达米亚尼尼微图书馆、埃及亚历山大图书馆，到当今高新技术云集的巍巍图书馆大厦，图书馆的外观乃至内涵虽然已经发生沧桑巨变，但是，它作为“人类永久记忆客观知识精华的社会机制”始终未变，也不可能改变，是“世界最美的知识花园”“人类永恒的思想天堂”。[①] 图书馆记忆与个人的记忆既有区别，又有联系。北京大学教授王子舟先生说，人的记忆，可以分为四种，即形象记忆（直观性，保留视觉、听觉等感性知觉）、情绪记忆（体验性，保留情绪色彩或情感内容）、逻辑记忆（理性，保留知识思想）、动作记忆（操作性，保留动作技能）。而图书馆的记忆，其基本内容则为：手稿记忆、印刷记忆、口述记忆、影像记忆等。[②] 今天，我们用镜头记录我们的历史，正是图书馆记忆功能的恢复，是图书馆基本职能的一种回归。

三、影像史学与图书馆收藏体系

人类对于历史的记录方式，不论是文字还是视频音像，或者实物，都可以概括地称之为“文献”。数千年来，这种传递人类文明使之延续不断的主要载体——文献，其概念本身已发生了深刻变化。根据1983年中国文献工作标准化技术委员会制定的《文献著录总则》，文献是指“记录有知识的一切载体”。[③] 所谓文献载体，就是记录、保存和传播文献的物质实

---

① 熊伟：《根植“知识记忆”：图书馆作为“人类永久记忆客观知识精华的社会机制”自立在世——图书馆广义本体论基本原理研究之一》，《图书馆杂志》，2011年第2期。

② 王子舟：《口述史特色资源的建设增强了图书馆的不可替代性》，中国记忆（2018-02-09），http：//m. sohu. com/a/221932350_654096.

③ 中国文献工作标准化技术委员会，《文献著录总则》（GB 3792. 1—83），《图书馆学通讯》，1983年第4期。

体。在中国历史上，文献载体形态在不断发展，甲骨、金石、竹简、缣帛、纸张等，先后被人们用于书写和印刷文献，留下了载体不同的海量文献。随着科学技术的发展，又出现了胶质、磁质、光介质等文献载体。文献载体发展总的趋势，是逐步从笨重到轻便，而所负载的信息密度却越来越大，传递信息的速度也更趋快捷。

由各种不同载体组成的文献，都属于图书馆的收藏对象，是图书馆最重要的文化资源、开展社会文化服务的物质基础。图书馆的馆藏体系，不仅要满足文化保存与保护的需要，而且要适应政治、经济、科技、文化和社会发展的需求，满足人们不断增长的文化信息需求。近代图书馆自诞生以来，其馆藏体系一直随着社会的发展而不断发展变化。从传统古籍，到普通图书；从中文图书，到外文图书；从普通图书，到期刊、报纸；从纸质文献，到电子文献、音像资料，再到数字文献、网络文献。图书馆的文献形态不断在变，馆藏体系也在不断变化。

影像资料先于影像史学而出现，影像史料又是图书馆在现代历史条件下产生、发展起来的一种新的文献类型，在记录人类历史、传承人类文明中发挥着其他文献载体不可替代的重大作用，理应成为图书馆馆藏体系建设中的重要组成部分。影像资料的大量出现，开始于20世纪。在此之前，图书馆收藏体系中，这类资料一般归入音像资料类别。所谓音像资料，又称声像资料、视听资料，是以电磁材料、感光材料为存贮介质，以电磁手段或光学手段将声音和图像记录下来而形成的一种文献类型。我国音像资料的出版情况，大致分为三个阶段：从20世纪初到1949年为第一阶段，1950—1979年为第二阶段，1980年至今为第三阶段。前两个阶段出版载体类型比较单一，主要以唱片（密纹和粗纹）为主，而1980年以后音像制品的载体变化非常大。随着信息时代的到来，影像资料在各种文献载体中的比重越来越大，正在成为图书馆收藏体系中举足轻重的重要组成部分。而图书馆对于影像资料的收集、整理与开发利用，理所当然地是其更好地履行公共文化职能、发挥其社会记忆功能的重要标志。

可以说，影像史学的发展，既契合了图书馆社会记忆功能回归的现实需要，也为图书馆馆藏体系的进一步完善提供了重要通道。影像史学必将在人类文明传承与发展中发挥更大的作用。

实践篇

图书馆人自己的口述史

——记中国图书馆界重要人物口述历史项目

图书馆是社会的公共文化机构，担负着传承人类文明的神圣使命。同时，图书馆自身的历史与精神，也存在一个传承和发展的问题。图书馆的历史和精神靠什么去传承，进而不断发扬光大？笔者以为，其中很重要的一点，就是图书馆人内部的代际传承，通过言传身教、潜移默化的一种方式，正如孔子所说：君子之德风,小人之德草，草上之风必偃;① 或如老子所说的："我无为而民自化，我好静而民自正。"② 当然，这里只是一个比喻，大体就是强调模范、榜样的作用。中国图书馆已走过了一个多世纪的历史，涌现出了许多为图书馆事业呕心沥血、毕生奉献的榜样人物，他们既有图书馆事业的领导者，又有在图书馆辛勤耕耘的专家学者，是图书馆界的宝贵财富。记录他们的历史，守护他们的精神，是我们不可推卸的历史责任。

2014 年秋天，笔者到中国记忆项目中心不久，就结合近年来自己对图书馆史的研究，开始对国内图书馆界的一些重要人物进行资料摸底和搜集

① 钱逊：《论语》，国家图书馆出版社，2017 年，第 293 页。

② 王中江：《老子》，国家图书馆出版社，2017 年，第 219 页。

在2018年中国图书馆年会中国图书馆界重要人物口述史专场发言

工作，准备策划并起草了中国图书馆界重要人物口述历史项目专题（当时还没有这个名称）。经过一年多的准备、反复论证，在有关领导和同事的大力支持下，于2015年12月在广州召开的中国图书馆年会上，正式启动了这一项目，国家图书馆作为发起单位，联合三十余家图书情报机构发布了《全国图书馆界共同开展记忆资源抢救与建设倡议书》。第二年，我们陆续收到三十家单位申报的口述史项目，中国记忆项目中心于年底举办了工作交流与培训活动。2018年6月，在河北廊坊举行的中国图书馆年会上，再次设立中国图书馆界重要人物口述历史项目研讨会分会场。在参与这一项目的策划和实施过程中，笔者受益良多。

一、记住图书馆自己的历史

中国近代图书馆的发展历史，可以追溯至晚清外国传教士、教会所办的图书机构，近代资产阶级启蒙思想家、维新派，如王韬、梁启超等，都提出了创办图书馆、启发民智的重要思想。而冠以“图书馆”之名的公共图书馆，则始于1904年第一批省级公共图书馆——湖南图书馆、湖北图书馆的创办。1909年，京师图书馆（国家图书馆前身）开始筹建。其后，经历了1917年开始的“新图书馆运动”，抗日战争、解放战争、中华人民共和国成立等一系列历史事件和社会变革，中国图书馆事业可以说几经坎坷、历尽沧桑，至今已走过了一个多世纪的光辉历程。一个多世纪以来，中国图书馆事业的发展历程是极其艰难的、极不平凡的，又是非常伟大的。之所以说是艰难的、不平凡的，是由于中国特殊的社会历史环境，使图书馆的诞生与发展注定不可能是一帆风顺的；之所以说是伟大的，是因为经过一代又一代图书馆人的不懈努力，中国图书馆事业已取得了举世瞩目的辉煌成就，已傲然屹立于世界图书馆之林！

中国图书馆事业每向前迈进一步，都离不开图书馆人的辛劳与付出。没有图书馆，自然就没有图书馆人；反过来，没有图书馆人的图书馆也是不存在的。正如程焕文先生所说："全部图书馆的历史实质上是图书馆人本身的历史。无论是在图书馆学理论研究中，还是在图书馆实践活动中，人的问题始终是一个头等重要的问题。忽视了对人的研究，忽视了人的作用，尤其是忽视了曾有所创造的人们的作用，实质上也就是抹杀了图书馆学术和图书馆事业。"①

诚者斯言！一个多世纪以来，在中国图书馆事业发展历程中，到底产生了多少代图书馆人？这是一个有待讨论的问题。然而，有一点却是肯定的，那就是曾经为创办中国近代图书馆事业奔走呼号的先驱者们早已不见踪影，曾经见证了中国近代图书馆事业发展艰辛历程的前辈们也已所存无几。即便是在新中国图书馆建设大潮中挥洒热血的人们，不是作古，就是进入古稀甚至耄耋之年。事业永无止境，而个体的生命却是短暂的。

历史上能够让后人永远记得、能"树碑立传"的人，毕竟总是少数。少数杰出人物可以代表一个时代，但是，他们不是历史的全部。在中国图书馆事业曲折而又伟大的发展历程中，将参与这些历史进程的代表性人物的生活经历、事业成就乃至思想情感尽可能地记录下来，是一件非常有意义的，也是迫在眉睫的事情。在他们的人生经历中，蕴含着图书馆乃至国家和民族发展的不平凡的历史，他们是时代的一个缩影。当然，每一代人都有自己的独特优势与历史使命，历史不能被遗忘，历史将不断继续。

---

① 程焕文：《图书馆人与图书馆精神》，《中国图书馆学报》，1992年第2期。

二、项目申报与进展情况

在策划中国图书馆界重要人物口述历史项目过程中，笔者对近代以来中国图书馆发展历史进行了比较系统的调查和研究。调查之初，确定的收录对象是为中国图书馆事业做出过较大贡献、成绩突出的人物，包括学者与管理者。当时，拟收录的人物，列出了82人，其中内地学者71名，境外学者11名，均在1947年以前出生。少数学者还在工作岗位，绝大多数虽已退休，多半仍在发挥余热。无疑，他们也是图书馆精神的最好体现。由于人力、物力的原因，这个不可能在短期内完成，因此决定分批次、有计划、有步骤地进行，并考虑到各个合作单位的具体情况，在推荐的名单之外，各单位可以提出自己的建议名单，报请专家小组同意后执行。

2015年12月，中国图书馆年会在广州召开。在这届年会上，中国记忆项目中心专门申请，设立了中国记忆资源共建共享分会场，中国图书馆学会理事长、国家图书馆馆长韩永进先生，中国图书馆学会副理事长、中山大学校长助理程焕文先生，中国图书馆学会副理事长、北京大学图书馆馆长朱强先生等领导亲临会场，国家图书馆与国内三十余家单位联合发起并签署了《全国图书馆界共同开展记忆资源抢救与建设倡议书》。各兄弟单位领导都给予了大力支持。笔者向参会人员汇报了项目的意义、宗旨、策划过程和大体设想。笔者的同事汤更生、田苗、韩尉等，向大家介绍了项目实施的具体方案和技术要求。

2016年春天，中国记忆项目中心组织人员起草了《中国图书馆界重要人物专题资源建设工作手册》，对项目实施的具体要求和技术标准，以及项目成果的提交、验收等做了详细说明，同时将这个工作手册发给各共建单位加以讨论和完善。笔者的同事韩尉、戴晓晔在项目实施过程中，做了许多具体工作，为项目的如期开展做出了贡献。经过各合作单位的努力和专家小组的多次讨论，第一批申报项目的，除国家图书馆外，共有18个单位，28 位受访人，其中国家图书馆 3 人。首批资源共建单位、受访人名单如下：

1. 首都图书馆　刘德原
2. 中国科学院文献情报中心　孟广均、辛希孟
3. 北京大学信息管理系　关懿娴、周文骏
4. 北京大学图书馆　吴慰慈、张树华、庄守经
5. 浙江图书馆　林祖藻
6. 武汉大学图书馆　彭斐章、谢灼华
7. 广东省立中山图书馆　黄俊贵
8. 深圳图书馆　沈迪飞
9. 云南省图书馆　李孝友
10. 陕西省图书馆　武复兴
11. 宁夏图书馆　高树榆
12. 中山大学信息管理学院　谭祥金、赵燕群
13. 新疆维吾尔自治区图书馆　袁正祥
14. 广西壮族自治区桂林图书馆　郭志高
15. 南京大学信息管理学院　倪波
16. 南京图书馆　沈燮元、卢子博
17. 湖南省图书馆　李龙如、张安珍
18. 国家图书馆　朱岩、黄明信、熊道光

需要补充说明的是，中国记忆项目中心在提出这个项目前，已开展了“我的国图故事”和“国图记忆”图书馆员口述史采集工作，以影像记录的方式对国家图书馆部分退休领导和员工进行访谈。另外，这个项目正式启动以后，后来的申报名单与我们最初的计划有一定的差距，有的原打算申报，后来没有做，可能是因为当时条件不够成熟。有的项目还未启动、有的项目没有做完，相关学者就去世了，如苏州图书馆老馆长许培基先生、南京大学信息管理学院教授倪波先生等。这从一个侧面说明这项工作

的紧迫性。

中国图书馆界重要人物口述历史项目自开展以来，已过去了三年。目前，第一批申报项目已经完成，验收工作也基本结束，总的说来，达到了我们预期的目标，为中国图书馆界留下了一批珍贵的历史资料。同时，通过项目实施，许多单位自无到有，自不知、不会到掌握口述史基本理论和方法，拓展了图书馆的业务范围，锻炼了图书馆员工队伍，取得了良好的工作业绩和社会效益。这一项目也得到了许多媒体的大力支持，如《中国文化报》《图书馆报》《高校图书馆工作》《图书馆理论与实践》等都做了相关报道，发表了一定数量的学术论文，对于推动图书馆界口述史项目开展，起到了宣传和推动作用。

目前，中国图书馆重要人物口述历史项目第二批申报工作已正式启动，有的项目已经落实，正在执行过程中。第二批项目申报情况如下：

1. 甘肃省图书馆　潘寅生
2. 《图书馆建设》编辑部　王科正、夏国栋
3. 清华大学图书馆　关肇邺
4. 陕西图书馆　武德运
5. 天津图书馆　刘尚恒、陆行素、王知津
6. 云南图书馆　杨利群
7. 辽宁图书馆　韩锡铎
8. 湖北图书馆　阳海清
9. 武汉大学图书馆　马费成、沈继武
10. 广西桂林图书馆　唐国英

另有几个图书馆已表达了申报意向，正在落实之中。我们希望有更多的兄弟单位参与进来，一起来抢救和保存图书馆人自己的历史，传递图书馆精神，不断创新发展，将中国图书馆事业推进到新的高度。

三、口述史采访中的价值发现

在中国图书馆界重要人物口述历史项目中，我们发掘、记录了许多有价值的历史信息，为图书馆界留下了一份珍贵的历史资料。通过受访人对自己亲身经历事件的回忆，讲述当时的历史细节，原本比较模糊、概念化的历史事件，变得生动具体，仿佛就在眼前。受访人的口述史料填补了现代图书馆史的许多空白，记录了图书馆人平凡而又丰富多彩的人生。

倪波先生是南京大学信息管理学院教授、博士生导师，1936 年出生，是著名的图书馆学、情报学专家。南京大学工作团队对倪先生进行的第一次采访，是在他家中进行的，第二次采访，则是在江苏人民医院进行的。以后的几次采访，都是在医院进行，直到倪先生因病去世。倪先生对这个采访也是非常重视。倪先生的工作笔记，记得非常详细，非常具体，读起来真实感人。他的口述史采访虽然因身体原因，口述文稿较短，只有 22000 多字，但是，我从中感受到的，不只是做这项工作受到的感动，更觉得对老一辈图书馆人的口述史采访刻不容缓。

倪先生的口述史文稿，有一个题目，叫作“踏梦行”，表示他一生的足迹是在追随自己的梦想，他是一个有理想、有追求的人。倪先生的口述史内容分为九个部分：一是“北大”入门，“南大”成长；二是让图书馆学、情报学博士学位落户我国，扎根我校；三是学术会议；四是学术著述；五是江苏图书系列高评委；六是兼职省政协常委；七是省民进；八是民进南京大学委员会；九是老兵新传。这个内容，是他自己对一生主要经历与学术成就的一个概括，同时表达了他长期为图书馆事业辛苦耕耘的老学者的一份情怀。倪先生的口述中，有一些内容我觉得是比较有价值的，如他讲到当年的大学同学：

我们是北大 1956 级（1960 届）本科生，北大图书馆学专业 1956

年复招本科生，当时招生时，除招收应届高中毕业生外，还招收许多同等学力的在职干部，即“调干生”。“调干生”一般政治觉悟高、生活阅历宽、社会经验丰富、求知欲强，是班上的骨干力量。当时，1956级分甲、乙两班，乙班原则上由华东地区招入，但个别有所调整，如孟昭晋（北京）、蔡成瑛（青海）、陈丕权（湖南）插入乙班。甲、乙两班分班情况如下：

甲班：李修宇、李纪友、纪国祥、万清玉、王正义、王辅民、于鸿儒、曾仕任、陈文超、周香平、周新民、邹学舜、刘启柏、刘寿彝、刘润生、赵育生、杨志高、沈乃扬、肖鸿吉、金沛霖、孟宪恒、梁翔踪、罗吉强、魏嘉舜、祝伊璜、黄爱华（女）、罗玉如（女）、陈维新（女）、孙国华（女）、吴又云（女）。

乙班：倪正祥（倪波）、潘惟友、周大钧、舒寿仁、俞域、陈源蒸、夏允中、顾铭、王维新、张以连、卢中岳、卢子博、李连庆、李明华、汤宗汤、楼肇明、童吉永、张圣礼、陈祖华、王永安、陈丕全、孟昭晋、蔡成瑛、任铭曾（女）、何维珍（女）、周恒让（女）、王蓉芳（女）、戴淑娟（女）、孙圣薇（女）、黄种娴（女）。

他还提到，北大1956级图书馆学这个班，除由著名的王重民、刘国钧等名家授课外，特别是科技讲座中还聘请了本校外系、清华大学、中国科学院许多大师、著名学者授课；这个班还列席过首届全国高等学校图书馆工作会议，会上明确了高校图书馆是高校“学术性辅助机构”；这个班经历了多少政治运动；这个班还曾去学过农（赴北京郊区房山惠南庄，后分别去河北徐水及昌黎实习）、学过军（赴天津杨村0216部队学军）；这个班的毕业论文以集体参加起草《中国近现代图书馆事业史（草稿）》为代表；这个班的学生毕业后，特别是改革开放以来，大部分被评聘上了高级职称，其中担任省级图书馆馆长、副馆长的有：金沛霖、周香平、童吉永、卢子博、曾仕任，担任高校、科研机构以及市馆馆长、副馆长的就更多了。

这样，他就把自己的学习经历与中国图书馆史，以及图书馆学学科建设的历史建立了必要的联系，让我们从中了解当时图书馆发展的整体情况。

还有，他们这一代人，还经历了多次政治运动。倪先生讲道：

> “文革”期间，我从如皋社教工作队归来，我多次受到批斗、隔离审查。“文革”初期，因是“匡黑爪牙”“黑笔杆”被批斗、陪斗多次。从溧阳农场归来，被宣布隔离审查，后又被押送农场“混合连”监督劳动，直至党的十一届三中全会后，结束审查，宣布“事出有因”“未发现政治问题”而平反。

这是一个时代的真实记录。“文革”结束、改革开放以后，他们又参与到图书馆事业的蓬勃发展中来，成为图书馆事业发展的中坚力量。通过倪先生的具体讲述，我们可以了解不少当时的历史过程。倪先生说，1990年7月国务院学位委员会决定临时建立图书馆学与情报学学科评议组，组织成员如下：

召集人：倪波、杜克（文化部图书馆管理局局长）

成员：倪波、杜克、彭斐章、严怡民、关懿娴、孟广均、汪廷炯（科技部科技情报司长、科技情报所所长）

会议期间，在人民大会堂，江泽民、李鹏等中央领导亲切接见了全体学科评议组成员。这是党和政府给予图书馆人的崇高荣誉与亲切关怀。这次会议开创了新中国图书馆学、情报学博士点，有了自己培养的图书馆学、情报学博士生。在此之前，仅有北京大学、武汉大学、中国科学院文献情报中心和南京大学招收硕士研究生。此次会议将图书馆学位教育短板补齐了，图书馆学、情报学的学位，分学士学位、硕士学位、博士学位三级。[1] 这些历史记录，对于中国图书馆事业发展来说，无疑是十分重要的。

庄守经先生曾任北京大学图书馆学系主任、图书馆馆长、中国图书馆学会副理事长，主持起草了《中华人民共和国高等学校图书馆工作条例》，创办了《大学图书馆学报》，对中国当代图书馆事业的发展做出了重要贡献。张红扬老师及其团队在采访庄先生时，庄先生谈到当年图书馆员职称的名称是如何定下来的，令人印象深刻。庄先生说：

> 讨论当中，我记得比较清楚的，这个职称到底叫什么，学校是教员，就是教授、副教授、讲师，好像我们这个不是教授、副教授系列的。当时，一开始还没有叫研究馆员、副研究馆员，当时曾经想，因为除了教授、副教授之外，很多是师，这个医师，什么会计师、工程师，这是学术职称，后来想了半天，我们这也没法叫"师"，叫什么师，后来比较多的倾向于叫研究员，研究员、副研究员、助理研究员，就是研究系列的，觉得大体上还可以。后来又觉得这好像没有我们的特点，大家都叫研究员，研究机构都是研究员，我们是图书馆，要显示图书馆本身的一种学术地位，图书馆员本身的一种学术水平和专业职称系列，你混在研究员里面，好像没有我们自己，就是有点像用这个来提高我们的社会地位和人员的那种荣誉感，后来就说，干脆就叫馆员。因为你就是图书馆嘛，那不就是馆员，过去如果人们认为馆员无非就是一种事务性的工作，不带有学术性，那么我们叫他研究馆员、副研究馆员，就是赋予他学术性了，提高了这个（认识）了，很明显你这个馆员要想跟饭馆、理发馆不一样，不混淆，就要提高自己的学术地位，体现自己的学术水平，就叫馆员或研究馆员。后来大家都同意了，这个我记得比较清楚，因为这个议论得比较久，后来就认定吧，就叫馆员、副研究馆员、研究馆员，这个是制定职称评审条例的大致过程，争取到这一步，后来到了1979年就正式通过，国务院

① 倪波先生的口述史内容，系根据南京大学采访团队的采访资料整理引述，尚未公开发表。

下发了文件。①

在第一批申报的项目中，云南图书馆的李孝友先生、新疆图书馆的袁正祥先生，他们都工作在边疆地区，为了新中国图书馆事业的发展，兢兢业业，一辈子辛苦耕耘，做出了突出的贡献，难能可贵。对于这样的老一辈图书馆人，如果我们把他们忘记了，对得起谁？我们不记录他们，等待谁来记录？

四、验收工作中的一点思考

近年来在对中国图书馆界重要人物口述历史项目进行验收评审时，既感到项目开展的重要意义和丰硕成果，又感到采访当中存在的若干问题，有待进一步提高质量。总体而言，在采访工作的规范性、工作卷宗的完整性、文献收集的系统性，口述访谈的深入发掘、口述文稿的编辑整理、口述史成片的剪辑处理等方面，都或多或少地存在一些问题，有必要总结经验教训，为今后口述史项目的开展奠定良好的基础。

首先，要重视细节发掘。在对国家图书馆朱岩、黄明信、熊道光三位先生进行采访过程中，笔者虽然没有担任采访人，但是，只要有时间，都会到现场，与他们进行交流。经常，采访人在进行访谈以前，或者受访人在访谈以前，都会将所准备的内容给笔者看。像朱岩先生、熊道光先生，都准备得比较充分，熊老有个习惯，喜欢把他要讲的内容，事先准备一个文字稿。这里要说的是黄明信先生。对他的采访，主要由吴邦伟老师负责。由于黄老不仅是民族文献方面的编目专家，还是一位佛教因明学、藏历研究专家，生活阅历又非常丰富。并且，黄老在接受我们采访时，已是99 岁高龄，记忆力有所减退，因而采访有一定的难度。由于吴老师不是从事历史专业的，所以在采访过程中，笔者对黄老的情况，收集了一些资

① 庄守经先生的口述史内容，系根据北京大学采访团队的采访资料整理引述，尚未公开发表。

料，在采访过程中进行适时补充。笔者觉得，这样的补充，对于挖掘历史细节、记录历史是有必要的。

通过收集和阅读黄老的相关资料，笔者发现，黄老是一位值得深入发掘的受访人。他是国家图书馆老馆长任继愈先生的同学，这一点倒不是重要的，重要的是他丰富的人生阅历。譬如，他的大舅爹卢木斋[①]，曾经在南开大学建立了木斋图书馆；他的幺舅爹卢慎之，又叫卢弼[②]，在民国时期担任过国务院秘书，与当时许多政客、文人有过密切交往；他的父亲黄立猷，加入过孙中山的同盟会，收藏有大量的金石文献；他的三叔黄钰生，担任过南开大学的秘书长，由于校长张伯苓平时在南京国民党中央政府，由他实际主持南开大学校务，包括抗战时期向南迁移、参与组建西南联大；他的三姑父冯文潜，是周恩来总理在南开中学读书时的同学，诗人冯至先生的叔叔，担任过天津历史博物馆馆长；他上学期间，有一个老师叫杨荫浏，是中国民族音乐学奠基者之一；他上清华大学时，教师中有蒋廷黻、雷海宗、钱穆、陈寅恪诸先生，同学中有何炳棣、钱伟长、韦君宜先生等，都是很有影响力的人物；大学毕业以后，黄老选择去甘肃省夏河县拉卜楞寺，在那里研习藏传佛教文化达八年；中华人民共和国成立以后，他起初在国家民委工作，参加了西藏和平解放的谈判，担任中央统战部部长李维汉的藏语翻译，等等。这些，都是非常珍贵的历史资料。所以，笔者就围绕这些阅历，当然还包括他个人的生活经历，草拟了一份比较详细的采访提纲。不过，由于黄老当时身体状况不是很好，有些问题他未能展开叙述，虽然如此，还是保存了一些比较重要的历史资料。

其次，口述史访谈应突出重点，突出受访人的主要成就。李龙如先生

---

① 卢木斋（1856—1948），湖北沔阳（今仙桃市）人，近代著名教育家、藏书家、刻书家，他将自己兴办实业的全部财产用于发展教育事业，先后捐资兴办了卢氏蒙养院、木斋小学、木斋中学、南开大学图书馆（木斋图书馆）等多个教育场所。

② 卢弼（1876—1967），字慎之，号慎园，湖北沔阳（今仙桃市）人，现代著名藏书家、学者，杨守敬弟子，后留学日本早稻田大学，归国后曾任国务院秘书等要职。

是湖南图书馆研究馆员，曾任阅览部、历史文献部、研究室主任，主要从事古籍管理与书籍保护工作。湖南图书馆工作团队在采访李先生时，笔者觉得团队在这方面做得比较好。李先生在谈及自己的个人经历和图书馆工作时，对他在湖南图书馆的杀虫经历，伪装本图书、纸张、版本鉴定，以及他为毛主席查资料和收集毛主席著作版本等内容，叙述具体，较有新意。又如清华大学关肇邺先生，他是中国工程院院士、著名建筑设计师。关先生之所以入选中国图书馆重要人物项目，主要是因为他设计了地方及高校多家图书馆，如清华大学图书馆、北京大学图书馆等。他的经历和学术成就，在图书馆界可能是绝无仅有的。清华大学图书馆工作团队在采访关先生时，对关先生相关资料的收集工作值得称道，特别是对他的图书馆建筑设计稿的收集。

南京图书馆工作团队对沈燮元、卢子博两位先生的口述史采访，总体完成较好。所谓总体完成较好，指的是从工作卷宗、收集文献、访谈内容、文稿整理到成片剪辑，都做得比较规范、质量较好。沈燮元先生是南京图书馆研究馆员、版本目录学家，除参加《中国古籍善本书目》的编纂工作，并担任子部类主编外，还是《中国古籍提要·丛书卷》《中国古籍海外珍本丛刊》编纂委员会顾问。对沈老相关文献的收集，虽然数量不是很多，但是，其中的书信、手稿、书法作品等比较珍贵。在口述史成片中，总时长达到要求，以受访人沈老为主，适当给采访人一定的镜头，安排比较合理。画面清晰，并不时地插入一些图片、文献资料，既丰富了片子内容，又不至看起来单调，且字幕基本没有错误，不仅文献价值高，而且具有较高的艺术水准。对卢子博先生的口述采访，情况与此类似。

不过，在对中国图书馆界重要人物口述历史项目成果验收中，笔者也发现一些问题，提出来供大家参考。如有的项目工作卷宗做得不好，资料不全。有的项目法律类文件没有做好，保密协议、著作权授权书、文献收集与使用协议等，受访人没有签字。有的项目对受访人相关文献收集不足，如论文、专著、手稿、笔记，或证件、聘书等实物文献，在收集文献品种和数量上力度不够。有的口述文稿整理不够细致，句子不完整、不通顺，错别字多，对一些人名、专业术语没有注释等。有的口述史采访，在拍摄现场的环境布置，以及成片剪辑方面比较草率，画面单调，资料较少，字幕错误，镜头晃动，杂音较多等，在艺术水准方面有待进一步提高。

总之，中国图书馆界重要人物口述历史项目自开展以来，在各合作单位、各级领导和项目执行团队的大力支持下，尽管在实施过程中或多或少遇到了一些困难，因为经验不足与条件所限，有的项目可能进展没有预期那么顺利、取得的成果可能未能完全达到预期目标，可能存在这样或那样需要改进和提高的地方。但是，根据笔者所见到的各个项目最终成果，可以负责地说，我们的努力没有白费，我们做了一件有意义、有价值的事情，如果当初没有启动这个项目，或者遇到一点困难就停滞放弃，那么，我们可能真的会悔之莫及！

一个人的生命，总是有限的。然而，人的生命，还可以这样理解，将其分为自然的生命和文化的生命。自然的生命，对每个人来说，都是一样的；但是，文化的生命，对每个人来说，又是不一样的。有些人的生命，可以说是永恒的，譬如孔子、老子、屈原、司马迁、李白、苏东坡、曹雪芹，等等。有的人，可以说只有自然的生命，而没有文化的生命；不是因为他没有认真地、实实在在地在这个地球上生活过，而是因为他的生命随着自然生命的终结，在地球上没有留下任何的遗迹。怎样才能创造文化的生命？就是要留下能体现自己生命足迹的历史文本，将生命的过程转换成某种文本，让文本在其自然生命结束以后，能够长久保存。

一个人的历史、一个人的记忆，对于一个民族、一个国家来说，也许只是沧海一粟。然而，民族的记忆、国家的记忆，正是要通过无数个人记忆汇聚。图书馆的历史何尝不是如此。采访老一辈图书馆人，是我们图书馆人责无旁贷的历史责任。2014 年 9 月 24 日，习近平总书记在纪念孔子诞生2565周年国际学术研讨会暨国际儒学联合会第五届会员代表大会开幕式上说："不忘历史才能开辟未来，善于继承才能善于创新。"图书馆作为社会公共文化服务机构，有自己的历史，有自己的传统，希望有更多的人参与到中国图书馆界重要人物口述历史项目中来，留住我们的历史，留住我们的记忆！

满门革命　家风犹存

——赵尚志[①]的家人与家风传承

早在1938年，抗日战争初期，毛泽东同志在延安会见美国合众社记者时就说：“有名的义勇军领袖杨靖宇、赵尚志、李红光等，他们都是共产党员，他们的坚决抗日艰苦奋斗的战绩是人所共知的。”赵尚志牺牲以后，当时重庆国民党中央社曾以“一门忠义，气节可风”为题，宣传赵尚志家的抗日事迹。赵尚志一家的抗日事迹在当时已为人所知。1995年，赵尚志的战友、时任黑龙江省省长的陈雷同志曾满怀深情地为《红山文化·赵尚志专刊》亲笔题词：“满门革命，赵家光荣。”2006年，时任中共中央政治局委员、中央军委副主席、国务委员兼国防部长迟浩田同志，也称赞“赵家是伟大的家庭，一门忠烈”。不仅如此，赵尚志的后人，以其外甥李龙等

① 赵尚志，1908年10月26日出生于热河省朝阳县王伦沟乡（现辽宁省朝阳市尚志乡）喇嘛沟村，1925年夏加入中国共产党，同年冬，进入黄埔军校第四期学习。1926年3月，“中山舰事件”后，赵尚志回到东北，从事革命活动，组织和领导学生运动。“九一八事变”后，他迅速投入抗日救亡运动之中，先后担任中共巴彦抗日游击队、珠河反日游击队队长，东北反日游击队哈东支队司令、东北人民革命军第三军军长、东北抗日联军第三军军长、北满抗联总司令、东北抗日联军总司令、东北抗联第二路军副总指挥等。在极其艰苦的历史条件下，他率领数万将士奋战在白山黑水间，威震东北，日本侵略者不得不发出“小小满洲国，大大赵尚志”的无奈哀叹。1942年2月12日，赵尚志在与敌人的战斗中不幸身负重伤，壮烈殉国，年仅34岁。

为代表，仍然在坚守、传承着赵家的良好家风。

赵尚志的父母

赵尚志的父亲赵振铎（1872—1958），字子馥，系清末秀才、爱国志士；母亲张效乾，相夫教子，深明大义。他们共育有子女11人，赵尚志是他们的第三子。

清朝末年，赵振铎追随康有为、梁启超等维新人士，在自己的家乡热河呼吁变法，后来又追随孙中山，在辽西地区搞民主革命，提倡男女平等，在自家带头反对女人裹脚，引领社会新风尚。民国初年，他曾担任朝阳县副议长，是辽西地区民主革命的先锋之一。袁世凯推翻共和、复辟帝制以后，他弃官回乡，创办清乡会，并任会长，得到民众广泛响应，一时出现夜不闭户、路不拾遗之情景，赵子馥也因此威名远扬。

民国时期，赵子馥还带领乡民反对苛捐杂税，遭到官府的镇压和缉捕，家中的房屋被烧毁，不得不带着家人逃跑，最后一家来到哈尔滨谋生。赵尚志就是在哈尔滨许公中学上学时接触到革命思想，加入了中国共产党，后来又赴广州，进入黄埔军校第四期学习。赵尚志的革命行动，得到其父母的大力支持。在赵尚志的影响下，赵家也成为革命的据点。“九一八事变”以后，赵子馥经常以“国之兴亡，匹夫有责”鼓励、支持自己的子女投入抗日救亡运动之中，奔赴前线，报效祖国。

1942年，在赵尚志为国捐躯以后，赵子馥得知儿子的死讯后，没有落泪，而是平静地对家人说：“我死后，在我坟前戳个板儿，上面写上‘赵尚志之父’五个字足矣。”气节可风！

二哥赵尚朴

就在赵尚志在白山黑水的东北地区与日寇英勇作战之时，他的二哥赵尚朴则在晋绥抗日根据地与敌人进行英勇顽强的斗争。赵尚朴（1906—1989），年轻时在哈尔滨当过车夫、杂役，后入中东铁路传习所学习，积极参加反帝爱国活动，毕业后在哈尔滨机务段工作。1932 年 3 月，他加入中国共产党，并担任团市委组织部长。“卢沟桥事变”后，他服从组织派遣，参加马占山领导的东北抗日挺进军，在绥远前线与日军进行战斗。1938 年，赵尚朴赴延安，后到晋绥抗日根据地工作，历任晋西总工会组织部副部长、太原市工委委员兼北区工委书记等职。抗战胜利以后，赵尚朴回到哈尔滨市工作，历任中共太平区委书记、哈尔滨电车厂政委兼厂长等职。中华人民共和国成立后，他曾任中共哈尔滨市委组织部副部长、市纪委书记、市中级人民法院院长、市七届人大常委会副主任等职。

赵尚朴不仅在战争年代与赵尚志一样，参加了艰苦卓绝的抗日战争，积极投身革命运动，而且对宣传赵尚志的革命精神以及赵尚志的平反，都有过重要贡献。抗日战争胜利后，赵尚朴在回到东北工作后，他还特意去寻找赵尚志遇难的地方（梧桐河金矿，后来确认为李家菜园子），在当地用白桦树削了个尖，定了个杆子，写下了“赵尚志遇难地”这几个字，作为标记。据李龙先生回忆，赵尚朴还带他去许公中学，赵尚志曾在那里读过书、参加革命，又在那里被关押过。李龙先生后来致力于东北抗联历史的研究，也与赵尚朴有很大关系。李龙从大学毕业以后，分配到齐齐哈尔的中学当老师。他想了解三舅赵尚志的革命事迹，就去找二舅赵尚朴。正是二舅赵尚朴的教诲，使他确立了研究赵尚志与东北抗联历史的目标、方法与立场。

四妹赵尚英

赵尚英（1910—1980）是赵尚志的四妹。在赵尚英上面，还有尚贞、尚贤、尚清三个姐姐。赵尚英高小毕业以后，父亲让她考医校，毕业后在哈尔滨市立医院当护士。1930 年，她考入上海艺术大学戏剧系学习。学习期间，她与丈夫冷波（原名李树柏）等人顶住压力，在校内办起了针砭时弊的壁报。1931—1937 年，在其兄赵尚志的影响下，她毅然投身于抗日救亡运动之中，参加了“左联”，在上海、北京、天津、南京、杭州等地从事进步电影与戏剧活动，曾与著名导演袁牧之、陈波儿等合拍了进步电影《桃李劫》等。

抗日战争全面爆发以后，她与丈夫冷波一起参加了抗日救亡演出队，到镇江、南京、徐州、济南等地进行抗日演出，演出了《放下你的鞭子》《祖国的吼声》等剧目。后来，他们参加了赵寿山领导的抗日部队。1939 年，赵寿山的部队与日军进行“中条山大战”（日本人称“中原大战”），这是抗日战争进入相持阶段后，国民党军队在山西与日军展开的唯一一场大规模作战，给日本侵略者以沉重的打击。赵尚英与丈夫冷波组织了“血花剧团”，在前线为抗日将士演出，冷波是团长，赵尚英为剧务主任。他们还带着由一群战地孤儿组织的“儿童剧团”，在战地服务演出。其中，冷波根据战地采访、编剧并在战地演出的四幕剧《死守中条山》，至今仍被誉为抗战时期的经典剧目。

赵尚英与冷波在抗战胜利以后，于 1947 年从西安回到东北。原来准备回哈尔滨，到沈阳以后，由于当时正进行辽沈战役，围困长春，铁路不通，他们就留在沈阳，参加中国共产党领导的文艺团体。东北解放后，他们又参加了接收工作。他们还毅然放弃了去台湾的机会，先后在东北文教队、东北人民艺术剧院、辽宁人民艺术剧院从事文艺工作，冷波是辽宁人民艺术剧院的实际负责人，赵尚英是演员队副队长。1953 年，赵尚英参加了抗美援朝第三届赴朝慰问团，到朝鲜前线进行慰问演出，见到了金日成。她演出的《春风吹到诺敏河》获 1953 年东北地区文艺会演优秀表演奖，并拍成电影《前进、前进、再前进》，获 1956 年文化部举办的第一届全国话剧观摩演出大会二等奖。赵尚英曾当选为辽宁省政协委员，冷波当选为两届沈阳市人大代表。“文化大革命”期间，赵尚英与冷波均受到迫害，十一届三中全会以后，党组织为他们平反昭雪，恢复名誉。

四弟赵尚武

赵尚志的四弟赵尚武，1920 年 1 月出生于哈尔滨。他也是赵尚志最小的弟弟，性格直爽，富有正义感、社会责任感与强烈的爱国之心。“卢沟桥事变”爆发时，赵尚武当时在北平（北京）嵩云中学（现五十一中前身）读书。一次，他从学校参加了一个集会回到家里，书包还没放下，就抑制不住心中的悲愤，高声唱起了《义勇军进行曲》，唱到动情处，还失声痛哭。他向父母表示，国难当头，想要从军，奔赴前线，参加战斗。当时，他是父母身边唯一的儿子。父母已经年迈，但是，他们深明大义，还是答应了儿子的请求，支持他去参军。这样，赵尚武在天津含泪与父母告别，毅然前往抗日前线。

离开天津，赵尚武来到山西太原，见到了八路军总参谋处处长兼驻晋办事处主任彭雪枫。经彭雪枫介绍，他参加了丁玲领导的西北战地服务团。当时，这个服务团从延安过来，在这里宣传抗日救国。这样，年仅 17 岁的赵尚武便成为西北战地服务团的一员，成为一名八路军战士，走上了革命道路。西北战地服务团是经党中央批准成立的，归八路军总部领导，主要在太行山一带活动。聪明好学的赵尚武，很快在服务团展露出其过人的艺术才华。1938 年春节联欢活动中，当朱德总司令得知他是抗联将领赵尚志的亲弟弟时，握住赵尚武的手，亲切地鼓励他：“好哇，将来打回老家去喽!”

1938 年 3 月，西北战地服务团奉命来到西安，开展以统一战线为主旨的抗日救国宣传工作。在这里，他遇见了已分别 9 年的姐姐赵尚英。在西安时，赵尚武与战友们一起，演出了抗日题材的话剧《突击》与京剧《白山黑水》等，在社会上引起很大的反响，一大批爱国青年毅然奔向延安，参加了革命。1938 年 6 月，在延安召开的纪念建党 17 周年晚会上，赵尚武和战友们还向党中央、毛主席做了汇报演出，不久便光荣地加入了中国共产党。1938 年 10 月，西北战地服务团开赴晋察冀抗日根据地进行演出。在西北战地服务团，赵尚武多才多艺，不仅参加演出，还创作词曲，撰写了《识简谱理论初步》等文章。为了宣传抗日，他不知疲倦地工作，奔走在抗日前线。

1942 年 12 月 2 日，在西北战地服务团转移至河北省阜平县胭脂河畔坡山村时，赵尚武为救护战友的孩子，被追击的日寇击中头部，壮烈牺牲，年仅 22 岁，就为抗日救国献出了年轻的生命。

七妹赵尚文

赵尚文是赵尚志最小的妹妹，1921 年出生于哈尔滨，并在那里上学读书。赵尚志在哈尔滨从事革命活动时，赵家经常成为秘密联络地点。每当赵尚志在家中有重要活动时，赵尚文就在外面站岗放哨。有时候，为了掩护，赵尚志还带着小妹尚文到一些地方从事革命活动。1935 年，为躲避日寇迫害，赵尚文随父母来到北平，在教会办的从慈小学读书。抗日战争全面爆发以后，赵尚文随家人辗转到天津，在英租界山东公学读书。不久，她随家人来到香港、贵阳、重庆等地。在重庆期间，她就读于中华职业商社。1939 年，她来到西安，与姐姐赵尚英一家在一起。1943 年，经人介绍，赵尚文带着两个孩子来到陕西宝鸡，在十里堡小学教书。抗战胜利后，考虑到父母年纪已大，她辞去工作，经苏州、沈阳等地，最后回到哈尔滨。

中华人民共和国成立以后，赵尚文先在哈尔滨铁路一小任教员，1951 年转至哈尔滨铁路二小，直到 1978 年退休。在教育岗位上，她坚持工作 30 余年，兢兢业业，做过辅导员、工会干部，因工作出色，连年受到表彰，曾荣获哈尔滨市道里区优秀教师、铁路局优秀辅导员等荣誉称号。

赵尚文在家中的一个重要角色，是她长期参加有关赵尚志的各种社会活动，被公认为赵尚志亲属的“权威”代表，直至 2014 年 7 月 21 日因病去世。赵尚文是赵尚志颅骨发现和鉴定的重要人物，积极促成赵尚志忠骨回归故里，参加了赵尚志烈士颅骨的安葬仪式。在这些活动中，她曾会见赵尚志的战友、中央纪委的领导韩光同志，赵尚志黄埔军校同学、中央顾问委员会委员李运昌同志，受到时任中央军委副主席迟浩田等军委领导的接见，大家把她誉为“社会活动家”。赵尚文还为家乡建设做了不少工作，参加了尚志希望小学的奠基和落成典礼等。

外甥李龙

尽管赵尚志没有自己的亲生儿女，但是，他的后代都能秉承家风，奋发有为。在赵尚志的后代中，笔者因工作关系，与赵尚志的外甥李龙先生接触较多。他是赵尚英与冷波的次子，1965 年毕业于辽宁大学历史系，并自愿支援边疆，到黑龙江省齐齐哈尔市工作，先后担任中学历史教员、文物管理站业务人员、市委党校教员（省委党校兼职教员）和市委党史研究室研究员，直到退休；现为齐齐哈尔市政协文史馆馆员、朝阳市史志办特约研究员、齐齐哈尔市社会科学院终身研究员。李龙先生长期从事赵尚志与东北抗联历史资料的收集、整理与研究工作，取得了许多重要的学术成果，发表了《赵尚志年谱》《赵尚志在中国抗日战争中的历史地位》等数十篇论文，出版了《传奇英雄赵尚志将军》与《永远的怀念》等专著，主编了赵尚志将军忠骨回归 10 周年纪念文集《觅忠魂》与《赵尚志百年》图片集等。

作为历史学家、东北抗联历史的研究者，李龙先生从 20 世纪 80 年代初开始，就以陪同二舅赵尚朴进京、参加为赵尚志烈士冤案平反活动为契机，先后拜访了韩光、李延禄、薛雯、杨光华、朱新阳、于保合、徐文彬、陈雷、李在德、李敏、王明贵等赵尚志的生前战友，积极参加纪念东北抗联的各项活动，并向国家图书馆、黑龙江省图书馆、黑龙江省档案馆、齐齐哈尔博物馆、朝阳市赵尚志将军故居等场馆，多次捐赠自己珍藏的赵尚志专题资料和文物。时至今日，他虽年近八旬，依然为了宣扬东北抗联精神而不辞辛苦，努力工作。2016 年 9 月，李龙先生来北京参加由国家图书馆举办的纪念“九一八事变”85 周年活动，他还随身带来了自己撰写、印制的《尚志家训》一套小卡片，其中写道：

爱国：是根本，是真心，就在我们身边；爱家，爱家乡，爱亲人，爱人民。

气节：是精气神，挺直脊梁，有骨气、不怕死、不怕任何艰难险阻，也包括不怕打击、迫害和委屈，以大局为重。

团结：团结才有力量。团结要从身边做起，团结一切应该和可以团结的人们，建成“最广泛的统一战线”。

奋斗：是行动，是目标。无论大小和巨细，做好每一项事业，做好每一件事情。

奉献：是胸怀，是境界。有大爱，助人为乐和能“舍得”。外敌入侵时，能够不怕牺牲，勇赴国难。

写到这里，笔者忽然想到了中国传统文化中的家风问题，想到了西晋文学家潘岳写的“家风诗”。诗中写道：

缩发缩发，发亦鬒止。
日祇日祇，敬亦慎止。
靡专靡有，受之父母。
鸣鹤匪和，析薪弗荷。
隐忧孔疚，我堂靡构。
义方既训，家道颖颖。
岂敢荒宁，一日三省。

在这首诗中，潘岳没有具体描述自己的家世，而是通过歌颂祖德、赞扬自己的家族传统以自我勉励。在中国历史上，无论是贵族地主，还是平民百姓，往往都十分重视家风建设。通过父母或祖辈的身体力行、言传身教，约束和规范家庭成员言行，形成良好风尚。良好的家风，是中华优秀传统文化的重要组成部分，是一个家庭长期培育形成的一种文化和道德氛围，是一种强大的道德力量，也是家庭伦理与家庭美德的集中体现。

党的十八大以来，以习近平同志为核心的党中央高瞻远瞩，十分重视弘扬中华优秀传统文化，十分重视家风建设。2015 年 2 月 17 日，习近平总书记在 2015 年春节团拜会上指出："家庭是社会的基本细胞，是人生的第一所学校。不论时代发生多大变化，不论生活格局发生多大变化，我们都要重视家庭建设，注重家庭、注重家教、注重家风。"2016 年 1 月 12 日，在十八届中央纪委六次全会上，习近平总书记又语重心长地说，家里那点事"要留留神，防微杜渐，不要护犊子"。否则，"触犯了党纪国法都要处理，而且要从严处理"。他强调："每一位领导干部都要把家风建设摆在重要位置，廉洁修身、廉洁齐家，在管好自己的同时，严格要求配偶、子女和身边工作人员。"

民族英雄赵尚志的家人、后代继承和发扬他们的良好家风，这种做法是值得我们大力提倡和认真学习的。

留住正在消逝的东巴文化[①]

羊年的春节就要到了。石宝寿东巴又开始忙碌了。与一般的纳西族人不同，他不仅要为自己家里过年而忙碌，还要为村里族人主持各种祭祀仪式。

按照纳西族人的习俗，他们在过年的时候，要举行祭祖、烧天香、祭水龙王等仪式。祭祖这一习俗，许多民族都有。以前，纳西族人进行祭祖仪式，通常是把每家要杀的祭祖猪都拉到各姓最早分出的那家老祖房里，由家族东巴统一念经除秽后一起杀猪；然后，按照各家分出祖房的顺序，将猪一一祭供在祭祖坛上进行生祭，东巴念经，接着再进行熟祭；最后，家族全部成员在老祖房里吃一顿团圆饭，再各自回家。这种祭祖仪式，在"文化大革命"时期消失了，一直没有恢复。现在纳西族人祭祖，各家各户只是在准备杀猪时互相帮一下，然后各自在家里进行除秽仪式和祭献仪式。

烧天香其实也不是纳西族仅有的习俗，如在汉族聚居的江浙地区至今

① 2015 年新春来临之际，国家图书馆中国记忆项目中心田苗、满鹏辉随同清华大学中文系赵丽明教授一行，来到云南省丽江市宁蒗县拉伯乡加泽村委会树枝村、油米村，以及四川省凉山彝族自治州木里藏族自治县争五村进行纳西族东巴文化考察，向树枝村石宝寿、油米村杨扎实、争五村克若里和生根等东巴了解纳西族新年传统习俗与东巴文化传承情况，对树枝村、油米村纳西族新年传统习俗进行记录，并采集了石宝寿、杨扎实等东巴的口述资料。此次东巴文化考察之行，给我们留下了难忘的印象。本文由全根先、满鹏辉整理。

仍保留着这一习俗。纳西族人自古以来就有祭天的传统习俗。祭天在纳西语中称为“美本”，“美”是“天”的意思，“本”就是“祭”。祭天是纳西族人最重大的节日之一，也是东巴文化中最重要的仪式之一。一年中，纳西族人要进行两次祭天仪式，一次是在农历新年时，称为大祭天；一次是在农历七月，称为小祭天。祭天在纳西族人心中具有神圣的地位。纳西族人自称“纳西美本若”，意为“纳西是祭天的人”，可见祭天在纳西族东巴文化中的重要地位。根据东巴经《创世纪》记载，祭天的习俗可以追溯至纳西族人始祖崇仁利恩。正是按照天神的神谕，崇仁利恩夫妇生下三子，分别成为纳西族、白族、藏族的祖先，纳西族人祭天习俗也延续至今。

祭天不是东巴个人的事情，所有的村民，无论男女老幼，都要去祭祀现场。在祭天过程中，东巴是整个仪式的主要人物。他要吟诵很多东巴经文，其中最重要的，是吟诵描述万物起源和崇仁利恩功绩的《创世纪》。东巴作为东巴教的祭司，也是东巴文化的主要传承人。东巴，古称“本补”或“本”，民间称为“东巴”，意即“智者”“上师”“大师”。东巴教是纳西族人的宗教，是纳西族人在本民族原始信仰基础上，吸收藏族本教、藏传佛教元素而形成的独具特色的民族宗教形态。东巴教认为，宇宙空间分为上中下三界，上界为神祖境，下界为鬼域，中央归自然界主宰“史”管辖，山川森林大地、一切野生动物均为其所有。人作为过客居于中央界，通过媒介人物东巴，与上中下三界进行交流。三界间没有轮回，人的归宿或者上回到上界祖宗地，或者不幸滞于中下界，成为游魂饿鬼。而回归的唯一途径，则在于是否有后人为其请东巴主持法事。

一、石宝寿东巴的东巴文化记忆

石宝寿东巴能主持各种祭礼仪式，能做各种法事。他的普通话说得并不流畅，在他磕磕巴巴的叙述中，我们一行人能感受到他脑海中对东巴文化最诚挚的热爱和最深刻的记忆。石宝寿东巴说：

> 我出生于1972年，因小时候拜寄给杨家，又名杨宝雄，平时大家都叫我宝雄。我从9岁起随父亲石波布学东巴，已有30多年。多少年来，东巴都是男子担任，其传承主要是家庭或亲族世袭制，父传子，子传孙，无子则传于侄，只有少数东巴是无东巴家世而投师学艺的。我家也是世代做东巴，传到我这里已经是第六代了。我的父亲生于1932年，2009年5月去世，活了77岁。我父亲生前把烂掉的缺的经书都补全了，但留下一个愿望，想在家里建一个经堂，由于家里困难，一直到去世也没有建成。近几年，我在家里建了一所三间的半平顶楼房，在上层建了一个经堂，算是完成了我父亲的遗愿。经堂里还供奉着我父亲石波布东巴的遗像、老东巴经书和东巴法器等。
>
> 我至今还记得第一次学做东巴仪式时的情景。由我父亲带着，哪里做得不对，父亲就在旁边指导一下。我第一次独立做法事，是19岁那年，是从祭风仪式开始的。在我27岁的时候，我到三江口附近的库土村，主持做了一个送葬仪式。这在东巴教里面是很隆重、很大的法事，一般东巴是做不了的。村里有人去世了，要请东巴吟诵超度经，使往生者消除生时的罪孽，顺着祖先来时的路回去。1983年，我跟父亲到东巴教的圣地白水台阿明洞，去找一位姓何的东巴加“威灵”，就是得到一种神秘的超自然的力量。只有东巴才能拥有这种超自然的力量。我到现在已经掌握全套的东巴教仪式，包括开丧超度、祭祖、祭战神、压凶鬼、祭水龙王等。

纳西族是个历史悠久的民族，一般认为它是古代羌人向南迁徙的一个支系，也有学者认为是南迁的古羌人与当地土著融合而成的。其先民在古代史籍中称“摩沙夷”“磨些”，意为“牧牛人”。他们世代生活于川滇藏三省毗邻地区的澜沧江、金沙江及其支流无量河、雅砻江流域，即云南丽江、宁蒗、永胜、香格里拉、维西、德钦、鹤庆、剑川、兰坪、贡山，四川盐边、盐源、木里、巴塘、攀枝花，以及西藏盐井、芒康、察隅等县市，目前大约有30万人，又区分为纳喜、纳日、纳恒、拉热、拉洛、汝卡（又写作“若喀”“阮可”）、玛丽玛莎等支系。

树枝村在行政上归宁蒗县拉伯乡加泽村。加泽村地处宁蒗县最北端的江边干热河谷地带，东邻永宁乡，南邻乡政府，西邻四川俄亚乡，北邻四川依吉乡，共有15个自然村。树枝村的地理位置靠近冲天河（即无量河），共有3个聚居点，40来户人家，全都姓石。他们的语言文字、音乐舞蹈、民俗习惯都与其他纳西族分支有所不同。

树枝村目前共有7位东巴，最大的已50多岁，最小的才17岁，叫石新龙。其中，石林和杜基次里都是石宝寿东巴的徒弟。石宝寿东巴因掌握了加泽村存活的全套东巴教仪式，2012年6月被丽江市有关部门评定为东巴师。他还应丽江市东巴文化研究院等单位之请，在家里举行东巴教仪式，让他们拍摄录像作为资料，并与东巴文化研究院签订了抄写50多本禳垛鬼大仪式全套经书协议。石宝寿东巴向我们介绍：

> 我家里现有13捆东巴经书，大概300多本，包括：《祭天经》《祭水龙经》《神路图》《小祭风》《大祭风》《送葬经》《祭祖经》《压凶鬼》《平安经》，还有一些是算日子占卜类经书。其中许多是我祖父、父亲传下来的老经书，也有我自己抄写的。很多东巴经书在“文革”时被损坏了，我的父亲将一部分经书藏在山洞里，躲过一劫，又从各地把保存下来的经书借出来抄写，这样基本上把所有的东巴经书都复原了。现在我是树枝村经书最多、最完整的东巴。
>
> 《神路图》意为东巴为死者评断，把他们从地狱的煎熬中解脱超度出来，指点亡灵按照祖先来时的路返回“祖先之地”，或将其送至天堂。我家里有两卷《神路图》，一卷是给普通人去世时用的，大概十来米；另外一卷是丁巴什罗不在的时候用的，中间有一只孔雀，不到十米，是把丁巴什罗送到最高的地方，也就是天堂。丁巴什罗是纳

西族人的祖先。据经文记载，丁巴什罗是非常有智慧的一个人，曾经为铲除为祸人间的女魔鬼而施展“美男计”。我天天做仪式，请神灵降临，过年时到经堂里点灯供神，持续3天。大祭风就是烧天香，也就是祭天，一般一年做一次，在农历一月新年刚过时举行，祭品是一只羊、一只鸡。举行祭天仪式时，只有我这一支族人参加，人数一般是7个或者9个，多了不行。

我们还记录了石宝寿东巴主持的祭水龙王的仪式。纳西族自古以来就有水崇拜的习俗，东巴经中有专门讲水的《迎净水经》，反映纳西族先民对水的渴望、敬重、寻找乃至发现。祭龙王分为大祭和小祭，凡遇到天灾人祸、旱涝灾害时，就举行大祭，小祭也有固定的日子。农历三月十五日的龙王庙会，是纳西族祭祀龙王的传统节日。龙王被视为司水的神灵，掌管降水，有了龙王的保佑，地上才能风调雨顺，万物欣欣向荣。纳西族农历正月初一还有“买水”的习俗。约四更，家里男人先起床烧火，然后点香“买水”，把香插在河边，顺流舀水，并吟诵“清吉平安、风调雨顺”的吉祥语。初十大祭的时候，祭司要拿一碗净水和蒿枝，边念吉祥语，边用蒿枝沾净水，洒向四方，洒在猪、鸡身上，然后再用净水，洗猪、鸡的嘴和脚，最后才开始杀猪、鸡祭神。今天在纳西族传统民居的屋顶上，还保留着用木头雕刻而成的“悬鱼”。鱼除表示“年年有余”外，在纳西族的观念中，有鱼的地方就会有水，有了水家族就会兴旺。因此，屋顶的“悬鱼”，也是纳西族人水崇拜习俗的具体表现。

二、杨扎实东巴的东巴文化记忆

油米村的杨扎实东巴生于1952年，现年已60多岁。油米村也是加泽村的一个自然村，离冲天河直线距离约一公里，有3个聚居点，两户汉族人，70户纳西族人。在我们采访的东巴中，杨扎实东巴是文化程度比较高的了。杨扎实东巴说：

> 我七八岁的时候，就跟爷爷杨高土若学过一点东巴知识，9岁上小学，一直上到四年级。辍学两年后，又上了两年农中。后来我参加大队的文艺宣传队，到各村寨去演出，包括四川依吉乡的很多村寨。宣传队解散后，我回家务农，学做东巴，娶妻生子。我还当过十多年护林员，经常在山上巡逻，调解滇川边界的山林纠纷，还发动当地群众种树，一直到前两年才歇下来。
>
> 根据家谱记载，油米村的杨家人是从印度迁徙过来的，经尼泊尔跨国境，到达西藏、云南。在云南境内的迁徙路线，是经中甸到维西、洛固，一代一代地迁徙，最后来到现在居住的村子，算起来已经有62代了。这种说法与其他纳西族人来源的说法有明显不同。油米村现在有3个姓氏：杨姓、石姓和阿姓。经书里说，这3个姓氏是从不同地方迁徙来的，杨家居住在油米村已经有10代了。杨家世代都是做东巴，从来没有间断过。我主要有4位师傅：爷爷杨高土若、外公石布塔、舅舅石英志和伯父杨英塔。我跟爷爷杨高土若学习东巴文，《过年烧天香》这本经书，就是我爷爷教的。民国时期，我爷爷是周边出了名的东巴，他和洛克还有过一段交往。洛克对我爷爷的学识很敬佩，回美国前还专程托人捎给他100块大洋。

洛克（Joseph Charles Francis Rock）是美籍奥地利人，被称为西方研究东巴文化的鼻祖。对于他爷爷的这段历史，杨扎实东巴感到很自豪，上一代东巴里，他的爷爷杨高土若是最厉害的。

杨扎实东巴的另外一位师傅，是他的外公，名叫石布塔。石布塔东巴29岁的时候就打了6只熊，当时有藏族人到油米村附近抢东西，他为了保护族人，又杀了两个藏族人，后来有点疯疯癫癫的。家里人很着急，就去问喇嘛，说是因为杀生太多，石布塔从30岁开始就不打猎了。杨扎实东巴的舅舅石英志，也教过他学东巴。石英志一辈子从事东巴事业，手艺很好，写经书、画画都行。他的伯父杨英塔在“文革”时受到了迫害。他那时是油米村的生产队长，“文化大革命”一来，打倒当权派，他就被打倒了。“文革”以后，他为恢复东巴文化做了大量工作，费了好大的力气从各方面找来老的经书重新誊写，现在杨家的经书基本补全了。杨扎实东巴的伯父对他说：“我们杨家从来没有间断做东巴，你们也不可以。”他希望杨扎实能把东巴文化继续传承下去。此外，杨扎实东巴还跟四川俄亚乡争五村的达加老人、云南三坝白水台的舒云贾老人学过东巴，是正式拜过师的。

东巴在做法事时，都要吟诵东巴经。东巴经用东巴文书写，这是目前世界上仅存的仍在使用的象形文字，产生于公元7世纪。用东巴文书写的东巴经，不仅是纳西族先民古代社会生活的百科全书，也是研究纳西族社会发展历史的珍贵资料。目前国内收藏的东巴经约有9000册，国外所藏有1.1万册左右。杨扎实东巴说：

> 根据经文记载，东巴文字是由丁巴什罗创造的，他是东巴教的创始人。传说中，丁巴什罗在创造文字时，看见山川大地、珍禽野兽都画下来，碰到一些比较抽象的文字，例如一个动作或者一个形容词，就取它的音，最后日积月累形成了一整套文字系统。这与汉族仓颉造字的传说有些相似。但是，我认为，根据历史发展规律，东巴文字肯定不是丁巴什罗一个人创造的，应是经过很多代人完善，逐步发展为现在的文字的。东巴文字中的山、水、田、土、日、月、水等，就与甲骨文、篆书十分相似。东巴画是东巴文字形成前的一种符号，更接近于图画。比如“马”字，用东巴画表示就是一匹马的图画，有四只脚、两只眼睛和两只耳朵，后来演变成文字的时候，只用一个马头表示，“牛”字也是这样。东巴文的书写是很重要的，如果将“马”字的耳朵书写成“牛”字的角，文字就难以分辨了。同时，东巴文中也存在多音字。同样的一个字，上下文的意思不同，发音和意义也都不

同，有时是差之毫厘、失之千里。现在一共有多少个东巴文字，我还不是很清楚，但我一直想把东巴文字的字数统计一下，写成一本书，包括到底有多少个同音字。

杨扎实东巴家里有一本关于烧天香的经书，经文中记载的神灵比其他地方的经书记载多五代。其他地方的经书，记载最早的就是天、地的形成，杨家的经书记载在天和地之前还有五代神灵。杨扎实东巴还说：

在“文革”时期，村里女人头发不能留长了，也不让穿传统服装，别说做什么东巴活动了。加泽村一带的东巴被送到现在乡政府的地方劳动改造，一起去的还有当地的喇嘛。东巴经记载，丁巴什罗也打猎、娶妻生子，平时在家耕作、打猎、做工匠。这样传承下来，东巴平时什么都做，对于劳改是不怎么怕的。喇嘛就不一样了，受了很多罪。这些东巴白天挨批斗，晚上遇到有自己亲人偷偷来请他们的，还是会去帮忙，只是害怕动静太大，不敢使用法器了。最可惜的就是经书。有一次来了两个人，挎着枪，一个是永宁乡的摩梭人，一个是永胜县的汉族人。其中一个天天枪毙人，后来遭报应，眼睛就瞎了。他们两个硬是逼着大家把经书交出去烧了，不交会没命的。但是，还是有些经书被保护了下来，当时四川俄亚的卡瓦村有个疯子，他家的侄子是红卫兵队长，他把所有的经书藏在经堂里面，拿两把刀不分昼夜地守在门口，连红卫兵都闯不进去，最后经书就保存下来了。在俄亚有个争五村，也有个疯子把经书藏起来，疯疯癫癫，就把经书保护了下来。油米村现在的经书，都是从这两个地方借出来誊写补齐的。

东巴文化中也有五行八卦等关于占卜的学问，他对自己的文化也有很深的思考，并不是一味地盲目接受。

现在东巴文化中，12 个地支是全的，但是少了一个天干，只有 9 个，对于这个问题，我认为可能是祖先的失误，在学习汉文化时弄丢了一个天干。

纳西族的历法是根据太阳移动位置确定的。太阳移动到最终点，往回转的时候，纳西族人的新年就到了，这都是仅凭眼睛观察，纳西族人把回转的那个地方叫作“太阳窝子”，意为“太阳的家”。纳西族老人说，太阳在窝子里待的时间长短，预示着天下兴衰。纳西族人的一个月是30天，没有大小月之分，也没有闰月，一年12个月。这个历法的计算方式在东巴经里是有详细记载的。

杨扎实东巴说。

杨扎实东巴也收过几个徒弟，有同村的阿公塔、杨玛佐和拉伯的和玉志。他对徒弟的品性要求比较严，要求学东巴的人内心安静，没有恶习。起初，阿公塔因喜欢打牌赌博，遭到过他的拒绝。他熟悉东巴教的各种仪式，可是评东巴师那年，因膝盖骨质增生，行走不便，没有去丽江参加东巴等级考试。

如今，在纳西族人生活的广大地区，东巴文化的世代传承，主要就是靠像石宝寿、杨扎实这样的东巴在默默坚守。在全球化浪潮席卷世界各个角落的时代，在科技发展日新月异的时代，东巴文化传承也面临日益严峻的考验。根据东巴文化传统，东巴们平时不脱离生产，是不脱产的农牧民，只是在被邀请时才去做法事，略得实物或现金报酬，家庭收入主要是靠生产劳动。其中，学识渊博、精通众艺的东巴被称为“大东巴”，少数出类拔萃者还被尊为“东巴王”。石宝寿东巴有一定的经济头脑。几年前，他在离村不远处拉了一根钢索溜索，既方便了冲天河两岸村民的往来，又增加了自己的收入。他还借助自家位于村头的优势，在房屋后面修建了两个鱼塘，把山上流下来的溪水引进鱼塘。

东巴的作用也不只是在举行仪式时才得以发挥。村民身体有病痛，哪里不舒服了，都会请东巴医治。东巴认为，人的一切疾病都是从心产生的。东巴治病主要是解决病人的心理问题，帮助他们调整心态，这样有利于身体康复。村里人都非常尊重东巴，村里的大小事务许多都是东巴说了算。通往树枝村要修一条路，村民开始时不同意，村长出面也协调不了。后来石宝寿东巴去协调，说这条路是大家的命，以前运东西是靠人背、马驼，大家生活都很艰苦，妨碍了树枝村的发展，所以必须修这条路。最后大家都同意了。村外的河里有金子，外面有老板来村里边给钱，想在树枝村这个地方开采江里的金子。结果石宝寿东巴一分钱也不要，任谁怎么说就是不行，坚决不同意，在村里他说了算。他有自己的道理，汝西人世世代代就住在这个地方，不让开采就是不让。

石宝寿东巴现在有一个计划，就是想建一个东巴学校，要把东巴经书印刷出来，让每家都有东巴经书，让东巴文化能够传承下去。这事得到了丽江市泸沽湖摩梭文化研究会会长曹建平女士等人的支持，他们觉得石宝寿东巴是个做实事的人。树枝村的东巴文化能够一直传承下来，石宝寿东巴的功劳很大。

杨扎实东巴对于东巴文化遭受的歪曲和误解也感到非常忧虑，目前还有很多人认为东巴文化是一种迷信。对此，杨扎实东巴很是感慨。他说：

> 这很大程度上是由丽江市面上充斥着与东巴文化有关的商品导致的。其实这些东西都不是真的，反而把东巴文化的本来面目歪曲了，影响整个纳西族东巴文化的形象。歪曲东巴文化，让我们感到难受是小事，但是影响整个东巴文化的形象和传承，我怎么也接受不了。东巴经里记载的，是纳西族的历史，是整个民族的根，我们舍不得丢，也不能丢。纳西族人平时都要把经书放在高一点的地方，比较干净，不干净的地方都不敢放，以示敬畏。现在村子里年轻人出去打工的多，一心只想赚钱，愿意学习自己传统文化的很少了。以前村里人是不吃马肉、蛇肉，还有青蛙肉的，现在很多年轻人也不在乎了，缺乏敬畏。以前《消灾经》是要做足两天两夜的，现在像这样大的仪式不做了，只做一些简单的，一天能做完的仪式。这样，东巴的传统仪式也在慢慢地发生变化。

用生命谱写抗联赞歌

——纪念东北抗联老战士、黑龙江省政协原副主席李敏同志

2018 年 7 月 21 日凌晨 3 时 39 分，黑龙江省政协原副主席李敏同志因心脏病突发，抢救无效，在哈尔滨逝世。

据李敏同志的家属说，在她离世前的几个小时，她仍在病床上轻声吟唱东北抗联的革命歌曲，不愧是抗联战士的杰出代表，抗联精神的歌唱者、传承者！

李敏同志在国家典籍博物馆参观

李敏是当年东北抗联队伍中年龄最小的一个“娃娃兵”，她的故事值得我们永远铭记。

在八一建军节到来之际，我们借此文向全体为国家奉献的战士们致敬！

李敏，原名李小凤、李明顺，朝鲜族，1924 年 11 月生于黑龙江汤原县梧桐河

村。1932年参加反日宣传，1936年加入东北抗日联军，在第六师第四军被服厂做军服。1937年加入中国共产主义青年团，1939年转为中共党员，在六军任护理员、政治委员。1940年随部队赴苏联，在东北抗联教导旅（八十八旅）担任广播员、报务员，1945年9月回国。

抗日战争时期，她跟随李兆麟、冯仲云等革命前辈，在极其艰苦的环境中，同日本侵略者进行了艰苦卓绝的英勇斗争。

解放战争与中华人民共和国成立初期，她服从组织安排，在黑龙江省开展建党、建政、人民武装与妇女工作，历任绥化工委委员、黑龙江省军区警卫连副指导员、北安县团委副书记，黑龙江省文教办副主任、副处长。

1958年，李敏改任哈尔滨第一工具厂党委书记，是当时全国机械行业大企业领导中唯一的朝鲜族女同志，并做出了出色的成绩，使该企业在全国同行业评比中名列第一。“文革”时期，她虽身受迫害，却始终坚持真理，坚定信念，刚正不屈。

1982年，她被任命为黑龙江省民委主任、党组书记；1983年，被选为黑龙江省政协副主席兼统战部副部长；1988年，当选为黑龙江省第六届政协副主席；1993年离休，此后一直不辞辛劳，奔赴全国各地，致力于东北抗联精神宣传。

我对李敏同志的真正了解，是2014年3月调到国家图书馆中国记忆项目中心以后。中国记忆项目中心所开展的第一个资源建设专题，就是东北抗联。当时，我们对于在世的东北抗联老战士以及他们后代的采访已基本结束，正在整理采访记录。我在审阅《我的抗联岁月——东北抗日联军战士口述史》一书过程中，就为李敏同志饱满的热情、清晰的记忆而深深触动。

我与李敏同志的正式见面，则是在两年以后的一次活动中。2016年9月18日，为纪念“九一八事变”85周年，我们特地邀请时年93岁的李敏同志来北京参加活动。这天上午，正好安排我和其他几位同事带着这些东北抗联老战士及其家属去国家典籍博物馆参观“红色记忆——纪念中国共产党成立95周年馆藏文献展”，我一路上搀扶着李敏同志，她一路上不停地跟我讲当年抗联的一些故事。我印象特别深刻的有两点：一是考虑到她已93岁高龄，我建议她坐电梯，由一楼到二楼展厅，她谢绝了，坚持要自己步行上去；二是在整个参观一个多小时的过程中，她一直边看边讲，时不时地给我们唱东北抗联歌曲。

她当时唱的歌曲，我印象比较深刻的有两首：一是当年在东北抗联广为传唱的《露营之歌》。这首歌的歌词如下：

露营之歌

铁岭绝岩，林木丛生，暴雨狂风，荒原水畔战马鸣。
围火齐团结，普照满天红。同志们！锐志哪怕松江晚浪生。
起来呀！果敢冲锋，逐日寇，复东北，天破晓，光华万丈涌。
浓荫蔽天，野花弥漫，湿云低暗，足溃汗滴气喘难。
烟火冲空起，蚊吮血透衫。战士们！热忱踏破兴安万重山。
奋斗啊！重任在肩，突封锁，破重围，曙光至，黑暗一扫完。
荒田遍野，白露横天，夜火晶莹，敌垒频惊马不前。
草枯金风急，霜晨火不燃。弟兄们！镜泊瀑泉唤起午梦酣。
携手吧！共赴国难，振长缨，缚强奴，山河变，片刻息烽烟。
朔风怒号，大雪飞扬，征马踟蹰，冷气侵人夜难眠。
火烤胸前暖，风吹背后寒。壮士们！精诚奋发横扫嫩江原。
伟志兮！何能消灭。全民族，各阶级，团结起，夺回我河山。

另一首好像是《日本强盗凶似狼》。这首歌没有《露营之歌》有名，同样令人难忘，其歌词主要内容是：

日本强盗凶似狼

日本强盗凶似狼，强占我地方，抢夺屠杀后，再烧我村庄。
可怜我同胞们千万民遭殃，不打倒日本强盗，印度做榜样。
兵和民，不要分，齐心打敌人。

联友军，杀仇人，仇与友认清。

穿枪林，冒弹雨，不怕水火深。

兄弟们，向前进，冲破敌中心。

不后退，不投降，敌军火，虽猛强，我们心坚强。

镇山河，守四方，雪国耻，复边疆，万古把名扬……

我为什么能记起她唱的是《日本强盗凶似狼》这首歌呢？是因为对《我的抗联岁月》一书中李敏同志的一段讲述有较深的印象。那是1939年的春天，她所在的部队在双鸭山被敌人包围了。在白福厚团长的指挥下，他们好不容易突围，找到了一个可以藏身的地方，但是，他们能听见敌人在不远处搜索、踩树枝经过的声音和脚步声。敌人正在进行拉网式的搜索，由于敌我力量悬殊，等到敌人的脚步声逐渐远去，他们才一点点地爬出来。饥寒交迫之中，战士们就在荒地里挖他们前年种下的葱吃，葱已长得很高，可吃多了难受，那他们也得吃，有的战士甚至还掏树上乌鸦窝中的乌鸦烤着吃。李敏同志回忆说：

> 这时候，我们一个姓朱的战士看到杨树上面有一片乌鸦，树上还有小崽，嘴是黄的，它不会飞，在那儿叫。大的乌鸦呢，在下面就叫，有的还给小崽送虫子吃。战士们就高兴了，这是好东西，然后就上去把乌鸦掏出来，在火堆里烧着吃。确实是味道不错，煳味儿，大乌鸦就在上面喊啊，但是战士们在这儿吃，连肠子都一块儿吃了。他们递给我们女同志："赶快吃一口，可香了。"我说："不敢吃。""为什么不敢吃？""你看乌鸦妈妈在那儿叫的，你们把它的孩子杀了。""你还是没饿着。"男战士们说完，就在那儿吃。这时候，杜指导员过来了，"别笑了，站起来，列队！"大家觉得，吃了乌鸦崽，这还犯罪了？这饿得都不行了，还不许吃啊！指导员说："站好跟我走，看一样东西。"我们寻思：看什么？列队就走了。我们吃乌鸦崽是在村东头，指导员把我们带到西侧去了。

那儿的房子已经烧光了，只剩下框子。进一个屋里，一进去出现在眼前是什么东西呢？这个屋子很大，全是烧剩下的人的尸骨。就是说明什么呢？当时，归屯并户的时候，有些人怀疑，不愿意去，都被日本关东军杀了、烧了。当时，杜指导员说："你们看看，这是什么？就是日本关东军搞归屯并户，老百姓不愿意离开自己的家乡，被杀掉了。日本人抢了我们的土地、烧了我们的房子，把我们的父老乡亲都给杀害了。有人说要回家，我们的家现在变成了这么一个场面。我们有家吗？没有国就没有家。"然后，他带着我们唱《日本强盗凶似狼》这首歌。

我虽然不会唱歌，李敏同志唱的歌词听得也不是太清楚，但是，我知道这个故事，悲惨的场面令人义愤填膺！于今，差不多两年过去了，当时她唱的这个旋律，犹如余音绕梁，至今仍在我的耳边回响。

那天，在国家图书馆举行的活动中，有一件事令我印象深刻：她说着说着，硬是把坐在她身边的已 99 岁的李在德同志从座位上扶了起来，当年的战友、一生的好友，两位同志并肩而立，在座的人无不为之动容，自然而然地将活动推向了一个高潮。

其实，对于熟悉李敏同志的人来说，是不会对她硬将李在德同志搀扶起来的这一举动感到奇怪的，因为她对自己的战友就像对待家人一样。她与战友有着深厚的感情。她说过：我的战友不多，在一起活动的时候，我们六军一师三团曾经到过 300 人，到最后过松花江的时候，才剩 40 多人，都牺牲在战场上。1945 年的时候，包括后来到苏联一起学习的，全算上，我认识的不到 1000 人吧。这个准确的数字定不了，到苏联以后，我们一部分搞侦察工作，一部分在那儿学习，一部分深入农村去建设抗日救国会，准备迎接胜利。这些人有的来，有的走，有的派过去又回来。这样的话，最后能够活下来的也就不到 1000 人吧。当时活下来特别不容易，牺牲很多，特别是前方部队做向导的第一批，从苏联打回来的，很多都牺牲在战场上。我特别怀念战友，那么多领导、首长、战友们都牺牲了。回头一想特别难过，因为他们没享受到今天的生活。

我从小被灌输的是这种爱国情感。从小灌输这个思想是不会变的，我们的师长宣布解散了，可以回家了，那时候我就觉得必须跟他走，日本还没打出去呢！我那时候觉得牺牲了，也是光荣的。那时，演话剧、歌剧，英雄牺牲以后，大家会怎么样，我们要和英雄一样，为真理、为列宁主义、为革命、为国家牺牲到底。这个思想，是在幼年时候确立下来的，一直到最后，死也是光荣的。我们是在东北三省3000万人民的支持下，才坚持下来的，蒋介石没有给我们一颗子弹、一粒小米，能够坚持斗争，谱写这样的历史，我觉得这是一种正义的事业，应该做的事业。

值得一提的是，李敏同志的丈夫陈雷同志，也是她的抗联战友，担任过东北抗联第六军政治部组织科科长、宣传科科长，中华人民共和国成立以后担任过中共黑龙江省委副书记、黑龙江省省长等职，2006年12月因病去世。

于今，李敏同志也走了。

逝者逝矣！

李敏同志去世以后，赵尚志将军的外甥、历史学家李龙先生给我发来图片，并对我说：就在她去世前的十几天，她还参加了黑龙江省梧桐河农场的赵尚志渡江纪念地纪念碑的揭幕仪式。在揭幕仪式上，她右手拿着有赵尚志画像、题为《悼赵尚志将军》的一首歌，当场进行了演唱，同时还唱了其他的东北抗联歌曲。

我没有在现场感受她那充满激情的演唱场面，而且我也只有一次在她身边听她为我们歌唱的难忘经历。然而，这样的场景，我是可以想象的：火一样的热情，一片的赤诚，苍老而又有点沙哑的声音。

2012年6月，中国记忆项目中心顾问史义军在采访李龙先生时，李龙先生特别讲到了李敏同志宣传东北抗联精神的感人事迹。他说：

李敏同志非常难得的，就是对抗联精神的宣传。你看，她那么小就参军，那么多人都牺牲了，她的亲人一个都没有了，是吧？她跟陈雷结婚以后，又跟着陈雷历经坎坷。对自己的孩子，关心得也不够。但是，作为一个母亲来说，内心也不太好受。这都是因为什么呢？就是他们两口子，都把自己全身心的精力用在了工作方面。李敏，尤其是她这个直肠癌手术以后，现在是好几十年了，大概有30多年了，那是癌症手术！能活这么长时间，概率很小。何况她这个手术以后，她的那种精神，真了不起。她上山的时候，年轻人都跟不上，老太太这么大岁数还上。赵俊清说，我也陪着她爬山，实在是太累，一直爬山顶上去了。用老太太常挂在嘴边的话说，抗联那时候那么困难，我都没害怕。所以说，老太太这精神，就是抗联精神的具体体现。

她还组织“抗联精神宣传小分队”，干什么啊？就是宣传抗联精神。

她组织那么多人，又唱歌、又活动，还想尽办法，团结抗联后代，尽量搞平衡，对李兆麟、周保中都是很崇拜和纪念，她对老首长、老战友的祭奠始终如一。包括2012年2月12日，赵尚志牺牲70周年那个纪念活动，你看李敏已经是89岁的老太太，举个旗、走列队、唱个歌，那个投入劲！如果没有那种精神，是不可想象的。而且，她举的旗，还是二路军的旗，不是赵尚志三路军的旗。她认为，都是抗日联军，她要宣传抗日联军的精神。

行文至此，只觉得再多的言语也难以表达我心中的悲痛与思念之情，就以一首小诗来结束此文吧：

惊闻噩耗如雷击，忽忆往事成传奇。歌声长留山水间，事业尚待后人继。

莫让崇尚英雄成为旧时光景[①]

在人类历史上，没有一个民族、一个国家没有自己的英雄人物，不曾有过英雄崇拜现象。英国历史学家、哲学家托马斯·卡莱尔在《英雄和英雄崇拜》一书中写道："只要有人存在，英雄崇拜就会永远存在。"他还说："世界历史就是伟大的传记。"1936年10月，郁达夫在《怀鲁迅》一文中说："没有伟大的人物出现的民族，是世界上最可怜的生物之群；有了伟大的人物，而不知拥护、爱戴、崇仰的国家，是没有希望的奴隶之邦。"

英雄是一个民族、一个国家的价值尺度和精神坐标。有什么样的英雄，就有什么样的精神特质，有什么样的价值体系。歌颂英雄，崇拜英雄，贯穿于社会历史的发展过程中，以其独特的存在价值，表征着一个民族、一个国家、一定历史时期的精神状况，是与社会发展相伴而行、相得益彰的显著的文化现象。然而，一个时期以来，贬低英雄、丑化英雄、亵渎英雄的现象时有发生，不能不引起我们的高度警惕。

自古以来，中华民族涌现出无数可歌可泣、彪炳千秋的英雄人物。他们中，有的舍生取义、视死如归，有的正气凛然、为民赴死，有的高瞻远

① 有感于自己在口述史访谈中接触的英雄模范人物，以及时下某些抹黑英雄人物的现象，本文为纪念为民族独立、国家富强无私奉献的英雄而写。原文发表于红色文化网2018年9月17日，http：//www. hswh. org. cn/wzzx/djhk/sw/2018 -09 -16/52504. html.

瞩、励精图治，有的砥节奉公、助人为乐，有的废寝忘食、勇于创新，创造了光辉灿烂的中华文化，使中华民族以昂扬的姿态屹立于世界民族之林。英雄的名字犹如浩瀚星河中的一颗颗恒星，值得我们永远仰望。

一、崇拜英雄是人类的共同现象

崇拜英雄是人类的共同现象，这是人类文明发展进程中一个抹不掉的印记，是人类精神发育史的一个重要标记。

神话是人类社会古老而久远的精神标记，英雄神话故事在世界各地随处可见。同时，有什么样的英雄神话，往往折射出一个民族的精神内核。德国哲学家黑格尔在论及古埃及神话时说："我们可以把狮身人面像看作埃及精神所特有的意义象征。"① 同样，中国古代神话中的英雄人物，亦可视为中华民族精神所特有的意义象征。在中国史前神话中，英雄人物具有以下几个主要特征：一是叱咤风云的豪迈气概；二是公而忘私的献身精神；三是百折不挠的必胜信念；四是敢作敢为的担当精神。夸父逐日、后羿射日、女娲补天、精卫填海、大禹治水、愚公移山、钻木取火等，是中国古代先民战胜自然灾害、改变恶劣环境的智慧和勇气的见证。

黄帝和炎帝是华夏民族的始祖，他们与九黎族首领蚩尤都是上古时期传说中的英雄人物。黄帝与蚩尤的涿鹿之战，突出地表现了黄帝的机智谋略与蚩尤的骁勇善战，最终蚩尤以"身体异处"② 的悲剧而告终。黄帝与炎帝的阪泉之战，是华夏集团内部的争霸战争，以黄帝的胜利而告终，对实现中华民族第一次大统一具有重要意义。炎帝失败后，一个名叫刑天的勇士手提利斧，要与黄帝一决雌雄，最后被黄帝施计砍下头颅。刑天，这个不死的英雄，竟然变成一个巨人，两个突起的乳峰变成一双喷火的眼

① （德）黑格尔著，朱光潜译：《美学》（第二卷），商务印书馆，1979 年，第 77 页。

② 语出三国魏桓范、刘劭等《皇览·冢墓记》。

睛，肚脐变成一张呼气的大嘴，从此名扬千古。东晋文学家陶渊明在《读山海经》一诗中写道：“刑天舞干戚，猛志固常在。”

在中华文明史上，两汉时期是汉民族精神、文化塑造的关键时期。这一时期的文化发展，继承和发扬了远古时代的文化精神，不仅承袭了上古、先秦时期的诸子学说与典章文物，而且吸纳了千百年来所流传的英雄神话，使其成为汉文化独特的精神内涵与思想表征。在迄今所见的汉画像中，有大量以英雄神话为主题的画像石、画像砖、墓壁画、帛画等，充分展示了两汉时期人们的精神面貌，体现了汉民族深层的文化底蕴，是中华民族无比珍贵的文化遗产。汉代画像中生动的英雄人物形象，闪烁着真、善、美的人性光辉，足以光照万代，激励后人奋勇前进。

在辽阔的中华大地上，除汉族外，还生活着众多勤劳而又勇敢的少数民族，美丽动人、充满神奇的英雄史诗在这些民族中世代传诵。在我国南方少数民族中，流传着一批内容古老、风格质朴的英雄史诗；在北方少数民族地区，则多有鸿篇巨制的英雄史诗流传。广袤无垠的辽阔草原，浩瀚无边的戈壁沙漠，白雪覆盖的崇山峻岭，悲壮雄浑的金戈铁马，养育和造就了各民族的英雄人物，他们的故事令人闻之神往。《格萨尔》《江格尔》《玛纳斯》等英雄史诗，便是其中杰出的代表，它们不仅是中华民族的文化瑰宝，而且是全人类宝贵的精神财富。

许多国家和地区都有自己的英雄史诗，诸如两河流域的《吉尔伽美什史诗》，古希腊的《伊利亚特》《奥德赛》，斯堪的纳维亚地区的《贝奥武夫》，德国的《尼伯龙根之歌》，法国的《罗兰之歌》，印度的《罗摩衍那》《摩诃婆罗多》等。有些史诗较早地被用文字记录而固定下来，有的史诗至今仍在民间以口耳相传的形式广泛传诵。这些英雄史诗，不仅保存了各个民族的历史，同时也保存了他们的思想文化，以及他们所崇拜的英雄形象。

在希腊神话中，赫拉克勒斯是最伟大的英雄。他神勇无比、力大无穷，完成了许多被认为不可能完成的任务，从高加索悬崖上解救了被缚的普罗米修斯——他为人类盗来火种，自己却受到众神之父宙斯的残酷惩罚。赫拉克勒斯临死前，宙斯伸出巨手，将他接到奥林匹斯圣山。赫拉克勒斯的英雄故事，折射出古希腊人对于力量的崇拜、对英雄的崇拜。在荷马史诗《伊利亚特》中，阿喀琉斯也是一位英雄人物，他英勇善战、残酷固执，同时又富有同情心。阿喀琉斯对奥德修斯说："我宁愿在人间当奴隶，也不愿在阴间当君王。"阿喀琉斯的英雄主义精神，在西方文化中具有一定的代表性，反映了西方文化的某些特征，即他们对于英雄的态度：一方面，崇尚英雄，崇拜力量，张扬个性；另一方面，轻视道德，善恶杂陈。希腊神话中的英雄形象，与西方国家历史上真实存在的英雄人物本质上多有相同之处。

尽管中外神话故事中的英雄人物各有不同，但是，仍不乏共性存在。神话故事中的英雄人物，不局限于政治领域，除了政治英雄，还有宗教英雄、文化英雄、科技英雄等。不过，英雄人物总是指那些对民族、国家乃至全人类做出巨大贡献之人。在人类历史的大舞台上，各类英雄人物纷纷登场，为社会发展、文明进步不断地演出波澜壮阔、精彩纷呈的历史大剧。

二、中华文化中的"英雄"概念

每个民族、每个国家都有自己的英雄形象，"英雄"概念在不同民族、不同国家有其不同的文化内涵。同时，同一民族、同一国家在不同的历史时期，"英雄"概念也不完全相同。

中华民族的"英雄"概念，其生成经历了一个漫长的历史时期。在先秦文献中，没有将"英""雄"组合成一个固定词汇，"英"与"雄"分别作为两个单音节词使用。早期的一些典籍，诸如《周易》《尚书》《逸周书》等，都不见"英"字。《诗经》《左传》中的"英"字，是指花、物饰、地名或氏族，有时也用以指物或喻人之美；以"英"借喻杰出人物，直到战国后期才较为普遍。《礼记·礼运》引孔子语："大道之行也，与三代之英，丘未之逮也"；《孟子·尽心上》曰："得天下英才而育之"，都是较早用"英"比喻出众人才的例子。"雄"，本指公鸟。《说文解字》说："雄，鸟父也。从佳，厷声。"《诗经·邶风·雄雉》云："雄雉于飞，上下其音。"这个"雄"，与"雌"相对。其后，"雄"被用来比喻强有力的或杰出人物，如《庄子·德充符》说："勇士一人，雄入于九军"；《荀子·非相》有"夫是之谓奸人之雄"之语。

先秦时期，"英""雄"两字都经历了由本义、引申义发展到多义并存的阶段。在指杰出人物这一引申意义上，"雄"早于"英"，尤其强调其勇武之义。将"英""雄"组合为新词，可能不会早于西汉晚期。汉高祖刘邦在《大风歌》中，呼唤的是"安得猛士兮守四方"，没有呼唤"英雄"；贾谊的《过秦论》，多次使用"豪俊"一词，不用"英雄"；司马迁的《史记》记载了众多英雄人物，没有使用"英雄"一词；董仲舒《举贤良对策》谓"则英俊宜可得也"，用"英俊"而不用"英雄"。西汉末年，班彪批判隗嚣的《王命论》、方望的《辞谢隗嚣书》中，使用"英雄"一词。其后，班固《汉书·刑法志》中说：汉高祖刘邦"躬神武之材，行宽仁之厚，总揽英雄，以诛秦、项"。不过，就《汉书》全书而言，除了以上这例以及照录其父《王命论》外，其他地方绝少使用"英雄"一词。东汉后期，"英雄"一词仅被偶尔使用。

东汉晚期，社会上颇为流行品评人物之风，汝南人许劭、许靖兄弟主持"月旦评"，名闻遐迩，被他们兄弟"所称如龙之升，如贬如坠于渊"。即便出身四世三公的袁绍和以"任侠放荡"著称的曹操，都对之颇为重视，曹操被评为"治世之能臣，乱世之奸雄"。在当时，"英雄"已被用来代表一种理想人格，受到社会普遍关注。而"英雄"的概念，在王粲《英雄记》和刘劭《人物志·英雄》中逐步明确。曹操企图杀刘备，谋士郭嘉提出："今备有英雄名，以穷归己而害之，是以害贤为名，则智士将自疑，回心择主，公谁与定天下？夫除一人之患，以沮四海之望，安危之机，不可不察!”[①] 刘备遂得以活命。可见，“英雄”是得到广泛尊敬、不可随意诛杀的。

目前所见王粲的《英雄记》辑本，共记载44人事迹。其中，既有正气凛然的英雄人物，也有“善”“恶”兼备型的“英雄”；既有忠臣烈士，也有恶贯满盈的逆臣贼子；既有文臣，也有武将，还有名士甚至隐逸之士。这说明，王粲在写《英雄记》时，他的“英雄”观念既有一定的包容性，同时又显得不够成熟。刘劭的“英雄”观似乎比王粲成熟。刘劭所著《人物志》，其中有专篇讨论“英雄”，在其他篇章也多次谈到“英雄”。《英雄篇》说：“夫草之精秀者为英，兽之特群者为雄，故人之文武茂异，取名于此。是故聪明秀出谓之英，胆力过人谓之雄，此其大体之别名也。”在他看来，自然界之“英”与“雄”组合而成“英雄”的概念，可谓顺理成章。人类的“英雄”，如同植物界的“英”和动物界的“雄”，都是同类中的佼佼者，是其杰出代表。刘劭还以刘邦、项羽、张良、韩信四人为喻，说明英雄的不同类型：张良“必聪能谋始，明能见机，胆能决之，然后可以为英”；韩信“气力过人，勇能行之，智足断事，乃可以为雄”；刘邦与项羽皆“一人之身，兼有英雄，则能长世”，可以创业，然而项羽“英分少则智者去之”，刘邦“英分多，故群雄服之，英材归之”。可见，在刘劭看来，“英雄”虽指杰出人物，但是，“英”与“雄”又有所差别，“英”偏重智谋，“雄”偏重武功，“英雄”主要还是指政治、军事人物。

在历史发展的长河中，中国文化中的“英雄”概念也在不断地充实和完善，并呈现出以下特点：一是“英”“雄”的含义逐渐融合，不再严格以文武区别，诸如词雄、诗雄、雄文、雄儒、财雄等；二是英雄人物渐趋多样化，如上古神话中的英雄形象，不再囿于政治、军事等少数领域；三是对英雄人物的道德要求逐渐增强，一些个人才能出众而道德不良的人物，被排除在英雄人物之外，或以奸雄、枭雄等视之；四是英雄人物的价

① 语出（晋）陈寿《三国志·魏书·郭嘉传》。

值重心，明显突出国家、民族和集体利益，与西方文化偏重个人能力、个性张扬有所不同。以三国时期关羽、曹操、吕布三人为例，就武艺超群而言，吕布应是第一，但是，吕布在后世被当成一个势利小人；就英雄气概而言，曹操称得上是一位英雄，但是，由于他不合乎儒家正统思想，结果被视为奸雄；只有关羽在后世一直被视为英雄，这主要是因为他的忠义，而不是因为他的英雄气概和高强武艺。

鲁迅先生在《中国人失掉自信力了吗》[①] 一文中说："我们自古以来就有埋头苦干的人，有拼命硬干的人，有为民请命的人……虽是为帝王将相作家谱的所谓'正史'，也往往掩不住他们的光耀，这就是中国的脊梁。"数千年来，中华文明之所以能传承发展至今，中华民族之所以能在世界民族之林占有重要的一席，就是因为有我们的"脊梁"在，有我们的英雄支撑！没有英雄，就没有今天的中国。习近平总书记在纪念中国抗日战争胜利70周年大会上的讲话中指出："'天地英雄气，千秋尚凛然。'在近代民族复兴的和平变革时期，也同样涌现出如康有为、梁启超、孙中山、何子渊、陈嘉庚、钱学森、邓稼先、同盟会、爱国华侨团体等大批民族英雄和英雄团体。无论工人、农民、知识分子、军人、商人，还是海外华侨，他们中间都涌现出大批民族英雄，他们为中华民族的独立与自由、利益与安全、尊严与荣誉无私奉献、无怨无悔。"习总书记的讲话，对于我们今天认识英雄、崇敬英雄、学习英雄指明了方向。

三、缅怀英雄　呼唤英雄

英雄人物是一个时代、一个民族、一个国家的价值尺度和精神坐标，更是当代中国社会主义核心价值体系的重要组成部分。英雄人物具有强大的思想感召力和民族凝聚力，可以激发人们的奋斗精神和战斗意志，是值

① 鲁迅《中国人失掉自信力了吗》一文作于1934年，后编入《且介亭文集》。

得我们无比珍惜的精神财富和文化资源。宣传英雄人物，弘扬英雄精神，对于推动我国社会主义建设伟大事业、促进中华文化的不断创新发展具有重大的战略意义。

然而，毋庸讳言，在一些人的心目中，英雄人物、英雄事迹已逐渐淡出他们的视野，取而代之的是无休止的利益追求和物质享受，浓厚的功利色彩表现于他们的言谈举止之中，植根于他们的灵魂深处，成为他们判断一切的价值标准。英雄形象不再光辉、不再崇高，反而成为他们的调侃对象，而那些手握重权的腐败分子、一掷千金的商界名流、光彩靓丽的“星哥星姐”，以至时下的一些“小鲜肉”“娘炮”们，倒成为他们的崇拜对象。价值观念的庸俗化、功利化和心灵的荒漠化现象不可小觑。更有甚者，一些鼓噪历史虚无主义的人还推波助澜，通过各种方式对英雄人物进行恶意诋毁，有的求全责备，抓住缺点，无限放大，不分主次；有的罔顾事实，肆意歪曲，颠倒黑白；有的编造谣言，恶意中伤，冷嘲热讽。诸如此类，丑态毕现，不一而足。他们还竟然连我们的民族英雄、人民领袖都不放过，恶意攻击。

1940 年，毛泽东同志在《新民主主义论》一文中说：“鲁迅是中国文化革命的主将，他不但是伟大的文学家，而且是伟大的思想家和伟大的革命家。鲁迅的骨头是最硬的，他没有丝毫的奴颜和媚骨，这是殖民地半殖民地人民最可宝贵的性格。鲁迅是在文化战线上，代表全民族的大多数，向着敌人冲锋陷阵的最正确、最勇敢、最坚决、最忠实、最热忱的空前的民族英雄。”

鲁迅是我们的民族英雄。鲁迅之所以成为英雄，与他从小崇尚英雄、仰慕先哲密切相关。家乡的人文环境和传统，众多的先贤遗迹和传说，始终对他有着不可名状的亲和力和感召力。早在 1903 年，他在日本弘文学院冒着被除名的风险，带头剪掉了象征种族压迫的辫子，并在断发后的照片上题写了一首诗：“灵台无计逃神矢，风雨如磐暗故园。寄意寒星荃不察，我以我血荐轩辕。”1907 年，鲁迅在《摩罗诗力说》一文中，充分表达了他对英雄的崇敬之情。他还说："今索诸中国，为精神界之战士者安在？有作至诚之声，致吾人于善美刚健者乎？有作温煦之声，援吾人出于荒寒者乎？"可见，青年时代的鲁迅，就决心成为一名战士，一名精神战士！1933年6月20日，鲁迅参加被国民党特务枪杀的爱国民主人士杨杏佛（杨铨）的入殓仪式，离开家时，他把随身携带的钥匙交给家人，表达了视死如归的英雄气概。其后，他又写了《悼杨铨》一诗：

岂有豪情似旧时，花开花落两由之。

何期泪洒江南雨，又为斯民哭健儿。

近一个世纪以来，在中国共产党的英明领导下，中华儿女通过浴血奋战，艰苦创业，实现了国家独立和民族解放，正昂首阔步向着中华民族伟大复兴而努力奋进。中国改革开放四十年，取得了举世瞩目的伟大成就，但是，改革仍有待深入，仍有许多困难需要克服，国际形势并不是风平浪静的，前进的途中依然是任重而道远。今天，我们不仅要缅怀英雄，弘扬英雄精神，还要呼唤英雄，让无数的英雄人物和全体中华儿女紧密地团结在以习近平同志为核心的党中央周围，众志成城，共同推进迎着风浪、奋勇前进中的中华巍巍巨轮！

汉字：源远流长的文化自信

与王永民先生合著《汉字：文化自信的伟大基石》在《人民论坛》发表

在中华文明的发展史上，曾有过无数的发明创造；然而，就其影响的广度与深度而言，没有一种能与汉字相比。

汉字是中华民族最伟大的发明。

中华文明之所以能延续与发展至今，靠的就是汉字。

以汉字为载体的浩如烟海的文化典籍，“积淀着中华民族最深层的精神追求，代表着中华民族独特的精神标识。”①

千百年来，汉字犹如一条巨龙，在历史的长河中奔腾起伏，勇往直前；又如一名信使，越过崇山峻岭，穿过江河湖泊，降临并扎根于世界的各个角落。

有华人的地方就有汉字。汉字是中华儿女无远弗届、永不迷失的文化标记。

今天，以习近平总书记为核心的党中央正带领全国各族人民以前所未有的豪情壮志，向着中华民族伟大复兴的宏伟目标阔步迈进。以汉字为载体的中华优秀传统文化，则是中华民族文化自信的伟大基石。

激发文化活力，增强文化自信，弘扬中华文化，汉字是基础，是根本。没有汉字，中华文化将失去依托。中华民族的伟大复兴，必然伴随汉字与汉字文化的复兴，这是历史发展的必然选择，更是新时代赋予的伟大使命！

一、汉字发展的独特路径

我们生活的地球，大约已有46亿年的历史；然而，兼具直立行走与制作工具这一社会文化特征的人类祖先大约在250万年前才出现。② 有文字记载的人类历史，不过是短短的五千余年！

在文字发明以前，人类经历了有语言而无文字的漫长岁月，借助于一些标志性的记号或图画进行记忆。正如学者指出：“文字本于图画。”③ 新石器时代遗存的陶符与岩画，就是人类早期记录生产与生活方式的重要手段。

---

① 中共中央宣传部：《习近平谈治国理政》，外文出版社，2014年，第164页。

② 武寅：《简明世界历史读本》，中国社会科学出版社，2014年，第5页。

③ 唐兰：《中国文字学》，上海古籍出版社，2001年，第55页。

目前我们所知世界上最古老的文字体系，无论是埃及的圣书字、两河流域的钉头字，还是中国的甲骨文、南美的玛雅文字，在象形造字方面，都有着许多惊人的相似之处。例如，埃及的圣书字、南美的玛雅文字都以鸟的图形表示国王的名号，中国古代也有“天命玄鸟，降而生商”① 之说，这说明世界各地有着许多相似的文化现象。

世界上的许多文字都曾经历一个基本相似的发展阶段，这就是我们所说的假借。所谓假借，就是“本无其字，依声托事”②，根据已有字的声音来创造新字。古代埃及的圣书字有不少同时表示意义和声音的图形字符，借数个表形文字读音来表示其他概念。正如晚清学者孙诒让说：“天下之事无穷，造字之初，苟无假借一例，则逐事而为之字，而字有不可胜造之数，此必穷之数也，故依声而托以事焉。”③ 假借以借用字符的方式，解决了汉字“字不敷用”的问题，对汉字发展产生了重大影响。

世界文字发展在经历了假借这一阶段以后，开始往两个不同的方向发展：一是由初期表音阶段（假借字阶段）最终发展成为表音文字，以数量不等的字母组合记录语言；二是向形声化发展，由图形变为笔画、象形变为象征，发展成为结构简单、形音义统一的表意文字，这就是汉字。

形声字的出现，是汉字发展史上具有划时代意义的一件大事。它使汉字摆脱了原来表意字以形表意、假借字借形表音的结构模式，发展成为音义兼表的二元结构，实现了汉字造字的重大突破。何九盈先生说：“形声字如此突飞猛进地大发展，说明二元结构的造字优势强于任何其他造字方式。象形文字如果不进入二元化阶段，这种文字就不可能克服自身的障碍达到全面表达本民族语言的理想境界。”④《说文解字》中，形声字已占汉字总数的 80% 以上。

---

① 语出《诗经·商颂·玄鸟》。
② 语出东汉许慎《说文解字·叙》。
③（清）孙诒让：《与王子壮论假借书》，见《籀庼述林》（卷十），中华书局，2010 年。
④ 何九盈：《汉字文化学》，辽宁人民出版社，2000 年，第 199 页。

世界上其他文字，后来多数朝表音文字方向发展，用字母文字记录他们的语言。

为什么世界上的文字在经历了一个基本相似的发展阶段以后，会朝着不同的方向发展？这是一个需要深入研究的问题。不过，可以肯定的是，一种文字究竟朝着表音文字还是表意文字的方向发展，是由这种文字能否充分满足记录语言的需要、能否适应文字所承载的文化发展等因素所决定的。

王凤阳先生说："形声字是当时最完备的文字，最精密的文字。无论从哪个意义上说，形声字的产生都是文字史上的巨大进步。"① 历史表明，汉字朝着形声化方向发展，成为一种表意文字，能够充分满足记录我们语言的需要，完全适应中华文化的发展需要。

在历史上，汉字不是没有向表音文字发展的可能，如佛教传入中国以后出现了反切注音法，明代耶稣会传教士利玛窦用罗马字母为汉字注音，近现代一些学者提出了汉语拼音化方案。然而，汉字最终没有改变其原有的发展方向，一直沿着形声化的道路不断发展。

汉字之所以成为中华文化传承与发展的主要载体，这是历史发展的必然选择。"世界文字的发展只有一种规律，这就是适应语言，但不是只有一种模式，汉字有它适应汉语的独特道路。"②

二、汉字：不被撼动、不可取代的伟大基石

汉字的历史地位既不能被撼动，更不可能被取代，这同样是历史的选择。

汉字是由栖息于黄河中游的华夏族以及后来广布于中华大地的汉民族

① 王凤阳：《汉字学》，吉林文史出版社，1989 年，第 453 页。
② 王凤阳：《汉字学》，吉林文史出版社，1989 年，第 405 页。

所创造的一种文字，逐渐传播至境内各民族与东亚邻国。汉字在中国境内传播过程中，被周边各族学习与效仿，有的还仿照汉字，创造了自己的文字，如彝文、契丹文、女真文、西夏文等。然而，随着历史的发展，有的文字随着政权的消亡而消失了。辽代的“契丹大字”与“契丹小字”，以及西夏文，都已成为“死文字”。

蒙元时期，成吉思汗命塔塔统阿创制了畏兀儿蒙古字；忽必烈时，来自西藏的八思巴创制了新的蒙古字（八思巴字）。蒙古文、汉文、波斯文，都是元代的官方文字，藏文、察合台文、粟特文、突厥文、阿拉伯文等也在一定范围内流行。陈垣先生说：“盖元制文字用途之区别，虽以蒙古新字为主，而不甚通行，有所颁布，须以其国字为副。大抵汉字用于中国本部，畏吾儿字用于葱岭以东，亦思替非文字用于葱岭以西诸国也。”可见，汉字在元代仍是一种主要文字。元灭以后，蒙古文逐渐无人问津。

清代的文字政策，经历了创建与推崇满文，到逐渐衰微，最后汉字占绝对统治地位的发展过程。努尔哈赤、皇太极时，额尔德尼、达海先后创制和改革满文，满文备受尊崇，一些汉人为了入朝为官，开始学习满文。清代从皇太极开始，满、汉、蒙是其官方文字。到乾隆后期，已出现了汉文一统天下之势。

元朝与清朝都不是汉族所建立的封建政权，建立王朝的蒙古族、满族都创制了自己的文字，并大力推广，然而，这些文字非但没有取代汉字，而且在历史发展过程中逐渐趋于衰微，汉字依然是人们政治与社会生活中的主要文字，足以说明汉字在中华文化发展中具有不可替代的重要作用。

文字可以独立于政治而存在，有自己的生命力，这在世界上并不鲜见。古代埃及曾遭到波斯、马其顿、罗马帝国等多次入侵，可是其文字保留了下来，直到公元 639 年阿拉伯人入侵以后才逐渐消失。创造钉头字的苏美尔人被巴比伦所灭，其文字也继续被使用。欧洲文艺复兴前最主要的文字拉丁文，也没有随着罗马帝国的灭亡而消亡，至今仍在世界学术领域使用。

由此可见，一种文字的存续与否，与这种文字所赖以支持的国家政权并非如影随形。在文化交流中，人们总是学习和使用他们认为最得力、最便捷的一种语言文字。这是不以人的意志为转移的客观规律。汉字过去是、现在是、将来依然是全体中华民族共同的文字，这是中华文化发展的必然选择。

现代英国历史学家汤因比在《历史研究》一书中提出了著名的挑战与应战理论。汉字的发展，也充满了挑战与应战。在不断的挑战与应战中，汉字也在不断地创新发展，从而拥有无比强大的生命力。

春秋战国时期，“诸侯力政，不统于王”，“言语异声，文字异形”，打破了西周以来文字基本统一的局面，故秦始皇统一六国后，命丞相李斯、中书府令赵高和太史令胡毋敬等“书同文字”①。李斯等人用秦国通行的小篆统一文字，不久小篆被书写更为便捷的隶书所取代，这就是汉代发生的“隶变”，使汉字真正成为“方块字”。继隶书之后，楷书成为汉字的主要字体，然其结构基本未变。魏晋南北朝至隋唐，汉字使用趋于混乱。颜之推说：“北朝丧乱之余，书迹鄙陋，加以专辄造字，猥拙甚于江南。”② 儒家经典文字尚且杂乱如此，更何况其他社会用字！唐太宗时颜师古撰成《五经定本》，唐文宗时刊刻《开成石经》，唐朝统治者还大力推广《干禄字书》《五经文字》《九经字样》等“字样”书，使经典用字混乱现象得到有效控制。元代出现了大量的讹字与异体字，当时知识阶层企图恢复《说文解字》中的小篆、隶书等“正体字”，没有成功。清朝康熙年间，张玉书、陈廷敬等学者奉旨编撰《康熙字典》。这是一部具有深远影响的汉字辞书，是中国古代对汉字最后一次大规模的系统的整理规范，在汉字发展史上具有里程碑意义。

为什么汉字具有如此强大的生命力？根本原因就在于汉字是一种不断

---

① 语出东汉许慎《说文解字·叙》。

② （北齐）颜之推著，江岸编译：《颜氏家训》，内蒙古人民出版社，2008年，第244页。

创新发展的先进文字，是中华文化数千年来历史发展的深厚积淀，正所谓根深叶茂，坚如磐石。

古代埃及的圣书字，虽然在历史发展过程中也有所创新，如出现了易于书写的人民体，由于不易学习和阅读，流传不广。公元4世纪前后，只有很少的埃及人还能够读出这些象形文字，此后其逐渐成为一个“谜”。实际上，在阿拉伯人入侵埃及前，埃及的圣书字已经衰微。

两河流域的钉头字也曾经过不断的改进。苏美尔人对文字进行改造，使其图形更加简化，并增加了符号的意义，使其由原来的象形文字发展为表意文字。公元前1500年前后，钉头字是当时的国际性文字。不过，随着更加先进的字母文字的出现，这种文字逐渐退出历史舞台。

汉字还通过吸收周边民族与外来文化，使其内涵更加丰富，表达能力更强。在中国古代，有过几次大规模的文化交流的高潮：汉代，在与匈奴、西域各族的文化交流中，在对印度佛教的译介过程中；唐代，在与中亚、西亚伊斯兰文化的交流过程中；明代，在与耶稣会传教士带来的西方文化交流中。这些文化交流，对于汉字与中华文明的发展都产生了极为深远的影响。

李斯在《谏逐客书》中写道：“泰山不让土壤，故能成其大；河海不择细流，故能就其深。”百折千回而勇往直前，海纳百川而乘风破浪，正是汉字伟大的生命力之所在。

三、汉字兴则文化兴

中国曾是古代东亚最先进、最强大的国家，中华文化在历史上长期处于领先地位，汉字也成为这一地区的国际性文字，并形成了“汉字文化圈”。唐太宗李世民在诗中写道：“指麾八荒定，怀柔万国夷。”“粤余君万国，还惭抚八埏。”“车轨同八表，书文混四方。”①

① 以上诗句分别见于唐太宗李世民诗《幸武功庆善宫》《春日玄武门宴群臣》《正日临朝》。

在历史上，越南、朝鲜、日本等国都曾把汉字作为他们的文字，也都仿造汉字，创制了他们自己的文字，如越南的“喃字”、朝鲜的“谚文”与日本的“假名”。他们都曾试图以自己创造的文字来取代汉字，可是都没有成功。

越南现在通用的“国语”字，是17世纪中叶西方传教士创造的，还被法国殖民者称为“法国人的礼物”。越南成为法国殖民地后，法国殖民者强令推行法文和“国语”字，排斥汉文。1945年，越南民主共和国成立，“国语”字成为越南的官方文字。

19世纪末，汉字在朝鲜的地位急转直下，朝鲜统治者宣布用正音文字（谚文）代替汉字，作为其官方文字。1948年，韩国颁布了“韩字专用法案”；1949年，朝鲜宣布废除汉字，以谚文取代。

日本在明治维新以后，为了学习西方，有人主张废除汉字，用假名取代。但是，日本的典籍几乎都是用汉字记载，日本政府采取了限制汉字、压缩汉字数量的办法。目前，日本常用的汉字仍有两千余个，但已不是主流。

汉字在“汉字文化圈”中的命运，是中国近代历史的一个缩影。汉字之所以被错误地认为是一种“落后的文字”，根源在于中华民族近代遭遇的前所未有的民族危机。汉字在中国近代遭遇的这个危机，随着中华人民共和国的成立而得到基本解决。

20世纪中叶以来，汉字遭遇了能否适应计算机时代的新的重大危机。这个危机，随着王选领导的汉字激光照排系统和以王永民发明的五笔字型为代表的高效“形码”汉字输入技术这两项重大工程技术成就的推广应用，已消失得无影无踪，汉字在信息时代的发展已没有重大技术障碍。

然而，在汉字发展的技术问题得到有效解决以后，新的问题又开始出现。这就是文化自信问题。中华人民共和国成立以来，特别是改革开放以来，尽管我们比历史上任何时期都更加接近于中华民族伟大复兴的目标，但是，西方文化在世界以及国内的巨大冲击力不容小觑。怀疑自己的文化，怀疑自己的文字，这样的人不在少数。

同时，随着我国国力的迅速提升，“汉字热”在世界各地却悄然升温。

民族兴则文化兴，文化兴则文字兴，这是已经被历史所证明的一条真理。英国前首相丘吉尔说：“不伴随力量的文化，到明天将成为灭绝的文化。”在世界文明史上，有许多文字曾独领风骚，随着民族及其文化的衰退而辉煌不再，甚至湮灭无闻。

当今世界，最具影响力的语言文字莫过于英语。英语历史地位的确立，是在国内取代凯尔特语、拉丁语、北欧语与法语，国际上经过第一、二次世界大战取代法语而获得的。没有英国“日不落帝国”的建立，以及随后美国的持续繁荣，不会有英语现在的国际地位。

文化总是从高处流向低处，这是千古不易的自然法则。

四、汉字：伟大的基石与新时代

正本清源，肯定并确立汉字作为中华民族文化自信的伟大基石，在党的十九大之后，汉字进入伟大的新时代。

根据联合国教科文组织及相关专家估计，目前全世界大约有六千多种语言、两千多种文字。在全球化浪潮的冲击下，有大量的语言和文字正在迅速地走向消亡。汉字虽无消亡之虞，但是，与英语相比，其影响力尚有很大的差距。中华文化在国际上的影响力，与我国当前的国际地位也极不相称。

习近平总书记在党的十九大报告中提出：“没有高度的文化自信，没有文化的繁荣兴盛，就没有中华民族伟大复兴。要坚持中国特色社会主义文化发展道路，激发全民族文化创新创造活力，建设社会主义文化强国。”在增强文化自信、建设文化强国中发挥应有的作用，这是新时代赋予汉字的伟大使命。

习近平总书记还说：“不忘历史才能开辟未来，善于继承才能善于创新。优秀传统文化是一个国家、一个民族传承和发展的根本，如果丢掉了，就割断了精神命脉。"① 汉字所承载的博大精深的中华文化，是中华民族砥砺奋进、开创未来的征程中取之不尽、用之不竭的精神源泉。汉字不仅是中华文化的“活化石”，还是中华文化走向世界、走向未来的“助跑器”。

几千年来，汉字是中华文化的伟大基石。

新的时代赋予了新的使命，新的使命将成就新的伟大。我们要热爱自己的文字，热爱自己的文化，为建设社会主义文化强国而努力奋斗！

① 习近平：《在纪念孔子诞辰2565周年国际学术研讨会暨国际儒学联合会第五届会员大会开幕会上的讲话》，《人民日报》，2014年9月25日。

关于书法传承教学的一次对话

按：书法在我国有着悠久的历史，自古以来就受到人们的青睐，是中华文化的瑰宝，被誉为无言的诗，无形的舞；无图的画，无声的乐。2009年，书法艺术已成为联合国非物质文化遗产保护项目。2014年以来，国家图书馆中国记忆项目中心开展“我们的文字”项目，我与大学同学、书法家周崇坚先生就书法传承和教学问题进行了多次深入交流，现将近年来我们对这一问题的讨论情况略加整理，收入书中，庶几有可取之处，并望方家指正！

周崇坚（1963— ），原籍浙江平阳，现居上海浦东。自幼酷爱书画，毕业于浙江大学（原杭州大学）历史系、古籍研究所，获硕士学位。1992年辞去浙江中医学院（现更名为浙江中医药大学）教职，与父亲周诒谷先生在上海浦东共创象外楼书画室，以书画创作、教学为业，学生中有不少获得全国或上海市书法比赛大奖。2014年12月至2015年1月，应邀参加文化部非遗司与国家图书馆主办的《我们的文字——非物质文化中的文字传承》大型展览，其书法作品被国家图书馆、中国民族图书馆等多家机构收藏。2017年5月，云南省昭通学院聘其为客座教授。其书法以“融真草篆隶为一炉，集上下百家成一笔”为目标，广泛涉猎；绘画则学习宋元明清诸家，于近人黄宾虹用功尤勤。

全根先（以下简称全）：崇坚，咱们是老同学了，大学期间我们在一起的时间就比较多，应该说我对你的情况还是有一定了解的。据我所知，你的父亲也是一位书法家，现在我的家里，还有你父亲的一本书法作品集。这样，请先谈一下你的基本情况，如你的出生年月、家庭情况等，因为一个人的成长，家庭环境是很重要的。

周崇坚（以下简称周）：好。我是 1963 年 4 月出生的，浙江温州平阳人，平阳素有“海滨小邹鲁”之称。我的家乡在南雁荡山东洞景区，以前有过一个发达的学习场所，是宋代子弟学习的好地方。陈经正、陈经邦[①]兄弟俩远赴汴京，入太学，后又同去洛阳，跟程颐学习“伊洛之学”[②]，回到南雁荡山，创办了会文书院。他们在那里招徒讲学，从者汇聚，首开两浙伊洛学说之先河，影响波及周边省份。朱熹也慕名而来，在会文书院讲学十余日。南雁荡山的伊洛学说不仅直接影响了南宋永嘉学派[③]，对后来温州瑞安藏书楼——玉海楼也产生了影响。玉海楼创始人之一孙诒让的父亲孙衣言，曾感慨地说：“伊洛微言持敬始，永嘉前辈读书多。”可见以前该地程朱理学是非常发达的。

后来会文书院渐渐败落了，直至清光绪九年（1883），我的先祖周康甫，应平阳知县汤肇熙之请，会同陈氏兄弟后人，出资重建了会文书院，并设膏火田[④]作为助学之资，为当地教育事业尽了力。此后，会文书院培养出不少社会名流。比如我的大太公周喟，1914 年前后，主持《平阳县志》的编撰，同时他又编写了《南雁荡山志》和《船屯渔唱笺释》两种地方文献力作。《南雁荡山志》凡十三卷，对南雁荡山的名胜、风物人情、

---

① 陈经正，生卒年不详，长期为布衣；陈经邦（1066—1140），陈经正之弟。他们都是浙江平阳（今苍南县龙港镇）人，师从理学家程颐、程颢，后学成归来，建会文书院，设讲席传授洛学，开永嘉学派之先声。清代著名学者全祖望在《宋元学案》中指出：“平阳学统，始于先生兄弟”。

② 伊洛之学，即程颐、程颢开创的理学学派。“二程”为亲兄弟，均为河南洛阳人。他们长期在洛阳讲学，后程颐居临伊川，二人讲学于伊河洛水之间，因称其所创学派为“伊洛之学”，也叫“洛学”。

③ 永嘉学派，南宋时期在浙东永嘉（今温州）地区形成的、提倡事功之学的一个儒家学派，是南宋浙东学派中的一个先导学派，因其代表人物多为永嘉人，故名。

④ 膏火，指维持书院运营的费用。

诗歌、历代游记、地理沿革等都有详细叙述。再如我的小太公周季纶，1907 年 25 岁时，先是携 17 岁的侄儿周尔遐东渡日本，留学日本东京高等商业学校，1910 年又参加宣统庚戌科举，入廷试一等，封为邮电部主事。他既是洋举人，又是中国的举人，是当时为数不多学以致用的人物。民国后，他历任浙江省议员，浙江省立商校校长及杭州多家银行行长、经理和科长，有较大的影响，以至于总统黎元洪在其母六十大寿时，书赠“巾帼完人”匾额，蒋介石秘书陈布雷在其母去世时为遗照题字。

会文书院的再兴，及其讲学、明道、育才功能的充分发挥，使得平阳县贤豪辈出，如数学家苏步青、文学家苏渊雷、史学家徐规先生等。

从我的家庭来看，家庭成员几乎清一色的教师身份，这也使我学习书法拥有较好的家庭氛围。太祖父周尔遐，17 岁留学日本，回国后历任县高等小学及浙江省甲种商业学校教职员。由于他体弱多病，27 岁即英年早逝。太祖母张剑秋，是清朝末年第一代女大学生，毕业于杭州女子高等师范学校，民国时成为平阳县立第一女子高等小学校长。祖父周彭我，起初跟着他的舅舅张真园到北京求学。舅舅在北京教书，据说曾做过张学良的家庭教师，不幸的是卢沟桥事变发生，北京世事艰难，他舅舅觉得周家这么一个“独苗”放在他身边，怕承担不起责任，于是把外甥送回去了。中华人民共和国成立后，我祖父在上海市安源中学任高中语文教师，而我祖母也在平阳当过小学教师。至于我的父亲、母亲，也都是中学教师，父亲教语文，母亲教数学。总之，家里都是教书的。那么教书先生对书法会是什么样的要求呢？字是读书人的衣服，如果衣衫褴褛，那就不好出门了。因此，我的家庭对书法的敬重、研习，是有传统的。

我父亲周诒谷，1959 年毕业于上海师范大学中文科，毕业后被分配到上海市闸北中学教语文，写得一手好字，被单位同事、学生看重，是上海市书法家协会会员，后来成为浦东新区书法家协会副会长。“文革”期间，他积极从事书法的启蒙、普及工作，这都是个人行为。他培养出了不少在中国书坛有一定影响力的人，比如复旦大学文物与博物馆系教授、博士生导师沃兴华先生，他还当过中国书法家协会理事、上海市书法家协会秘书长。

父亲对书法，“好为人师”。推广书法，对我他肯定是不会放过的。一开始，坐下来写毛笔字，对我来说是件比较痛苦的事情。然而，经过父亲长年累月的谆谆教导，现在我不但自己浸淫于中国书画，而且早已走上书画传授的道路了。

全：你是什么时候开始学书法的？学习书法对你有什么样的影响？

周：我 12 岁开始学书法，算是比较晚的。起初，我与太祖母生活在温州平阳，启蒙实际上是带有私塾性质的。她要我早早地起床，早早地睡觉。晚饭后不久，就要上床，太祖母总是陪在我身边，念各种各样的古诗给我听。第一首诗，我记得是：“鹅鹅鹅，曲项向天歌……”① 就这样，每天一首诗，长一些的几天一首。

1974 年，我 12 岁，开始跟随父亲在上海生活，每晚的古诗词学习则延续下来，累计大概有一百来首。我对古诗文的喜爱，深受太祖母和父亲的影响。

家庭教育对我学习书法帮助是很大的。书法不是一门完全独立的学科，需要其他学问加以支撑，古诗词只是其中的一个方面。家庭教育，尤其是早期对孩子的教育非常重要，太祖母和父亲的启蒙，对我以后学书法做学问，以及学习传统文化都是大有益处的。

全：通常，我们在学习书法前，有一个大体的安排，就是有个学习计划。那么，你刚开始学习书法的时候，先写的是什么字？临的是什么帖？

周：刚开始学书法时，我学的是楷书，临的是颜真卿的《多宝塔》《勤礼碑》等字帖，最喜欢《多宝塔》。因为《多宝塔》是颜真卿青壮年时期所写的一本风格比较完备、习气比较少的字帖，它比较有利于初学者掌握，也比较适合岁数比较小的学童。这本字帖，可让人对书法有更深的

---

① 唐代诗人骆宾王诗：“鹅鹅鹅，曲项向天歌。白毛浮绿水，红掌拨清波。”

理解。

全： 你是从什么时候开始对书法真正产生了兴趣，增强了学习书法的信心？

周： 说来惭愧，我的书法学习，一开始还有些被逼无奈。记得小时候，有一次跟小伙伴玩足球，不小心胫骨骨折，打了石膏，躺了两个月，第三个月实在是躺不下去了，想找点事做。尝试过下跳跳棋、手工制作，发现这些都不太有意思。父亲趁机说：“既然这样，我们不妨把书法学得更好一些？”我想好吧，结果花了两个月的时间，天天写、天天练，到最后，参加了1975年上海市中小学生毛笔字展览。全市十区十县，共有两百多名中小学生的作品入选，其中又选了三十多幅精品加以出版，我的作品入选。这件事让我深受鼓舞，从中我看到了自己好像在书法方面有进一步深造的可能，各方面的自信心也增强了。

与周崇坚先生讨论书法

全： 除了你父亲，青少年时期，还有哪些人对你学习书法产生过影响？

周： 对我学习书法影响最大的，当然是我父亲，其他人呢？那就是我的外公了。外公叫陈承德，实际上是第一个让我对书法感兴趣的人。外公曾经是一位布商，公私合营后，成为供销社营业员。他喜欢书法，经常练字，从小我就爱扒桌沿，看热闹。他的握笔方法很奇怪，四指在毛笔的另一侧，而大拇指则在毛笔的这一边，用力夹住，就这么硬邦邦的，手腕不动，整个手臂移来移去，后来我才知道，这是“凤眼”执笔法。现在回想，外公的字本来应该成就更大一些，这么喜欢，这么热爱，可能方法上有问题。可不管怎样，外公对书法孜孜以求的态度对我还是有很大影响的。还有一个人，就是我父亲的学生沃兴华。有一次，父亲带我去沃兴华家里，看到他正光着膀子在昏暗的灯头下面练习颜真卿的字。父亲对我说，你看人家多么认真！言传身教，身边这些人刻苦学习书法的精神，给我留下很深的印象。

全：既然你的书法基础这么好，参加高考的时候，你当时为什么不直接报考艺术院校去学书法?

周：1980 年，我们高考那年，艺术院校招生的人数较少，报考难度大。再加上当时恢复高考没多久，人们急于想在大学里占据一席之地，“条条大路通罗马”，唯独高考走的是“独木桥”，谁能冲过去，谁就是赢家。“文革”刚结束，百废待兴，包括工作的安排、人生前途等都悬而未决。我和父亲商量后，决定不去报考录取率很低的艺术院校，而是先考文科，“曲线救国”。再说，要写好字、画好画，要想把中国传统的书法、绘画传承下去，光有一些书画技巧是不够的，必须要有全方位的知识结构来支撑。文、史、哲，甚至国学里面的文字、音韵和训诂等，人们称之为“小学”，都必须很好地掌握。所以，我就报考了杭州大学历史系。

全：你读研究生的时候，我记得学的是古籍整理专业，这个专业对你以后从事书法创作与书法教学有什么影响?

周：1984 年，我从杭州大学（现浙江大学）历史系本科毕业，获得学士学位。从以形象思维为主的书法、绘画，转为走以逻辑思维为主的学术道路以后，我有些好奇，想在这条道路上再走一走，看看自己究竟能走多远。当时，一方面想试试自己有没有做学问的能力，另一方面也想把自己的知识结构这个圆圈画得更大一些，于是我就报考了杭州大学古籍研究所，当时由姜亮夫①先生主持的中国古典文献学专业研究生。这个专业将来的任务是古籍整理，它对古汉语的要求，对小学——文字、音韵、训诂，甚至文、史、哲各方面知识，要求都是非常高的。研究生时期国学知识的储备与扩充，对我后来的书画教学影响很大。

全：印象当中，你研究生毕业时候写的论文是关于隶书方面的，你是不是对隶书情有独钟？

周：我的硕士论文写的是隶书。隶书是中国历史上具有独特内涵的一种书体，隶书的名与实在不同的历史阶段是有区别的。

战国时期，隶书不像后人所说的，是由奴隶、徒隶（罪犯）们创造的一种书体，才叫作隶书，也不是将它用到了奴隶和徒隶身上而称为隶书。从文字学角度考证，“隶”有“简约”“辅佐”“简洁”的引申义。就是说，当时隶书是相对于各国的正体书而言，是一种相对“简约”“草率”“便捷”写法的字体。这时候，隶书本身结构相对简朴，线条比较简单。

到秦朝，隶书经过程邈等人的整理，融入了秦篆的一些成分，成为秦隶。由于书写比较方便、简单，它成为秦朝正体以外辅佐性的字体，称之为“佐书”。此时隶书地位是低下的，非正统的。

汉初，由于蝌蚪文②的发现，古代经书需要用国家正统的官方标准书体重新写定。时过境迁，篆书已不是主流，人们是用隶书来写定经书的，称为“隶古定”。此时的隶书本身没有什么艺术成分，方广而少波势，但是它已成为官方肯定、民间认同的书体，已经由从属地位上升到主导地

① 姜亮夫（1902—1995），原名寅清，字亮夫，以字行，著名楚辞学、敦煌学、语言学、音韵学、历史文献学家，一代学术宗师，曾任杭州大学（现浙江大学）中文系教授、中文系主任、古籍研究所所长、博士研究生导师。

② 蝌蚪文，也叫“蝌蚪书”“蝌蚪篆”，其笔画起止皆以尖锋来书写，其特色是头粗尾细。其名称汉代以后才出现，唐代以后很少见到。

位，主要的体现就是“丹书上石”。这是国家行为，所以它的地位是比较高的。

到了东汉时期，隶书的地位仍然很高，但是它的艺术形式有了新的变化，增添了许多波折挑法、“蚕头燕尾”等艺术的特质，成为占统治地位的标准书体。与此同时，隶书本身也开始被逐步草化了。

我为什么对隶书情有独钟呢？从文字学和书法演变史的关节点来看，篆书向隶书的演变，是把原先写意成分非常浓厚的字体加以改变，完全符号化。这种变化是翻天覆地的，我们称之为“隶变”，抓“隶变”这个关节点加以研究，就可以把其他字体演变搞得很清楚。

全：研究生毕业以后，你去大学当了老师，这对许多人来说是求之不得的事情，你为什么后来要放弃这个职位？

周：大学老师人人都想当，我也不例外。但是，当什么样的大学老师，我是有选择的。研究生毕业后，我在浙江中医学院教《医古文》。中医是中国传统文化的重要组成部分，入这个行，本来是为了扩大自己的知识面，把自己培养成更加全面的拥有中国传统文化的一个文人。但学校的教育性质决定，教学内容比较单一。我觉得，长期从事这样的重复劳动，对人生是一件不利的事。我应该做一些内涵更加丰富、更具有创造性、使自己更加愉悦的事情，那就是一直埋藏在心底，一门心思学习中国诗歌、书法、绘画、篆刻等的梦想。为此，我毅然决然地放弃了比较好听的大学教师职位，去进行自己真正喜欢的艺术追求。

全：所以，你们有了这个“象外楼”，请问“象外楼”的名称是什么意思？

周：“象外楼”，原本只是我父亲为了表达他对传统书画艺术的理解而书写的一块匾。中国的文字是象形文字，图画则是象形写意画。然而，中国书画艺术的实质却不是追求表面象形，而是为了表达形象之外所蕴含的深刻含义，概括人与自然的关系、人对世界的理解，以及人的信仰、人的品格等这些“象外”的东西，比“象”本身更重要。当然，“象外”必须通过“象”来表达。

全：“象外楼”本身存在的时间还不是特别长，大概也就二十多年吧，但是，学生跟你父亲学书法的历史却比较早，具体情况你是不是可以谈一下？

周：我父亲在“文革”时就开始教毛笔字，当时社会盛行写大字报、大标语，字却很烂，贴出去被人嘲笑，缺乏战斗力。人们为了提高战斗力，当然更多人则是真正喜爱书法，抱着不同目的，纷纷找到我父亲，要求学习书法。他来者不拒，尽心尽力地教，学生大有进步，心也静下来了，也不再参与社会上杂七杂八的事情，不少人后来成了有名的书法家。以后，父亲到了浦东，浦东人也慕名而来，也要学书法，于是就有了象外楼。

全：在你和你父亲多年的书法教学经验当中，你们有什么样的心得或体会，或者从自己个人的理解方面来说，你有什么样的经验，有什么窍门？

周：窍门是有的。为了比较好地把书法学习的一些窍门传授给孩子们，让他们更容易理解，我们还编了一些口诀。比如，《书画诀》是这样的：

舒眉展怀，丹田神守。
以脚抓地，臀提腹收。
搂笔压纸，内刺逆入。
腰腕互动，节节放松。
摇头摆尾，松圆懂劲。
情意连绵，若无若有。

至于其他体会，我觉得学习书法、教学书法，教学相长。我在教孩子的过程当中，自己学到的可能比孩子学到的还要多。能够为祖国的未来，为孩子们多播种下一些传统文化的种子，将来某一天能在什么地方生根发芽的话，我也是在做一件积德的事。

全：可不可以这样说，书法改变了你的人生？进一步说，这种改变的原因是什么？

周：艺术是可以改变人的。如果连人都可以改变的话，人生当然也是可以改变的。我们在艺术上拼命地追求真、善、美、博大、雄强等美好，那么人的性格和气质也会有所变化。长年累月地学习书画艺术，我觉得自己性格的很多方面的确改变了，变得更加平和，变得更加能容纳不同意见，生活也变得美好了。

全：你觉得书法容易学吗？还有，现在一些家长让孩子学这学那，经济负担较重，你觉得学习书法成本高吗？

周：学习书法，说难也难，说容易也容易。如果不得法，学一辈子也难有进步。如果你掌握正确的方法，并且有针对性地加以训练，我觉得，成效很快就可以显现出来。在我看来，我培养的学童，他们都能够很快掌握书法的基本方法。两个月之内就能写出比较像样的字，半年左右就能够写出一幅比较像样的作品。一年半以上，楷书基本写得蛮好了。所以我觉得学习书法并不难，难的是运用正确的方法。至于说成本，书法的物质成本，我觉得不高。一支笔、一点墨汁，甚至还不用宣纸，用一些废报纸就可以练习，字帖也不贵，物质成本不高。但是，它要求人的精神成本是很高的。精神成本，包括你的意志力、持久力，甚至包括家庭其他成员的决心，如孩子想学书法，家长却偷懒不送，三天打鱼，两天晒网，也就不可能有进步。

全：学习书法，可以让自己写的字好看，这是人尽皆知。除此之外，你觉得学书法还有什么用处？

周：学习书法的重要性，我觉得可以从五个方面来理解：

第一，学习书法能够培养人的高尚品德，提高人的情操修养。因为历代传世名作，其背后作者往往都是品德高尚的人。比如说颜真卿，就是忠烈之士，忠君爱国的气节特别明显。在安禄山反叛朝廷的时候，他组织私家军，联合堂兄及其侄子共同迎击叛军，牵制了叛军的进程，为大唐朝廷一统天下的巩固立下了汗马功劳。他是忠君爱国的，人们非常敬仰他的为人和品德。他所书写的作品，往往带有庙堂之气、雄深雅健、深邃宽博等一般人所不具备的特质。我们学习颜真卿书法，如果能够感受到他的气节，以及书法背后所折射出来的精神气质，这对学习者的帮助是非常大的。我很难想象，一个喜欢颜真卿书法的人，他的价值观、人生观却非常低劣。你应该是耳濡目染被感动，你只有被感动了，才能学得像、学得好。再比如，宋朝有苏黄米蔡①四大家，其中“蔡”本为蔡京，但是后来人们觉得蔡京这个人人品不好，兴办“花石纲”讨好皇帝，心术不正，为“六贼”② 之首。哪怕他的字写得再好，最终人们还是把他从苏、黄、米、蔡的最后一个位置上拉了下来，而代之以蔡襄。人品问题尽管是背后的问题，但它恰恰是书法学习者价值取向、审美取向的重要问题。

第二，学习书法能够促进一个人多种能力的培养。要写好毛笔字，首先要学会读帖，这就提高了观察能力；还必须加以对比分析，则又提高了分析能力；创作要有想象力，还要把它表达出来，这又提高了想象力和动手能力。此外，还要有一定的定力、耐力，有坚韧不拔的意志，能够克服困难，克服单调等。所以说，书法学习对能力的培养是较为全面的、综合的。

第三，学习书法能带动其他学问的进步。书法的“寄生性”很强，它需要其他多种学问来支撑，文、史、哲，文字、音韵、训诂等无所不包。有道是：“七分读书，三分书画”，说的就是这个道理。

第四，学习书法能认识繁体字，拉近与五千年中华文明的距离。中华五千年文明的内容，主要是用繁体字来记录，简化字不足百年的历史。在

---

① 苏黄米蔡，苏轼、黄庭坚、米芾、蔡京（一说蔡襄）之合称，被后世认为是最能代表宋代书法成就的四大书法家。

② “六贼”，北宋徽宗年间六个奸臣的统称，这六个人分别是蔡京、童贯、王黼、梁师成、朱勔、李彦。“六贼”之名最早出于太学生陈东在宣和七年（1125）的上书中：“今日之事，蔡京坏乱于前，梁师成阴谋於后，李彦结怨於西北，朱勔结怨于东南，王黼、童贯又结怨于辽、金，创开边衅。宜诛六贼，传首四方，以谢天下。”

学习掌握简化字的同时，若能认识繁体字，就能直接阅读古文原文，感受原汁原味的传统文化。从外部环境来看，遍布世界各地的华人区，仍然通用繁体字。因此掌握繁体字，也能增强祖国对世界华人区文化的影响，更好地沟通、联系，拉近感情，增强文化认同感。

第五，学习书法能强身健体。陈毅元帅说："书法系艺术劳动，又系体力劳动。"书法是全身心的运动，很多时候等同于太极、气功，长年累月坚持练习书法，必将有利于身心健康。

全：既然学书法有这么多好处，那么，学书法从什么地方入手比较好，能够达到事半功倍的效果，大概需要多长时间才能把字写好？

周：学习书法是一个系统工程，要有一定的科学安排。如果一开始就直奔书法最高境界——草书，从草书入手的话，很可能会走许多弯路。做事情要从基础做起，得老老实实。学童的书法启蒙，我甚至不是从笔画开始，而是先写"∞"。通过写"∞"，熟悉毛笔的弹性，学会调整笔锋，做到腕运中锋，等对毛笔的操控力、手腕的运转都达到一定熟练程度之后，再练习"永字八法"，我觉得这是一种比较合理的学习方法。各人的学习进度取决于其用功程度。楷书学习，时间有长有短，快的半年左右，慢的三年左右应该有效果。

全：还是回到最简单的问题，怎样才能把字写好？

周：要想字写得好，一是要认真观摩字帖，掌握正确的握笔方法、运笔方法以及正确的法度和要求。另外，还要找到一个好的"明师"。所谓"明"，不是名人的"名"，而是明白道理的"明"，明白书法学习的诀窍，明白书法教育最基本的规律，明白在什么时候对学生提出什么样的要求。一生拥有这么一个明白的老师，将是莫大的幸运。

全：那么，是不是人人都可以把字写得很好？

周：是的。只要方法得当，有"明师"指点，再加上勤奋学习，刻苦练习，孜孜不倦，永不停息，没有什么人学不好书法。

全：古往今来，书法家有很多，风格也是多种多样，你比较喜欢谁的书法？为什么？

周：历代书法家很多，如王羲之、苏东坡、米芾、黄庭坚等，我都比较喜欢。其中，我最喜欢的是颜真卿。由于颜真卿楷书比较适合初学者，加上平时我从事书法传承工作，跟颜真卿字帖打交道的机会比较多，对颜字比较熟悉，我是非常认同颜真卿的。首先，颜真卿的人格、人品，深深地打动了我。同时，他又是一个书法技巧非常高超的书法家，他所写的《祭侄稿》① 就是最好的例子。此帖是在颜真卿组织私家军抗击安禄山的过程中，侄子颜季明被叛军所杀，身首异地，他派人搜寻尸骨，只得到了一个头颅。在这种情况下，颜真卿写了一篇祭奠他侄子和他堂兄的文章，后世称为《祭侄稿》，这是中国历史上“第二大行书”。为什么会成为“第二大行书”？除了内容感人之外，其书法技巧也十分高超，变幻莫测。比如《祭侄稿》前七行，尚且能够比较客观理智地交代被祭奠人的身份，字体尚具备一定法度。从第七行开始，字形就开始散乱，出现了修改和失误，这说明颜真卿的情绪已经发生变化。再往后走，这些字就越来越散乱，越来越松散，以至到最后几行已经完全无法控制，任笔之所至，走到哪里就带到哪里。这样一篇充满着血泪、充满着白发人祭奠黑发人悲愤情绪的书法作品，给我们带来的不仅仅是情感方面的震撼，还有人们对其书法技巧的赞叹。在《祭侄稿》里我们看到了行楷，也看到了行草，看到了小草，甚至看到了狂草，把多种字体高度统一、天衣无缝地融合为一体，呈现变幻莫测、雄伟博大、一气呵成、心手相忘的境地，这是颜真卿书法技巧的最高境界之一。一支简单的软毫毛笔，在他的手里幻化出如此绚丽的变化，这是别人难以做到的。所以，我喜欢颜真卿，一是喜欢他的人品，二是喜欢他书艺的高超。

全：那么，我们应该如何欣赏书法作品，怎样鉴别一件作品的好坏？

---

① 《祭侄稿》，又称《祭侄文稿》，全称《祭侄赠赞善大夫季明文》，是颜真卿于唐乾元年（758）创作的行书纸本书法作品，现藏于台北故宫博物院。《祭侄文稿》与东晋王羲之的《兰亭序》、北宋苏轼的行书《黄州寒食帖》并称为“天下三大行书”。

周： 鉴别书法的好坏，主要包含几个方面。一幅书法作品由三大基本元素构成：即点画、笔法和章法。在欣赏书法时，我们对点画质量的要求最高，要求它具备一些特质：要有骨、肉、筋、血，要有力、有气，还要有势。这样还不够，还要具备神、韵、彩的特质。能做到的话，那就非常好。再加上结构合理，布白均匀，既对立统一，又阴阳平衡，那么这个结构也比较好了。除此之外，还要讲究章法，即谋篇布局。既要合理合情，又要有艺术性，过于平淡、过于奇险都不好，要注意各方面的协调。

全： 经常听人说，字如其人，你觉得可以从一个人的书法作品当中了解他的内心吗？

周： 我觉得完全可以。书法的这根线条，它是那么奇幻，那么奥妙！打一个不恰当的比方，这根线条就好比是医院里的那个心电图，它直接反映书写者的心跳、生命力，以及身体状况。书法这根线条可以是千锤百炼，可以是苍白无力，也可以是饱含着情操和激情。常言道：商人有商人的字，伟人有伟人的字，各有各的字。

全： 历史上有一些品德不太好甚至很差的人，他们的字有时候看起来写得好像也不错，你是怎么看待这个问题的？

周： 我们先要了解一下，所谓的不错，是指哪个层面上的不错。书法如果是摆摆平，看起来比较漂亮入眼的话，那应该算是不错。但是，这是低层次的不错，只是技法比较熟练而已。作为奸商、坏人，如果他勤学苦练的话，是可以达到这个层次的。如果想进一步提高，被世人认同，则很难。我认为，书法好坏不是某一个权威能够肯定，也不是皇帝能够钦定的。书法好坏的判断，它是由全民族的价值取向所决定的，是一个民族审美观、价值观长期积累的结果，其倾向性是非常明显的。只有全民族认为你好，你才是好的。光是一个朝代认为你好还不够，还要放到历史的长河中去大浪淘沙，最后剩下来的那几粒沙金，闪闪发光的，才是最好的东西。

全： 古往今来，不论是书法家还是普通人，喜欢书法的大有人在，那么书法的魅力到底在哪里呢?

周：在古代，书法曾经是人们谋生的一个重要手段，有些朝代还设立了跟书法有关的一些职位，以书法来考取功名，这也是有的。所以一个人的书法好坏不仅关系到他本人的命运，甚至还关系到他的家族是否繁荣兴盛。这么重要的书法，难道它不具备什么魅力吗?魅力肯定是无比的。这是从功利角度来讲的。如果我们从艺术的角度来看的话，中国的汉字是会意、象形的文字，与外国文字相比，它在书写上有自己的特色。首先，它具备一定的面积，在这一小块面积里面，我们可以安排粗细长短、浓淡枯涩，甚至还可以表达出个人的喜怒哀乐情感，它是直通人心的。能够表达人们内心最曲折，最晦涩情感、心绪的这么一种艺术，难道不是我们所应该热爱和热衷的吗?

全：现在，我们已进入计算机时代，通过计算机，我们很容易地打印一些漂亮的字，有人甚至觉得自己没必要练书法，再练也练不到书法家的艺术水平。那么，您觉得，在这个时代，书法的传承有没有危机、面临着什么样的调整?现在很多人连字都不会写了，或者很少写字了，更不用说练书法。您觉得，这是不是对书法带来了比较大的挑战?

周：是的。计算机时代，人们往往用键盘代替写字，别说毛笔字，就连硬笔书法也不太讲究了。有时候人们拿起毛笔或钢笔要写一个字，甚至连笔画都不知道怎么写。因为计算机通过组合，只要打出前面一两个字母和一两笔符号，就可以把后面的那些字都统统带出来。这样一来，人们的思索、判断过程和书写过程都被简化掉了，从某种意义上来说，这是一种进步，因为速度快，但是从书法发展的角度来看，我觉得这是非常不利的。一个学习书法的人，如果连字都不会写，都认不准，写不全，还怎么能练好书法?一个连字都写不全的人，他又怎么敢去学书法?很多人连字都不写了，为什么还要去学书法?这种情况对书法传承来说，即便不是毁灭性的，至少也有非常大的冲击。那么，我们怎么办呢?我们只能是通过宣传书法的优美，宣扬书法的魅力，并把它发扬光大，再从历代优秀书法作品里选择一些精品加以传播和推广。官方与民间也都在各种场合努力传播与书法有关的人和事，让整个社会形成对书法教育、书法学习的高度重视。我想通过这一系列的努力，书法传承不会就这么一步步衰微下去的。

全：如此说来，您对书法的前景还是比较有信心的，您的信心来自哪里？

周：总的说来，我对书法的前景还是非常有信心的。书法不仅是书写技巧，它更是中华传统文化最宝贵的组成部分，是中华艺术核心中的核心。书法是中华民族文化血脉中重要的组成部分，一个人怎么可能割断自己的血脉呢？书法的前景必定是光明的。尽管目前从事书法传承的人还不是那么多，我相信，将来会越来越多，前景是光明的。

全：2009 年，中国书法已经进入了《联合国非物质文化遗产保护名录》，说明书法作为一门中华传统艺术，已成为我国进行对外文化交流的一张名片。你觉得书法作为一门艺术，应该怎样在弘扬中国优秀文化、对外文化交流当中发挥更大的作用？

周：这个问题，层次有点高，我没有深入思考。不过，我也不妨试着回答一下。对外交流，是指中国跟外国、其他民族进行文化以及各个层面的交流。尤其是在文化方面，我觉得，中华文化有很多值得对外推广的东西，比如说气功、太极、书法甚至美食等，这些都是非常好的。而书法则更为突出，它是中国对外交流的一张名片，因为书法是文化含量比较高的艺术门类和学科。

为了更好地对外进行书法交流，我觉得，首先是要大量培养书法人才。没有人才，让谁去交流？要培养有真才实学而不是“半吊子”人才。这样的对外交流才不会辱没中华文明，不会被外国人小看。外国特别是日本，它对中华文化钻研得也很深，他们甚至骄傲地认为中国目前的书法还不如他们的好。在这种情况下，我觉得人才的培养是非常重要的，对外交流一定要有人才。

全：现在有一些中小学也在教书法课，有的是用毛笔，有的是用硬笔，我觉得都很好。我还去过我老家的几所学校，如萧山新街镇初级中学、衙前镇中心小学等，那里的领导、老师都很重视书法教学。你觉得，在书法教学上，用硬笔好还是用毛笔好？

周：从实用的角度来讲，孩子上课、回家做作业都是用硬笔，如果急功近利的话，可能硬笔是最划算的。但是，你要想真正掌握书法，掌握这么一门中国文化精髓的话，必须用软毫、用毛笔来写字。可以这样讲，会用硬笔来写字的人，不一定会用软毫、毛笔来写，但是，会用软毫、毛笔来写字的人，必定会使用硬笔。对此，人们可能有疑问，我的学生里，有的家长也这样提问：周老师，我的孩子在你这里学了那么多年书法，毛笔字也写得不错，为什么他的硬笔字写不好？毛笔字学了到底有没有用？我说，正常情况下，你只有掌握了毛笔字才会写好硬笔字。至于你的孩子硬笔字写不好，是为了赶进度造成的，为了完成老师布置的作业，想早点休息或者出去玩，因此他在写硬笔字的时候是乱写的，毫无章法。如果他老老实实按照软笔书法的笔法，一笔一画地去写，肯定会写得很好。家长说，那是不可能的，根本来不及。我说，一开始是来不及，但是达到了高度熟练以后，就来得及了。平时用写毛笔的方法去写硬笔字，写多了，练习多了，自然而然书写速度也就上来了。硬笔和软笔实质是一致的，没有必要分开。

全：现在社会上也有一些机构或者个人在教书法，水平参差不齐，你觉得要不要对这种现象进行适当规范，或者制定一个统一的标准？

周：参差不齐那是难免的，水平有高有低，那是必然的。如果属于水平比较低下的一些人，他自我感觉却非常良好，反而又要大肆传播自己并不十分正确的观点和技能技巧的话，这种做法对社会就有一定损害了。至于要不要去规范它，也很难说。不管什么层次的书法培训，至少可以培养人们对书法的喜好，尽管正确性稍微差了一些，但能把学童从计算机桌拉回到书桌上，从这个角度来讲，我觉得也是值得肯定的。如果有一个权威的机构进行规范，当然更好。可是艺术一旦进行规范了，是不是又会限制了它个性的发挥？任何事物都有它的两面性。

全：你的学生当中，肯定有一些写得比较好，有一些写得差一点。你觉得写得好的学生，他们为什么能写好？

周：在我看来，学习书法对人智力的要求并不是很高，只要智力中等以上就可以，不是说非要有什么悟性，有什么灵性。在书法上没有什么天才，也没有神童，更没有捷径，所需要的是努力刻苦、持之以恒，加以正确的方法，长年累月不间断地训练，才会取得比较好的效果。至于我的学生里面有一些学得比较好，我想就是属于那种能够持之以恒的人。

全：现在各行各业都在讲创新，书法界好像也有创新的呼声，有的人还创造了一些新的书法模样，也有不少的追随者。那么，你觉得书法应该如何创新？

周：大家都需要与时俱进，需要创新。说到书法创新，它必须在传承的基础上进行，不是为了创新而创新，变脸变形，做鬼脸。书法的创新要在传承的基础上，花大力气下大功夫，站在巨人的肩膀上更上一层楼，建立起自己的高楼大厦。不要否定一切传统，打破一切常规，在沙滩上平地起高楼，我想这个楼，即便起来了，也不会牢固。

全：这么说来，您是不是觉得继承传统比创新更重要？

周：是这样的，我们在继承传统的时候，其实已经在创新。此话怎么讲？我们学习颜真卿、欧阳询、柳公权的字，然而我们不是唐朝人，我们生活在计算机时代，我们所受到的文化教育也不是唐代的教育，我们的脾气、性格也是拥有新时代特征的。一句话，你人已经变了，你在传承的过程中学颜、欧、柳诸公的字，你这个人本身特质便在里面了。这种传承在某种意义上来讲，就是创新。

全：千百年来，书法艺术不断发展，涌现出许多具有划时代意义的伟大书法家，独树一帜，彪炳千秋。可以说，书法的创新是客观存在的。那么，书法的创新，您觉得主要体现在什么方面？

周：这当然。不过，创新不能简单地理解成与别人完全不一样，是吧？有些东西可以创新，譬如书法艺术的风格、形式可以创新。但是，有些东西是不能创新的。比方说，对书法点画质地的要求，对书家人品的要求等，是不能改变的。把黄种人创新成黑种人，总不对吧？创新要把握一定的度。

全：说点题外话。除了书法以外，我知道您对国画也比较感兴趣，对篆刻也有一定爱好，创作了不少作品。您觉得，这几个爱好之间或者这几门艺术之间有什么关联吗？

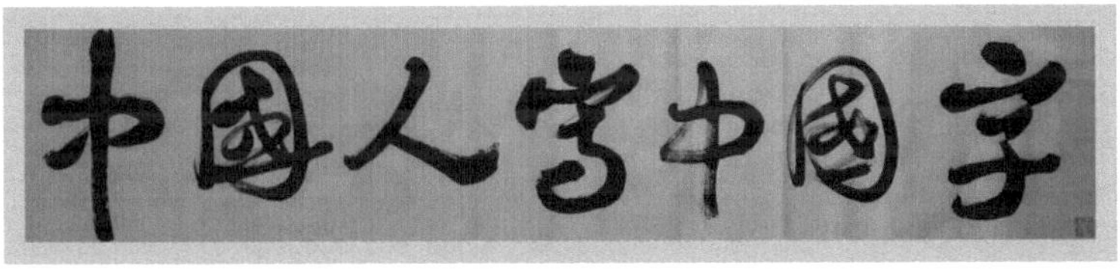

周崇坚先生书法作品

周：中国传统艺术中，诗、书、画、印，号称“四绝”。擅长“四绝”，是我们对中国书画家的最高要求之一。一个人既会写诗，又会画画，又能够在画上用非常好的书法题款，再盖上篆刻得非常好的图章，这是个全才。可惜，这样的全才现在越来越少了。为什么？难度太高。在近代，我觉得比较有名的全才，只有吴昌硕、黄宾虹、齐白石等为数不多的几个。正因为非常难，这也就成为我对书画艺术的一种追求。

至于诗书画印的相互关系，我是这样看的，书法是国画的基础，书法的质地与高度决定了国画的质地与高度，而诗的意境则决定了书画的境界。如果再配上好的篆刻，就更能相映成趣，使书画作品臻于完美。

全：您讲得很好。书法其实是一门综合性的艺术，对一个人的学识甚至品德修养都有很高的要求。同时，书法又是中华文化的一大瑰宝，我们一定要珍惜它，传承它，让它永放光芒！

将中国丝绸历史追溯至七千年前

——《锦绣流光：黄能馥口述史》整理后记

黄能馥先生的口述史稿《锦绣流光》，我是在对他的采访结束一段时间以后才接手的，原因是我的同事张倩彬调到别的部门工作。在这之前，我没有过问太多，因为我想，我可以在书稿比较成熟时再来审阅。

《锦绣流光：黄能馥口述史》封面

说起来，国家图书馆中国记忆项目中心与黄能馥先生开始接触是在 2013 年 8 月 10 日。那时候，中国记忆项目中心正在筹办《丝绸的记忆——中国蚕丝织绣暨国家级非物质文化遗产特展》，黄老是中国当代丝绸史、服饰史界的权威学者，我的同事去拜访，当然是情理之中的事。

2013 年 12 月 30 日，我们的展览在国家图书馆成功举办，黄老应邀出席。

这时候，中国记忆项目中心正在开展“学者口述史”项目，并已着手对冯其庸[①]先生、顾方舟[②]先生进行口述史采访。在与黄老的多次接触中，我们为黄老的渊博学识与道德情操所感动，于是决定对黄老进行口述史访谈。黄老是接受中国记忆项目中心口述历史采访的第三位学者。

黄老出生于 1924 年，浙江义乌人。他是中国当代著名的服饰史、丝绸史专家，长期致力于中国传统装饰图案、服饰史、丝绸史的研究工作，出版学术专著二十余部（部分著作与其夫人陈娟娟合作），其中《中国丝绸科技七千年》《服饰中华——中华服饰艺术七千年》《中国服装史》《中国历代装饰纹样大典》，以及主编的《中国美术全集・工艺美术编・印染织绣》等，饮誉海内外。此外，他的学术论文《龙——中国文化的象征》《衣冠中国之服饰神韵》等，都是富于创新精神的重要成果。黄老的学术创新成果，其中一个重要案例，就是他填补了中国丝绸史史前时期研究的空白。正如中国收藏家协会会长、中国历史博物馆资深研究员、著名的文物专家史树青先生在《中国丝绸科技七千年》出版座谈会上所说：“（黄能馥、陈娟娟的研究）以丝绸为中心，将中华民族的文化史推到七千年前，是前无古人的。史料如此丰富，描绘如此生动，研究出版过程如此艰苦，成书又如此精美，恐怕也是后无来者的。”

黄能馥先生的求学道路充满坎坷。在几乎因为生活困难、面临退学的情况下，他因一份困难补助申请得到批准而得以继续学业，结束了中央美术学院华东分院（中国美术学院前身）学业，并留校攻读研究生，随学校转入中央美术学院，参与了中央工艺美术学院的创建工作，可谓筚路蓝

---

① 冯其庸（1924—2017），江苏无锡人，著名红学家、史学家、书法家、画家，历任中国人民大学教授、中国艺术研究院副院长、中国红学会会长等职。

② 顾方舟（1926—2019），医学科学家、病毒学家，原北京协和医科大学院长，中国组织培养口服活疫苗开拓者之一，被称为“中国脊髓灰质炎疫苗”之父。

缕。1956 年，黄老调入中央工艺美术学院工作，担任教员，并结识了沈从文先生的助手、后来成为他终身伴侣的陈娟娟女士。陈娟娟女士不仅是他的生活伴侣，更是他事业上的合作者。在故宫博物院工作的陈娟娟女士，长期从事织物组织结构研究，曾被誉为“世界上唯一长期坚持这项工作的研究人员”（中国纺织出版社范森先生语）。

婚后数十年的生活中，黄能馥先生与陈娟娟女士在学术研究与人生历程中相濡以沫、互相扶持，一起为中国服饰文化研究做出了重要贡献。他们经常一起参加出土文物的鉴定与研究，是新中国最早开始复制出土丝绸刺绣服装的学者之一，先后指导复制历代丝织品几十件，其中“万历皇帝缂丝十二章衮服”曾荣获复制金杯奖和全国工艺美术“百花奖”。1958 年，他与中央工艺美术学院的师生一起，参加了人民大会堂、民族文化宫、中国军事博物馆等重大建筑的部分装饰设计工作。1959 年，他与常沙娜、李绵璐一起赴敦煌，对莫高窟壁画中大量的服饰纹样进行临摹，积累了丰富而又珍贵的历史资料。“文化大革命”开始后，黄老也与绝大多数知识分子一样，不能从事正常的教学与研究工作，然而他始终坚守学者应有的品格，在学术研究的道路上不停地探索。正因为如此，所以当十年浩劫过去以后，他能很快地找回自己的学术方向，并取得骄人的业绩。

对黄老的第一次口述史采访，是在 2014 年 4 月 17 日，在黄老的家中进行，由张倩彬担任采访人，当然还有一个中国记忆拍摄与后期制作团队。张倩彬是学服装专业的，是一个比较理想的采访人，整个采访过程中，她也表现出了自己的专业优势以及敬业精神。采访一共进行了 7 次，到 2014 年 7 月 4 日结束。后来，我们又对黄老进行了几次拜访。

应该说，黄老不仅是我们的受访人、口述者，同时他又是对书稿有过深度参与的整理者。在漫长的整理过程中，黄老对于书稿的整体构架起了很重要的作用。还有，在许多细节问题上，黄老都进行了认真的核实与考订。所以，这部书稿能够达到现在的水平，黄老的确是功莫大焉。

我正式接手书稿整理工作时，应该说，书稿的大体结构已经形成。其中，黄老本人与张倩彬已经做了许多工作。但是，这并不是说，当时书稿就可以交付出版了。我注意到三个问题：一是书稿中许多人名、地名、专有名词需要进行注释；二是黄老在口述过程中提到的一些事情，有个别地方仍待核实，有的地方需要做些技术性处理；三是书稿内容略显单薄，要考虑增加一定的篇幅。

我的工作主要围绕以上所说三个方面进行。我对文中提到的人名、地名、专有名词进行了比较详细的注释，核实了个别历史事实，对于可能引起争议的若干地方进行了技术性处理，对肇文兵博士所编《黄能馥文集》一书中的黄老“年表”进行了修订，同时从黄老的学术论文中，挑选了我认为较能代表其学术水平的文章《衣冠古国之服饰神韵》一文，将其附于书末。

我做的另一件事，与黄老的儿子、画家黄钢先生有关。那就是黄钢先生挑选了许多家中珍藏的照片，为这部书稿配图，为此书增色不少。

感谢黄钢先生，同时也感谢为此书做了许多工作的中国记忆项目中心的同事，当然还有商务印书馆的陈洁等认真负责、水平一流的编辑团队。

现在想来，我从整理黄老口述史中所得到的收获，主要的恐怕不是将要呈现在读者面前的一部图书，也不是从这部书稿中学到了多少丝绸、服饰、纹样方面的专业知识，而是从黄老的讲述中、从他的生活经历中，我感受到一种崇高的人格力量！

是的，从黄老的身上，无论是听他的音频资料，还是阅读文稿，我能深切地感受到一位老学者的思想情怀、家国情怀。他们这一代人，经历过疾风暴雨式的政治风云与社会变革，人生的道路可以说跌宕起伏、历尽磨难，但是，他们始终保持乐观向上、奋力有为的进取精神，实为不易！黄老就是一个很好的例子。在这里，我想引用一下黄老所讲当年写作《中国服装史》时的具体情景：

我们写这部书的时候，当时房子两室一厅，一间房子我跟我爱人住，

> 一间房子儿子住，一间客厅，厅是很小的。因为我爱人身体不好，老在家里，当时来采访的人特别多，白天基本上客厅是要给她留着用的。我白天，一方面，比方给她买药、做饭、洗衣服，就没时间写作。晚上是等他们都睡着了以后，我不敢打搅他们，我就在晾台上写。这个晾台当时是露天的，很小的一个晾台，我们住在三楼，我拉出去一盏电灯，在那晾台上写，不打搅他们。夏天特别热的时候，穿一条裤衩，坐在晾台上写。冬天穿着棉衣，冷得不得了，脚都特别冷，就拿棉被垫在底下，因为露天的嘛。每天都写到半夜，这样差不多一年多时间下来，写完了以后，去体检的时候，血压一下就高上去了。①

在改革开放四十年后的今天，对于绝大多数中国人来说，饥寒交迫、食不果腹的时代已经一去不复返了。然而，优裕的生活环境有时也会消磨一些人的意志，有的沉迷于物质享受，做起事来却萎靡不振。对此，我们通过对像黄老这样的老一辈学者的口述史访谈，往往能感受和激发一种极大的精神力量。

如今，黄能馥先生、陈娟娟女士都已经故去。他们留下的，是一份沉甸甸的学术遗产，他们的精神依然在感召着我们。我想，在他们的身上，也有这样的东西存在。这些东西，就是中华民族自强不息、任重道远的优秀品德，就是历代先贤传递给我们的忍辱负重、积极进取的人格光辉。在这里，不妨引用黄老书中所叙述的一个真实故事：

> 有一次，我跟娟娟到他家里去，那是“文革”刚结束、他到社科院以前，工作很不顺，身体就不好，眼睛红斑出血，血压非常高，下不去。家里就他一个人，也没人管他。我们每个礼拜去只能看看他，也没有什么别的，当时看到他这个情况，我也挺灰心的。我们俩回家

① 黄能馥口述，张倩彬、全根先访问整理：《锦绣流光：黄能馥口述史》，商务印书馆，2018年，第73页。

的时候，路上我跟娟娟说："沈先生在社会上这样有名气的人，现在都这样子，我们将来还有什么奔头。"娟娟背着我，去告诉沈先生，结果沈先生一听就生气了："你马上把黄能馥给我叫来。"这样我就去了。沈先生当时只有一小间房子，门也没有关，就有一张小桌子，一张单人床，一个书架，自己钉得挺高的一把椅子，蜂窝煤搁在门口。我去的时候，他是冲着墙躺着，门也没关。我就"沈先生、沈先生"叫了几声，他回过来朝我看了一眼："你来了"。过了半天，他说："听说你不干了？"我一下心里冲动，就哭了。后来他就说："眼光要看远一些。"就跟我说这个。这个事情对我教育非常深，这一辈子，不光是他这句话，因为他平时的为人以及他的遭遇，一辈子教育着我，言传和身教。他说的不多，但是他平时为人处事的方工对我影响非常深。①

这个故事似乎很平凡。黄老当时为生活所迫，情绪低落，几欲放弃，而沈从文先生作为老师，同样十分窘迫，却以自己的实际行动，激励当时还年轻的黄老要目光长远，坚持下去。

这样的故事，不正是中华优秀传统文化的最好诠释吗？我想，让更多的人记住这样的故事，正是中国记忆的使命所在。

黄老离开我们已经两年多了。他没能亲自看到这部书的正式出版，这是我们深以为憾的事情。今天，我们对他最好的告慰，我想，就是把他的精神传承下去，做好自己的本职工作，为中华文化的传承发展尽自己的绵薄之力。

---

① 黄能馥口述，张倩彬、全根先访问整理：《锦绣流光：黄能馥口述史》，商务印书馆，2018年，第102页。

以史为鉴何以可能

——著名历史学家、北京师范大学教授刘家和先生访谈记

2018 年 4 月 9 日，国家图书馆中国记忆项目中心对著名历史学家、北京师范大学历史学院资深教授、中国世界古代史研究会名誉理事长刘家和先生进行了第一次口述史采访。

对刘家和先生进行第一次采访，左起：蒋重跃、刘家和、全根先、韩尉

刘家和先生，1928 年出生于江苏六合（今南京市六合区）。幼年失怙，历经曲折，曾四进私塾，多次换校，却培养了浓厚的学习兴趣与好学深思的习惯，为其一生治学打上了浓厚的文化底色。青年时期，先后就读于江南大学、南京大学、辅仁大学、北京师范大学、东北师范大学，亲炙钱穆、唐君毅、牟宗三、韩儒林、贺昌群、蒋孟引、刘毓璜、陈垣、白寿彝、柴德赓、金毓黻、何兹全、林志纯（日知）诸位名师教诲。刘家和先生是当代少有的学贯中西、始终站在学术前沿的史学大家，在世界古代史、中国古代史、中西比较史学、史学理论研究诸多领域卓有成就。他为人豁达谦和，关爱后学，实乃年轻人的良师益友。著名历史学家、北京师范大学历史学院教授何兹全先生曾用七个字评价刘家和先生的学术特点："家和的学术研究是古、今、中、外、文、史、哲！"而何先生还比刘先生年长近 20 岁，可见刘先生在当代中国历史学界的重要学术地位！

刘家和先生博古通今，著述等身。其学术专著主要有《史苑学步——史学与理论探研》《世界上古史》《史学经学与思想：在世界史背景下对于中国古代历史文化的思考》《史学与思想》《古代中国与世界：一个古史研究者的思考》《愚庵论史：刘家和自选集》《历史文化认同与中国统一多民族国家》（第五卷）、《中国通史》（第一卷、第三卷）；主编有《世界史・古代史编》（上卷，与吴于廑合作）、《中西古代历史、史学与理论比较研究》《世界古代文明史研究导论》（与廖学盛合作）；其译作品主要有《世界通史资料选辑》（上古部分，合译）、《世界古代史资料选编》（合译）、《中国近代史》（合译）、《泰晤士世界历史地图集》（合译）、《世界古代史中世纪史资料选辑》（合译）等。发表学术论文一百余篇，诸如《论黑劳士制度》《基督教的起源及其早期历史的演变》《印度早期佛教的种姓制度观》《古代中国在世界上的地位》《论中国古代轴心时期的文明与原始传统的关系》《关于中国古代文明特点的分析》《对于中国古典史学形成过程的思考》《历史的比较研究与世界历史》《论历史理性在古代中国的发生》等。

刘家和先生是中国记忆“学者口述史”项目采访的第一位历史学家。对刘先生的采访，我们已经酝酿了好几年。2017 年 5 月，我应邀参加北京师范大学历史学院的博士研究生毕业答辩，刘先生是答辩委员会主席，我当即郑重地向刘先生提出进行口述史采访的邀请，并经协商，特邀刘先生的学生、北京师范大学历史学院教授、《北京师范大学学报》主编、全国高校文科学报研究会理事长蒋重跃先生作为采访人。

中华民族具有悠久的历史传统。浩如烟海的历史典籍是我们无比珍贵的文化遗产，培养民族自豪感和爱国主义精神，是我们不断地发奋图强、抵御外侮、勇于创新的力量源泉。历史研究是民族文化传承发展的重要途径，蕴含国家重大利益。正如习近平总书记在 2014 年 10 月 15 日全国文艺工作座谈会上所说：“中华优秀传统文化是中华民族的精神命脉，是涵养社会主义核心价值观的重要源泉，也是我们在世界文化激荡中站稳脚跟的坚实根基。”千百年来，我们对“以史为鉴”这一观念，早已耳熟能详，达成共识。然而，怎样理解“以史为鉴”的真实含义？“以史为鉴”如何成为可能？对此，却很少有人进行深入的思考。2007 年，刘家和先生在西安召开的一次学术会议上才正式提出了这一问题。

刘先生指出：以铜镜为鉴，我们从中看到的是自己；可是，以史书为鉴，无论如何也看不到自己，即使有同名同姓的人，那也不是自己。所以，史书何以可能为鉴？鉴就是镜子，怎么能把史书当镜子？再说，以水为鉴的水须是止水，那水必须是静止的，放盆里停下来。只有止水才能平静如镜，才能照见自己。如果在河里，河水在流动，你看人影就不稳定，效果不好。可是，历史不是静止的，历史讲的事情都是运动不息的，总在运动，奔腾不息，就像长江大河一样，它怎么能照见我们呢？所以，刘先生认为，“以史为鉴”是一种隐喻，不是真的有那么回事，它不是一种实实在在的科学的表述。既然是隐喻，那么隐喻之词与被隐喻之物之间只有相关性，而不是等同的。从史书里面看到的那个，跟我们不是等同的。当然，两者有相关性，就是两者有同一性，有同样的属性。

根据刘先生分析，我们从水或铜镜中并未真的看到自己。我们在照镜子的时候，镜子里面的你是外面的你的影像投射到镜子里返回来到你的视网膜上看到的。它是一种 reflection，即反射，叫反思。我们即使看到的是水、看到的是镜子里面的那个你，也不是真正的你，是真正的你的一个反射物。我们看到的是自己投到水或镜面、然后又反射回来的一种影像，这个影像只是自己真实形象的一种反映，也就是反映了自己相貌的他者。镜子里面的你，是另外的一个人，是另外一个他者，是你的投影。具体地说，我们本来无法直接看到自己的形象。我们看不到自己的脸，因为眼睛出不去，只能通过他物（如水或铜镜）反射回来的影像才能间接地看到。按照黑格尔的说法，一个映现在他物中的存在叫作“本质”。你要想了解一个事物的本质，一定要脱离它。人要认识此物的本质，就必须到他物中去寻找此物在其中的映现。这个供我们认识此物映现的他物，黑格尔叫作“中介”。史书正是我们考察自己命运、事业发展趋势的他物——“中介”，这就是“以史为鉴”。

从貌似平淡无奇甚至不是什么问题的问题出发，进行深入的思考研究，提出真知灼见，令人茅塞顿开，正是刘家和先生学术研究的一大特色。

刘家和：一位老教授的教育情怀[①]

蒋重跃教授（右）采访刘家和先生

我半夜起来，望着窗外不远处工地上高悬的路灯，不知不觉地陷入沉思状态。灯光如瀑布般倾泻下来，静静地落到我的案头，仿佛侵入到我的心肺。我的心中突然涌现一种莫名的感动。

很快地，我的思绪转到两天前采访刘家和先生时的一个情景：采访结束时，我提出大家一起与刘先生合影。于是，先生站在中间，蒋重跃教授在右边挽着先生的右胳膊，刘先生则挽着我的右胳膊，

① 中华民族自古以来就有重视教育、尊重教师的优良传统。堪为人师、为人师表，是我们对人的高度肯定与褒扬，中国古代伟大的思想家、教育家孔子，被誉为“万世师表”。韩愈说：“师者，所以传道授业解惑也”；欧阳修说：“古之学者必严其师，师严然后道尊”；司马光说：“经师易遇，人师难遇”。这些话，明确了教师的职责，强调了教师的重要性，又说明良师的不可多得。现在，我们强调工匠精神，原因在于当下许多企业心浮气躁，追求短期利益，牺牲产品质量。教育领域同样存在这样的行为，这是毋庸讳言的。作为一名教师，应具有教育情怀，不能一味地追求学生成绩、升学率等短期目标，更不应以追逐私人利益为务，要“择高而立，就平处坐，向宽处行”，通过自己的渊博知识与高尚人格，培养和造就国家所需要的建设人才。没有冰心一片、物我两忘的境界，不可能成为“行为世范，学为人师”的优秀教师。本文为笔者在采访刘家和先生过程中有感而写。

在挽住我胳膊的一瞬间，似乎还使了一点劲。我不禁想：这是一个偶然之举吗，还是其中蕴含某种意义？

一般来说，老人在拍照时，挽住年轻人的胳膊，这是司空见惯的现象，没有什么特别值得深究之处。然而，我却不这么想。因为在先生挽住我的胳膊时，我分明感到了一种力量，可能不是因为担心自己站不稳而做出的一个动作。

是的，以先生的身体状况，正常情况下，他应该不用这么使劲，只要轻轻挽住我的胳膊即可。况且，重跃兄在一边还挽着他的胳膊，不会有摔倒之虞。这几次采访中，无论是我去接他，还是送他回去，他平时都是谢绝我搀扶的。上、下车也是如此，他都是自己独立完成，一手拄着拐杖，一手提着个布袋，布袋中有采访时可能需要用到的少量文件。他也不让我帮他拿那个布袋。尽管布袋较轻，然而通常老人在这种情况下，多数是愿意让年轻人帮助携带自己的随身物品的。

我觉得，先生之所以不愿我去搀扶他，帮他拿那个布袋，一方面固然是因为他身体情况尚可，自己走路、上下车还行；另一方面，或者说主要是因为他的个性，他是一个非常要强的人，非常自律，甚至对自己有几分苛刻，而不愿麻烦别人，尽量自己来做想做的一切事情。

我甚至觉得，有时候，我们去接他，把车停在学校的门口，没有把车开到他的家门口，停车的地方与他家有一段距离要走，他总是笑着对我说，没事，走一走挺好，活动活动筋骨，这些可能也是他为了宽慰我们而说。

恰恰是因为考虑到这点，促使我欲去猜想：先生用力挽住我胳膊这个动作，是想要表达某种意义吗？如果真是这样，这种意义又会是什么呢？

我想到了先生与我见面时的一些交谈。第一次见面，那是去年五月，我去参加重跃兄学生李光迪博士的毕业答辩，先生对我的称呼：“根先兄。”他解释说，因为他在中央大学（南京大学前身）历史系读书时，我和重跃兄的硕士研究生导师刘毓璜先生也是他的老师，因此，他与我可以说是师兄弟。重跃兄因为是他指导的博士研究生，所以，他不能称重跃兄为“兄”；而我则不同，他与我在先师刘毓璜先生那里，是平辈的，故当以师兄弟相称。以后的见面，先生或以“根先兄”，或以“全先生”相称，不把我当作晚辈看待。

事实上，论年龄，我比重跃兄还年轻5岁，与先生则正好差35岁。35岁，无论是在古代还是在现今，不论怎么计算，我与先生肯定都不能算作同一辈的。以先生的学识，更是在我的心中“仰之弥高，钻之弥坚”，一辈子都难以企及。不过，在先生眼里，如果是同辈，则他与我的学术交流，自然具有“相互切磋”的性质了。

渊博的知识，深邃的思想，而以最平凡的语言、最谦逊的态度表达，这是先生的一贯风格。

我记得，有一次，先生对我说：我今年已经90岁了，还可以干几年，我要再带重跃几年。我的学生中，重跃他们，我要再带他们几年！

这是一种什么样的期待啊！在常人眼里，先生的学生中，像重跃兄他们，其实都可以说已成就不小。像重跃兄，他是北京师范大学历史学院教授、博士生导师，《北京师范大学学报》主编、全国高校文科学报研究会理事长，还有其他几个我没有记住的学术兼职。在我的心目中，重跃兄是我学习的榜样，他有扎实的学问功底，持之以恒地从事学术研究，发表和出版了许多有影响的学术成果。只是，在先生的眼中，学问真的是浩瀚无边，没有止境。如果说，以我的学识，只是望见了太平洋中的几处海湾、几座码头，那么，先生看到的，可能就是整个茫茫大洋吧！

于是，我又想，莫非先生对我也是有所期待？记得2018年春节以后，一个星期天上午，先生给我打来电话，与我聊起诗词创作，主要是诗词创作中的格律问题。因为我跟他提起过，我在写诗词时，有时会遇到格律、用韵不准的问题。在电话中，他给我背诵了一大段屈原的《离骚》，又背诵了几首唐诗，并给我讲解了有关格律和用韵的一些问题，还提到江南、中原地区古代声韵问题。前天采访结束时，先生又提出要找个时间跟我交流诗词创作方面的问题。因为先生早在上私塾、小学的时候，就解决了这个问题。所以，我心里明白，先生说是跟我交流，实则是想帮我排除进行诗词创作时的一些苦恼。

岂止是诗词创作，其实，我心里明白，先生只是没有明说，他是希望通过他谦虚地表达的“交流”，激励我继续努力，使我的学识更加有所进益。

如此说来，那么我的感觉可能是对的，先生可能是通过用力挽住我的胳膊传递某种能量，其中隐含了对我的某种期望。这样说来，先生不仅对重跃兄、他指导的学生们有一种期望，对我也是有所期望的。

被先生这样的长辈有所期望，难怪我的心中会产生一种莫名的感动，同时又感到一种无形的压力。

我忽然想起，2018 年春节前，我与重跃兄一起去看望先生，他给我们讲了一个故事：那是 20 世纪 50 年代，先生在东北师范大学历史系进修，主要是跟随林志纯（日知）先生学习和研究世界古代史。当时，中国世界古代史学科处于草创时期，主要是向苏联学习。日知先生是中国世界古代史研究的开拓者之一。有一天，日知先生将刘家和先生、毛昭晰先生（当时还是学生）叫到他的办公室，拿出一支笔，要他们在一份保证书上签字。保证书的内容是什么？就是万一他（日知先生）自己身体不行了，他们要把中国世界古代史学科建设事业继承下去。就是这样的保证书。

这样的保证书，里面寄托着老师对于学生多么殷切的期待啊！

老师对学生的期望，有时候，真是胜过父亲对于子女，可谓舐犊情深！

顺便说一句，毛昭晰先生后来也成为中国世界古代史研究领域的一代名家。他是浙江大学历史系教授，曾任浙江省文化厅厅长、省文物局局长、省人大常委会副主任等职。从领导岗位退下来以后，他又回到浙江大学，致力于学术研究。我去杭州采访中国美术学院教授、中国油画学会副主席全山石先生时，还专门向全老询问毛先生的身体近况。全老对我说，毛先生现在显得有点老，可能有 94 岁或 95 岁了。实际上，毛先生是 89 岁，比起这个年龄的老人来，并不显得老，依然精神矍铄，只是全老是一位艺术家，他自己显得比同龄人年轻罢了。毛先生是我本科时候讲世界古代史的老师，他出口成章，妙语连珠，风度翩翩，还给我们做欧洲古典音乐欣赏讲座，给我们留下了深刻印象。近年来，我还与他在电话中交谈过几次。

话说回来，我又觉得，先生对于我的期望，或许与对重跃兄的期望又有所不同。对我来说，除了期望我在学问上有所进益外，可能还具有一定的社会意义，这就是我们正在做的中国记忆了。我与重跃兄曾跟先生说，我们做学者口述史，最重要的不是为某位学者个人树碑立传，而是要让我们的青少年、我们的后代从老一代学者身上受到教益、得到启迪，让我们的学术文化薪火相传，不断地发扬光大。正因为如此，先生才同意接受口述史采访。

我想，先生在挽住我的胳膊时，看似不经意间的一个动作，可能就蕴含了一份寄托、一种期待。

也许，这只是我个人的一种臆测，我想的不一定对。然而，我内心深处的一种莫名的感动，却是非常真实。

就让思绪随风而去。

于是，一股暖流又在我的心中流淌。

行文至此，我感到有点困了，所以自己不再试图写诗，贪个懒，抄录两句龚定盦先生的诗吧：

落花不是无情物，

化作春泥更护花。

夜依然很沉，而我却很心安。

王永民：把汉字带入信息时代的人

——纪念“五笔字型”输入法发明35周年

1946年2月15日，世界上第一台通用电子计算机（ENTAC）在美国宾夕法尼亚大学诞生，这是人类历史上具有划时代意义的一项伟大发明，标志着人类从此将进入信息化时代。

20世纪70年代，集成电路技术的应用，极大地提高了计算机的运算速度；80年代后，微型计算机兴起并迅速地进入学校与家庭，席卷至世界各国和各行各业。

在五千年的中华文明史上，在有文字以来三千余年的历史长河中，我国围绕文字技术曾有过几次有划时代意义的伟大发明：东汉时期蔡伦发明的造纸术；隋唐时期发明的雕版印刷术；北宋时期毕昇发明的活字印刷术。

当新一轮世界科技革命浪潮席卷全球之时，“计算机”成为文明的同义词。成千上万的中国汉字能否进入计算机，成为中国文化面临的一个“卡脖子”的最关键、最核心的技术难题，以至于有专家学者断言：“计算机是汉字的掘墓人，是拼音文字的助产士。”傲然屹立于世界民族之林的中国汉字，正面临着前所未有的严峻挑战。

1983年8月28日，王永民先生发明的“五笔字型”汉字输入法在郑州诞生。在汉字的生死关头，这一发明，被国内外专家评价为“其意义不亚于活字印刷术”。

1984 年 4 月 4 日，胡耀邦总书记到河南视察了“五笔字型”。此后，中央将“国家文字改革委员会”更名为“国家文字工作委员会”。至此，“五笔字型”的诞生，直接导致了以“汉字拼音化”为宗旨的“汉字改革”的告终。

1999 年，中国科学院院长路甬祥院士在其主编的《科学改变人类生活的 100 个瞬间》① 中写道：“1983 年 8 月，南阳有一位叫王永民的奇人发明了五笔字型，汉字输入的难题得到了根本性的解决。”在该书中，王永民先生被誉为“把中国带入信息时代的人”；2003 年，国家邮政总局发行了纪念邮票《当代毕昇——王永民》；2008 年，在由国家发展改革委员会指导，中国社会科学院、中国改革报等单位筹办的“中国改革与发展高峰论坛暨评选活动”中，王永民先生众望所归，被评为“中国改革开放 30 年·30 人”功勋人物之一。

今天，“五笔字型”的发明与广泛应用，已经整整 35 年了。当我们重新审视这一原创性重大发明，从中国文化史、科技史与文化自信的角度进行考察时，将可以更加深切地感受到 35 年前王永民先生这一发明的重大意义与历史功绩。

曾有人做过两个重要的假设：其一，如果没有五笔字型，中国人的办公桌上，每台计算机都拖带一个专制的汉字键盘，会是一种什么壮观情景？其二，如果五笔字型是外国人的专利，我国的计算机产业将是一种什么局面？

也许，理性地回答这两个问题，正是我们今天纪念五笔字型发明 35 周年的意义之所在。

---

① 路甬祥：《科学改变人类生活的 100 个瞬间》，浙江少年儿童出版社，1999 年，第 285 页。

一、近代以来的汉字危机

在中华文明史上，汉字不仅是汉人的文字，还是整个中华民族共同使用的文字。汉字作为记录中华文化的主要载体，一直维系着国家的统一和民族团结。汉字不仅记录与沉淀了中华文化，它本身就是中华文化的“活化石”。汉字寄托着中华民族最深沉的精神诉求，是中华文化在当代发展与走向未来的伟大基石。

然而，文字的命运总是与国家和民族的命运休戚相关。鸦片战争以后，中国逐渐沦为半殖民地半封建国家，中华民族面临生死存亡的严峻考验，中华民族的文化自信几乎丧失殆尽，受西方文化影响，汉字也因此被错误地认为是一种“落后的文字”，甚至被当作“野蛮文字”，要求“废除汉字”的呼声此起彼伏、不绝于耳。

一些爱国知识分子、仁人志士，为了救亡图存，改变中国人被压迫、被奴役的命运，将落后挨打的“原因”归结于广大民众的愚昧无知，而汉字的难识难写，加上汉字所记载的一些封建文化，则被认为是造成这一局面的“罪魁祸首”。五四运动时期，甚至有人提出：“欲使中国不亡”，废除汉字乃“尤为根本解决之根本解决。”

中国曾是古代东亚最先进、最强大的国家，中华文化在历史上长期处于领先地位，汉字是这一地区的国际性文字，形成了“汉字文化圈”。近代以来，在中国饱受西方资本主义、帝国主义侵略的同时，汉字的国际地位一落千丈。日本、朝鲜、越南等国纷纷进行文字改革，意欲摒弃汉字，或者使汉字成为一种辅助性次要文字。

同时，一些人试图对汉字进行改革，提出“汉字拼音化”和汉字简化，“汉字改革方案”层出不穷。1954 年，国家成立了“中国文字改革委员会”，全面推进汉字的简化、规范、拼音化。

在“汉字改革”运动中，还始终存在着一种旨在废除汉字的思潮。这就是，按照某些人的“设计”，第一步先用“拉丁字母”作为“汉字注音符号”；第二步让汉字与“拼音”混合使用（即“一语双文”）；第三步最终实现完全用拼音“代替汉字”，宣告“汉字死亡”！①

这是一个让汉字“安乐死”的罪恶阴谋！“汉语拼音”不能代替汉字，这是关系到中华文化发展方向的不可动摇的根本原则。早在1958年1月14日，周恩来总理在全国政协举行的报告会上就说：“首先应该说清楚，汉语拼音方案是用来为汉字注音和推广普通话，它并不是用来代替汉字的拼音文字。”2001年颁布的《中华人民共和国国家通用语言文字法》，更明确表示汉字为我国法定文字。

设想一下，如果当年没有王永民先生发明“五笔字型”，如果中国人没有能够攻克汉字输入计算机这个世界难题，那么，汉字被“拼音文字”所取代是有可能的，或者，汉字要与“拼音汉字”甚至英语平分秋色了！如果是这样，那么，汉字“拖四个现代化的后腿”，电子计算机成为“汉字的掘墓人”，汉字成了“文化发展的包袱”诸如此类，就绝不是什么天方夜谭！

当然，历史不能设想，也不可逆转，但是，它却可以让人清醒。

二、为什么是中国人王永民

有专家说，将成千上万的汉字像英文那样，轻松快捷地“盲打”输入计算机，是一个足以获得诺贝尔奖的科学成就。半个世纪以来，世界上为此倾其全力从事研究与奋斗的学者、专家多达万人，发表的研究报告、试验成果或专利，多达一千多种。可为什么最终摘取这皇冠上的璀璨宝石者，会是中国人王永民？

王永民先生并不是世界上第一位研究汉字输入这一科技顶尖级大难题

① 参见周有光：《中国拼音文字研究》，上海东方书局，1952年，第5页。

的科学家、发明家。不过，王永民先生却是第一个取得重大理论突破并通过了35年实践验证的人。他在科研的路上独辟蹊径，处处有奇思妙想，由他定义命名的名词概念，至今作为从业者的基础知识。他经过艰苦卓绝的理论探索和千万次实验之后，建立了完整的理论体系，确立了一整套规则和方法，在世界上率先突破了汉字输入“必须采用专用键盘”的束缚，开创了汉字输入能直接用标准键盘，可以像西文一样方便快捷“盲打”输入的新纪元，避免了中国计算机产业（PC）的“畸形”！

至今，没人能计算出——因为“不必专门制造汉字键盘”，王永民总共为中国人省下了多少钱！

王永民先生，用他自己的话说，却是“一介书生，半个农民”。他从河南南阳的农村出来，凭借大胆创新，逐渐走到中国改革开放科技发展的最前沿，并走向世界。

河南人的确有理由感到自豪——汉字发展史上的“三大里程碑”都矗立在河南。在中华文化史上，河南似乎经常处于一个令人瞩目的中心位置。三千多年来，汉字发展史上有“三大里程碑”：晚清时期在河南安阳殷墟发现的距今三千余年的甲骨文，揭开了汉字记录的中华文明史的宏大序幕；东汉时期河南汝南召陵（今属漯河）人许慎所著《说文解字》，是第一部系统地分析汉字字形和考究字源的著作，在中国文化史上具有不可动摇的重要地位；20世纪80年代，当汉字遭遇“生死劫难”之时，又是南阳人王永民先生发明了“五笔字型”，成功地使汉字摆脱了被信息时代淘汰的空前危机。

王永民先生又是何许人也？

1943年12月，王永民出生于南召县一个贫农家庭，父母都是普通农民，家庭条件十分艰苦。王永民说，贫穷是一种动力。小时候的王永民聪明好学，勤于动手，喜欢书法篆刻与诗词，对汉字有很深的感情。中小学时代，他的学习成绩始终名列前茅，经常代替老师上台讲课，辅导同学们学习。高中毕业时，他的六门功课，平均成绩是99.75分。1962年，他以南阳地区第一名的优异成绩，考取当时中国的最高学府——中国科学技术大学。大学期间，他亲聆华罗庚、严济慈、钱学森等大师们授课两年之久。

然而，在通向事业成功的道路上，王永民先生并不顺利，他步履维艰，历尽坎坷。大学毕业后，他被分配到国防科工委研究所，但要先到辽宁盘锦，在解放军3125部队农场锻炼，种植水稻。两年后赴四川永川，进入解放军1424研究所。不久，他因患亚急性重型肝炎被送往重庆第四军医大学住院治疗，一住就是一年。出院后，数年间一直不能正常工作。“无才西蜀图相仕，有志南阳学躬耕”①，几经周折，调回家乡，在南阳市科委工作。

当计算机时代到来，有人说“汉字行将灭亡”的时候，热爱汉字的王永民，自觉自己有一份责任。事实上，一开始，他并没有想自己去发明什么汉字输入法，而只是想找一个现成的“输入方案”，解决自己分管的项目——汉字照相排版过程中先行校对的问题。这样，汉字输入，由此作为“卡脖子”的难关凸显在了王永民面前。为了找到现成的输入方案，他跑到上海、苏州、杭州等地考察，查阅相关资料，可是一无所获。

王永民先生是一位真做学问、做真学问的探索者。凭着深厚的理工学养，他从一开始就意识到，汉字输入绝对不是单一的“文字学”问题。而是一个涉及语言文字、人机工程、心理学、数理统计等多学科的交叉学科。

1978年，他带着几个助手，开始把《现代汉语词典》中一万两千个汉字逐一分解，做成十多万张卡片，从数以百万计的统计记录中，归纳出三百多个字根。因为没有计算机，全靠手工抄写编拣。他从基础理论下手，依照统计数据分析，在世界上第一个研制出《字根频度表》，提出了键盘设计的“相容性、规律性、协调性”三原理，建立了“数学模型”，依此

① “无才西蜀图相仕，有志南阳学躬耕”，出自王永民先生所作《七律·夜别永川》。

不断地压缩键位数量，三年间从138键、90键、75键，直到1982年6月，压缩到36键，重码只有70对。

1982年6月2日，王永民的科研生涯出现重大转折。他向时任河南省副省长、省科委主任的罗干同志汇报了自己的方案，立即受到重视和支持。王永民先生激动万分，流下热泪，当即向罗干同志立下军令状："一年完不成成果，我跳进黄河里永远都不再出来！"

1983年春节前，他终于在保定"华北终端设备厂"，完成了一套具有国际先进水平的汉字输入方案。这就是只用标准键盘的26个字母键，便可高效率"盲打"输入汉字的五笔字型输入法。

1983年8月28日，历时5年，熬过1800多个日夜研究成功的五笔字型，作为一项原创性重大成果，通过了河南省科委组织的鉴定。鉴定会邀请了汉字信息处理界国内一流的专家，观看了每分钟输入一百多个汉字的现场表演。《英华大字典》主编郑易里先生，在会上激动地说："从今天开始，汉字输入不能与西文相比的时代一去不复返了……这个发明的巨大意义，一时还难以估计。"专家们一致认为，五笔字型具有国内外领先水平。

当年9月27日，《光明日报》头版头条对此做了重点报道，立即在国内外引起轰动。

1984年8月，王永民先生应邀来到联合国总部，演示五笔字型输入法。当场每分钟输入一百多个汉字，使联合国的官员们大为惊叹！

美国多家报刊，都以"举世称难，今迎刃而解"为题广为报道。直到今天，联合国总部中文处仍在使用"五笔字型"输入法。

1984年10月1日，王永民以"河南省国庆观礼代表团团长"的身份，登上了天安门国庆观礼台。

没有一个人会轻易成功。王永民先生发明的"五笔字型"输入法，之所以能从"万码奔腾"的上千种汉字输入方案中脱颖而出，一枝独秀，35年下来成为"码中之王"，是他个人的奋斗精神、学识素养、创造能力与历史机遇的完美结合。作为一名成功的发明家，他的成功甚至可以追溯至他多才多艺的父亲，以及他童年时代即开始积蓄的创造潜能、动手能力、钻研精神。今天，也许只有了解他铁杵磨成针般如何从138键走到26键的艰难历程，只有看看他十多本几百万字的科研笔记，想象一下那一大堆摆弄了5年的12万张“卡片之山”，我们才有可能深切地理解，这一重大发明的来之不易！

2008年，五笔字型获得了汉字输入这个科学技术领域全国唯一的“国家科学技术发明奖”，在人民大会堂，党和国家领导人给他颁发了红色的大号证书。

从王永民39岁发明成功到今天，已经过去了35年，他如今已经是75岁的老人。但是，王永民先生从来没有停止脚步，始终在专业的最前沿，不断创新。他有50多项国内外专利，他著述的几十种论文、教材、码本、编码字典、诗文等，有1500万字之多。1999年，他又取得“数字王码”的5项专利，发动了“汉字输入的第二次革命”——只用数字键打汉字，并开发完成了套装软件“数字王码·四合一”；近年来，他又将“五笔字型”的历代三个版本融为一体，推出了“大一统大字符集五笔字型软件”，将汉字输入技术推向了“王码大一统”的新阶段，受到了全世界用户的极大欢迎。

“五笔字型”的知识产权保护，一直是一个“老大难”！冠以“××五笔”的盗版软件，多达几十种！为迎接五笔字型35周年，王永民先生慨然宣布，其最新高级版的“王码大统”软件，向全国中小学校和解放军系统开放，均可免费下载使用；而国内外普通用户，则可享受“一折价特优惠”。消息传开，好评如潮。

35年来，在国家科委和国防科工委“红头文件”的大力推动下，五笔字型已成为在全国、全军占主导地位的“形码”输入法。

从1978年算起，40年来，王永民先生始终以传承汉字为己任，心无旁骛，专攻一业，百折不挠，把汉字输入技术的研究和应用，当作一个大学问，当作一项毕生的事业，倾注了他40年的全部心血。

回顾过去，王永民先生说："如果要说个人的贡献，我最大的贡献就是参与了汉字渡过生死难关的科研工作，发明了五笔字型。"现在，经过35年艰苦有效的推广，全国有三四千万人在使用他的发明，他的发明天天在造福社会。他说："五笔字型是时代的产物，是中华人集体智慧的结晶，汉字从岌岌可危，经过起死回生，到今天重铸辉煌，这是一场伟大的科学活动，我只是在其中扮演了一个角色，这是我的荣幸。"

三、坚定文化自信　弘扬中华文化

2014年9月9日，习近平总书记来到北京师范大学看望一线教师，在观看教师们制作的课标书时，他意味深长地说："我很不赞成把古代经典诗词和散文从课本中去掉，'去中国化'是很悲哀的。应该把这些经典嵌在学生脑子里，成为中华民族文化的基因。"他还指出："不忘历史才能开辟未来，善于继承才能善于创新。优秀传统文化是一个国家、一个民族传承和发展的根本，如果丢掉了，就割断了精神命脉。"

所谓"去中国化"，必然要"去中国文化"；"去中国文化"，必然要"去汉字化"。对于台湾当局为走"台独"路线所实行的"去中国化"或是"去汉字化"行为，我们是坚决反对的。自古以来，台湾就是中国不可分割的一部分，与祖国大陆同根同种，同一文化，同一文字，在中华民族走向伟大复兴的征途中，决不允许有人处心积虑地推行"去中国化"与"去汉字化"。

不过，尽管我们在20世纪80年代，经过王永民先生的不懈努力，原创性地发明了五笔字型，成功地解决了汉字输入计算机的难题并广泛应用，但是，由于历史的原因，20年来汉字又陷入了新的危机——越来越多的人"得音忘形"，不会写字，提笔忘字！

在中国大面积出现"汉字危机"的一个重要原因，就是多年来我国中小学校只教汉语拼音，不教按"字形打"汉字的"形码"输入法，致使孩子们在计算机使用中主要使用“拼音输入”汉字，逐渐形成了“拼音代替汉字”的潜意识，“输入”远离了汉字的“字形”和笔画结构，从而造成“不会写字”或“提笔忘字”的严重后果。

汉字的“拼音”只有400多种，而“字形”就有数万之多。如果“以音代形”并任其发展，汉字之“形”将逐渐被淡化，汉字将湮没于“无形”的虚缈之中。

党的十八大以来，以习近平为核心的党中央十分重视继承和弘扬中华优秀传统文化。习近平主席指出：“要系统梳理传统文化资源，让收藏在禁宫里的文物、陈列在广阔大地上的遗产、书写在古籍里的文字都活起来”。① 他还指出：“中华文化是中华民族的精神命脉，是涵养社会主义核心价值观的重要源泉，也是我们在世界文化激荡中站稳脚跟的坚实根基。”②

如何才能“让书写在古籍里的文字都活起来”？千条万条，最基本最重要的只有一条，那就是要文化自信，文字自信。我们要让汉字融入高科技，把书写在古籍里的汉字“打出来”，若不普及“形码”打字，字形渐行渐远，汉字是决然活不起来的！因为汉字的“形音义”三大属性中，形才是王道，形才是龙头，形才有唯一性！离开了汉字的形，任何“输入法”都无助于汉字传承。

汉字是中华文化的血脉之根。我们应当理直气壮地从意识形态的高度，肯定汉字，歌颂汉字，学习汉字，应用汉字，让中华文化走向世界。在五笔字型诞生35周年之际，让我们携手团结奋斗，不断创新，迎接汉字的春天，迎接中华民族的伟大复兴！

---

① 习近平总书记2013年12月30日中共中央政治局第十二次集体学习时的重要讲话。

② 习近平总书记2014年10月15日在文艺工作座谈会上的重要讲话。

走进大师的内心世界[①]

——陈鼓应先生印象记

采访陈鼓应先生，左起：毛梦鸥、范瑞婷、陈鼓应、全根先、赵亮

在谈到必然与偶然时，哲学家似乎更偏爱必然，有人甚至认为人生只有必然，没有偶然。18 世纪法国启蒙思想家霍尔巴赫（Paul Heinrich Dietrich）说：“一切现象都是必然的；自然界的每一件事物，都是处在某些境况之中，并且依照着一定的特性活动的，决不能以任何别的方式来活动。”20 世纪最伟大的科学家、思想家爱因斯坦（Albert Einstein）说：“没有侥幸这回事，最偶然的意外，似乎也都是有必然性的。”就连中国古代的皇帝——宋太宗赵光（匡）义都留下了这样的诗句：“会有逢时不偶然。”[②]

然而，我的人生体验中，偶然性还是存在的，总有意想不到的事情发

① 本文为笔者与陈鼓应先生的交往和口述史采访过程中，有感于先生的学识与为人所写。

② “会有逢时不偶然”，语出宋太宗《缘识》诗。

生，总有意想不到的人物出现，将你带进意想不到的人生境界。

当然，哲学家可能会说，这里还是必然性在起作用。如果这样，那可能就是千百年来人们长期思考和研究的命运了。

我与陈鼓应先生的相识和交往，就是让我感到有点意外的事情。

2016年10月，我通过中国人民大学国学院副院长、教育部“长江学者”梁涛教授，联系上中国社会科学院荣誉学部委员、著名哲学史家余敦康教授的学生寇方墀老师，我们打算对余先生进行口述史采访。几天后，寇老师说，你们是否愿意见一下陈鼓应先生？我听说以后，当然是喜出望外！11月7日，我与几位同事，约上寇老师，一起到位于北京大学中关新园的陈先生家里拜访，从此开始了我与陈先生的交往，成了“忘年交”。

我对陈先生的仰慕和认识，可以追溯至20世纪80年代。那时，我在南京大学历史系读研究生，我的专业是先秦思想史，陈先生的《老子今注今译》《庄子今注今译》等，都是我的案头读物。陈先生的注译深入浅出，时有思想火花迸发，使我获益良多。

不过，我对陈先生的深入了解，却是与他认识以后。就在我们去他家拜访后的第二天晚上，我接到了陈先生打来的电话。电话中，我们除了讨论准备口述史访谈的事情，还交流国内外时事和对一些学术问题的看法。这样的电话交流，让我感到很亲切，没有年龄或身份上的隔阂。正因为如此，2017年元旦临近时，我像往常一样打算召集一些老朋友聚一下，就想到是否把陈先生邀请来。一天晚上，我拨通了陈先生的电话，跟他说起这件事，没想到，他非常爽快地答应了，还问我是否可以带上他的一位助手和学生。这当然没有问题。

1月2日中午，我和内人提前来到预订的魏公村眉州东坡酒楼，等候邀请的客人。没想到，陈先生和他的助手、学生是第一拨到的客人，我们又有较多的时间交谈。席间，陈先生非常健谈，大家都非常喜欢他。

通过多次的个别交往和口述史采访，我对陈先生的了解逐渐深入，他在我心中的形象也变得日渐丰满。

陈先生的家乡是福建长汀。长汀旧称汀州，位于福建西部、武夷山南麓，自古为闽、粤、赣三省边陲要冲，被誉为“福建省西大门”。长汀还是客家人聚居的第一座府治城市，有“客家人首府”之称。那里还有一条江，即汀江，流域森林茂密、河水清澈，环境优美。听陈先生说，孙中山的祖先从明代起，有四代住在他们那个乡下，是长汀河田乡人，孙中山也是客家人。陈先生还跟我说起家乡的名人，如杨成武将军，我还看到过他俩的合影。

陈先生的名字“鼓应”，也有故事。他的母亲在厦门鼓浪屿怀的他，“鼓”就源自鼓浪屿，“应”则是家中字辈。陈先生出生于漳州，漳州是他父亲做生意的地方，后来随家人回到长汀。陈先生出生于1935年，那时候国共两党在福建交战，国民党对中央红军进行围剿，长汀是苏区的经济中心。陈家属于小地主，是红军斗争的对象，他的父亲又参加了国民党，所以直到红军撤离，开始长征，他们才回到长汀老家。他有记忆，也是从长汀开始。

陈先生的母亲是他父亲的续弦。他大妈过世以后，父亲娶了他母亲。他的同父异母兄弟姐妹有四个（有一个领养的），他母亲生的他和他妹妹。小的时候，尽管是小地主家庭，比起普通人家来家境要好些，但是，一到荒年，吃饭也是个问题。他说，那时候，他母亲总会很忧虑。因为整个村子都姓陈，有的远亲或近亲到他家来，他母亲会给他们做饭吃，而他们自己，早上只能吃番薯，中午吃芋头，晚上才有干饭吃。

小时候的乡下生活，对陈先生来说，回忆起来特别美好。在乡下，经常有一些节日活动，特别热闹。春节自不必说，如元宵节、清明节、端午节、鬼节①、中秋节、重阳节，都会有很多的活动，有许多好吃、好玩的东西。天气暖和的时候，小孩子会到河里捉鱼。鬼节的时候，他们都会到

① 鬼节：在中国，与鬼有关的节日较多，如江淮、江南一带，每年农历三月初三，称为鬼节；清明节，则要扫墓，是对祖先的“思时之敬”。一般来说，农历七月十五，被称为“鬼节”，又叫“中元节”。

陈家祠堂，村民们都会聚集到这个地方，纪念自己的祖先。对家乡的美好回忆，使陈先生走到哪里，都有一种乡愁情结。无论是在台湾还是美国，他一直想，这一生一定要回到小时候的地方去看看。这个意念一直非常强烈。

另外，小的时候，日本飞机经常到他的家乡轰炸，他印象非常深刻。他家尽管在乡下，已经是比较偏远的地方，日本飞机还是来轰炸。日本飞机从台湾起飞，到福建各地轰炸。陈先生说，第一次警报响，接着是紧急警报，紧急警报响了以后，他妈妈就是一副慌张的脸孔，就“哗”地把他拉出去，逃到一个叫南寨坝的地方，那是河边的一片柿子林，到那里躲起来。等到警报解除，日本飞机走了，他们回去，看到房子在烧，很多尸体，有的还挂在电线杆上，一片战乱景象。这样的记忆，使陈先生有着强烈、深厚的民族意识。他说，1972 年到美国，他看到在放南京大屠杀的电影，日本侵略者杀了 30 万人，用卡车一车车地拉尸体，感到特别震撼！

陈先生是 1949 年随家人来到台湾的，从汕头来到高雄。到台湾，主要是因为他父亲到这里担任木材公司经理，那家公司当时是台湾比较大的一家木材公司，与政治无关。这次到台湾来，是他第一次见到大海，正有《庄子》所说“望洋兴叹”的感觉。当时，陈先生已经到上初中的年龄。初来乍到，语言不通。开始是在集集中学，他的同班同学都是台湾人，只有他一人是外省人，但是，很快他就与他们成了朋友。

说起来可能有人不信，陈先生在初中、高中甚至刚上大学时，学习成绩并不出类拔萃。原因很简单，就是他从小喜欢打篮球，占用了很多学习时间。有一次上体育课，他正在投篮，一个同学过来，对他说：“喂、喂、喂，陈鼓应，你是不是双手?”他说：“是”。这位同学就跑过去告诉体育老师，说：“老师，老师，陈鼓应是双手。”老师就过来，让他带球上篮。一看他的动作，老师就选他进入校队。其实，那位同学是问他是不是“选手”。初中、高中阶段，陈先生都是校篮球队的。他的高中是在台北二中上的。1954 年，陈先生考入台湾师大，上的是史地系，虽然不是校篮球队的，但是，一直喜欢打篮球，没有好好上过一堂课，每学期都要补考。陈先生说，那时候真荒唐，只觉得念历史好像翻日历一样，没有多大兴趣。这样，本应该上大学三年级的他，以高中文凭重新参加高考，进入台湾大学中文系，以后转入哲学系，从此一生与哲学结下了不解之缘。

陈先生说，在台湾师大史地系时，他有一个感受，读中国近现代历史，看到好多政治上叱咤风云的人物，看他起高楼，又看他楼塌了。因此，他觉得政治人物的生命是很短暂的。历史上的皇帝也是一样，历代皇帝，背过都忘记了，只有几个大思想家、文化人物，让人印象深刻。所以，他对政治人物从来不羡慕、不崇拜。蒋经国当台湾“行政院长”的时候，曾经找他去谈了两个钟头。陈先生没有见过蒋介石。但是，他的印象是，蒋介石真的是历史上最后一个军阀。他比军阀还威风，经常故作神秘，你认为他从这个地方出来，他却一下子从那个地方出来，穿一身军装，还戴着白手套。他有一个朋友叫周弘，父亲是周一伟，当时是台湾“海关署署长”。有一次，周弘对他说：“我看到蒋介石的照片，他很威风！”陈先生说：“这个神经病！”

说到这里，有一个小故事。余英时先生是当代著名学者，他的《士与中国文化》，我多年前就读过。一次，余先生听说蒋经国要接见他，他正在花莲，刚好台风来了，道路不通，他急得像热锅上的蚂蚁似的，最后是警察用摩托车带他赶到台北的。

陈先生进入台大哲学系学习，这一决定改变了他的命运，从此跌宕起伏，波澜壮阔。在台大哲学系，一开始他读的是西方哲学，传统哲学都是形上学，读不进去，读完以后，感觉跟自己的生命没有沟通，都是一些外在的知识，融不到自己的生命里去。然而，一到尼采，就读进去了，而且全身的细胞似乎都跃动起来。

对陈先生影响最大的老师，一位是方东美①先生，一位是殷海光②先生。他们的影响是不同的。方东美先生是安徽桐城人，毕业于金陵大学哲学系，后来又赴美国威斯康星大学攻读硕士，回国后到中央大学（南京大学前身）当教授，之后又到台湾大学任职。方先生不苟言笑，书读得很多，学生们都非常崇敬他，同时对他又有点畏惧。用陈先生的话说，就是学生经常被他的学问压住，有的被压垮了，在他面前不敢说话。陈先生是经常去找他的学生之一，有时他跟高年级同学一起去。到方先生家，方先生经常开始不太搭话，可是说着说着，他的话匣子就开了，一谈就是两三个钟头。方先生给学生的感觉是有一股学术的尊严，陈先生的毕业论文就是方先生指导的。

不过，对陈先生影响更大的老师，却是殷海光先生。陈先生说，当时台大有很多老师来自北大，殷先生来自西南联大。台大有点像过去的北大，且继承了北大的校风——自由。师生之间，同学之间，下课以后，他们可以天南地北地谈，特别是夜晚，在校园内徘徊、谈天，有点像《庄子》中描写的“鹏程万里”的那种景象，心中有一股冲劲。殷先生经常跟他们讲学术的尊严与独立。聊天的时候，殷先生讲到北洋军阀对知识分子——师爷都要多几分尊重。殷先生还讲，西南联大的时候，在一个大讲堂里面，打着煤油灯，闻一多抽着烟斗，便开始讲《九歌》。陈先生说，后来他读《嵇康集》，尤其欣赏嵇康的性格与风度——嵇康将行刑，还弹奏《广陵散》!

殷海光先生是台湾自由主义思想的最具代表性的人物之一。在台大校园里，殷先生宣传自由主义，台湾当局非常注意他的言行。殷先生是雷

---

① 方东美（1899—1977），名珣，字德怀，后改字东美，安徽桐城（今安徽省枞阳县）人，现代著名哲学家、爱国诗人，“新儒学”代表人物之一。

② 殷海光（1919—1969），原名殷福生，湖北省团风县人，中国著名逻辑学家、哲学家。

震[①]创办的《自由中国》的主笔，有几篇文章影响很大，如他讲国民党企图反攻大陆的盖然率等，台湾当局非常忌恨。后来，殷先生被台大解聘，不能讲课了，陈先生也被当作“殷党”，在中国文化大学的教职也被撤掉，同时被解聘的还有殷先生的其他几位学生。陈先生说，殷先生被解聘，主要是因为他批评时政。后来所谓的《文星》事件，其实是有些人特意想把殷先生拖进去，他本人没有写什么文章。当时，李敖的文章拿给殷先生看，殷先生改过；陈先生的文章《失落的自我》等，殷先生也改过，但是，殷先生没有鼓励他们批评现实，他不做这样的事情。

顺便说一句，李敖也是陈先生的同学。陈先生还讲过一个小故事：大学时，李敖因经济拮据，想从银行贷点钱，没有可以抵押的东西，结果陈先生刚买的房子，房本被李敖借去了，才解决了问题。所以，李敖在一本书中提到，陈鼓应这个人还比较讲义气。不过，他俩在学术观点上是不一致的，所谓“道不同不相为谋”。

本来，1963 年陈先生从台大哲学研究所毕业后，到中国文化大学任教，可以过上比较舒适的日子。不料，1966 年暑假，台湾当局开始清算“殷党”，陈先生在中国文化大学的教职被撤，这对于成家不久、孩子尚幼的陈家来说，无疑是雪上加霜。于是，陈先生只好东奔西走地兼课，聊以度日。第二年夏天，台大哲学系准备聘请陈先生为讲师，院方已经同意，然而，因为他的名字已经进了校方“安全室”列入的“黑名单”，最后遭到拒绝。

正当陈先生处境艰难时，老朋友金耀基介绍他去见著名出版家、商务印书馆总经理王云五老先生。王云五先生邀请陈先生参加他组织的古籍整理计划，并预支给他一笔当时来说不菲的稿费。这样，他不仅解决了一家的生计问题，而且从此与道家文化，与《老子》《庄子》紧密联系在一起。

---

① 雷震（1897—1979），出生于浙江省长兴县，祖籍河南省罗山县。资助《自由中国》刊物，1960 年因极力主张成立反对党参与选举以制衡执政党，被台湾当局判处 10 年有期徒刑。

我在研究生时候读的《老子今注今译》《庄子今注今译》，就是他那些年整理、撰写而成的。这是我以前所不知的。

虽然陈先生做的是古籍整理工作，但是，他对社会现实的批判精神在这些古籍的整理中也能看得出来。陈先生说，有一次，老朋友王晓波读了他的《老子注译及评介》，对他说："鼓应，你怎么把老子写成党外人士！"还有一次，有一位资深教授见到他，对他说："你是不是借为《庄子》做注释，以表达你对蒋介石独裁政权的不满？"可见，陈先生虽身为学者，却始终关注现实，疾恶如仇。

1970 年 8 月，美国政府单方面于驻日本使馆声称："钓鱼列岛是琉球群岛的一部分"，准备在一年后将其与冲绳一并归还日本。9 月，日本外相爱知揆一声称："尖阁群岛①属于日本，日本政府不准备同任何政府讨论其领有权问题。"这是对中国领土主权的公然侵犯，激起了全体中国人民的极大义愤，形成了一场以海外台湾留学生为主的声势浩大的保卫钓鱼岛运动。11 月 17 日，美国普林斯顿大学台湾留学生率先组织"保卫钓鱼台行动委员会"，表示"反对美日私相授受"，"外抗强权，内争主权"。运动很快传到香港、台湾。1972 年 12 月 4 日，台大大学论坛社举办民族主义座谈会，陈先生在会上发表演说，反对帝国主义，支持保钓运动。没想到，陈先生的言论被台湾当局视为踩了"红线"。1973 年 2 月 17 日，元宵节晚上，台湾警备总司令部派人前来传讯陈先生，一下子来了十多个治安人员，以"叛乱嫌疑"罪名，进入陈先生家中搜查。陈先生被警备总司令部保安处带走，拘留了一天，同时被抓的还有十多名师生。数年之后，陈先生才明白，这是当局预先策划好的一幕捉放闹剧，意在对他施加压力。

暑假过后，台湾当局又勒令台大不得续聘陈鼓应，哲学研究所停止招生一年。陈先生因公开支持"保钓"运动，被禁止出境，并密令任何学校不得聘他任教，不得请他做学术演讲，将他下放到政治大学国际关系研究

① 尖阁群岛，即钓鱼岛，日本称为尖阁群岛。

中心。话说回来，这个中心由于收藏了大量大陆出版书刊，正好使陈先生有机会阅读大陆学者的文史哲著作，他的学术研究逐渐转到中国古代哲学方面。那些书籍，还经过伪装，书名或作者用的是台湾警察不会引起怀疑的名字。

从 1973 年到 1979 年，陈先生经常是白天闭门读书，晚上出去参加一些文化活动和做人权工作。1976 年，他在《夏潮》杂志用不同的笔名，写过三十多篇时论性文章。他与陈映真、王晓波都是《夏潮》的主要作者。这本代表台湾知识分子在 20 世纪 70 年代反帝民族主义思潮的刊物，于 1979 年 1 月 23 日被时任台北市市长的李登辉下令停刊。

1978 年冬，陈先生参加“中央民意代表”选举，起草了《告中国国民党宣言书》，在社会上引起很大的震动。12 月 21 日，他被开除国民党党籍。不过，他仍是党外民主运动中的重要一员，他与台中的黄顺兴、高雄的余登发被视为党外“统派”人物。余登发于 1979 年春节前被捕，陈先生和许信良、张俊宏、施明德等也受到严密监视，随时有被抓的危险。

数年以后，在一个晚会上，陈先生遇到《中国时报》创办人、年逾八旬的余纪忠先生。余先生握着他的手说：“鼓应呀，我告诉你当年的一个秘密，1979 年美台‘断交’后，有一次我在‘国民党中央秘书长’张宝树房间聊天，蒋经国忽然进来，手里拿了一份报告，他望着我说：‘你看！陈鼓应对外国记者发表谈话，他竟然说，美国第七舰队要滚出台湾海峡！你看看，他怎么会讲这样的话！’我愣了一下，随即回说：‘是不是事实呢？也得查一下，查清楚！’鼓应，你那时候好危险哦！好危险哦！”前几天，陈先生还对我说，当时著名数学家、加州大学教授陈省身先生回到大陆，在大陆有个讲话录音，他的家中就有。台湾当局认为陈省身先生的讲话是替中共做宣传，如果这个录音带被搜出来，按照当时的“台湾法律”，可能要判 7 年。

作为台湾民主运动的重要人物之一，陈先生曾数次被蒋经国召见。陈先生说，有一次，在松江路救国团的楼上，他与蒋经国见面。见面时，他对蒋经国说："好话你听了很多，我想不用我讲，我讲的话虽然不好听，但我讲真话。"他说："元老重臣的这个政治应该改革。当时贪污腐败为很多人所诟病，老百姓最痛恨警察，知识分子最讨厌特务。像我住在景美，看到警察对街上卖菜的，走过去一脚，就把人家的两个箩筐菜篮子踢掉。还有特务，胡乱抓人，甚至连小孩子都不放过。"他讲完以后，蒋经国大约讲了20分钟。他说，蒋经国讲的话，他记得非常清楚的是，就是觉得败退到台湾，主要是由于国民党教育上的失败，没有搞好教育。通过几次接触，可能对方也知道了他的底细。所以，陈先生觉得，后来蒋经国批准他出国、有几次没有被抓，或许跟这有点关系。

由于批判社会现实、参加民主运动，陈先生的学术生涯可能与绝大多数学者不同，虽然多有曲折坎坷，却始终达观前行。这一切，可能与他在台大的学习经历有关。陈先生说，回忆起来，台大的生活像杜鹃花怒放一样，充满了青春气息。大学时候研究洛克（John Locke）的《人类理解力》，说实话，不懂，然而洛克政治上的基本观念，对他有一些影响。后来，我读尼采，尼采对西方一千多年来的文化传统的批评精神，以及他的那种生命感，对他的思想启蒙起了比较大的作用。他的一生多有波折，但是，尼采的那种"酒神"精神，一直在他的内心深处推动着他往前走。这使他在任何困难面前，从来没有消极过，没有颓废过。

20世纪50年代中期到60年代，台湾地区形势异常严峻，知识分子会突然沦为"政治囚犯"，甚至连没什么知名度的人，也会因发言不慎而被人告发入狱。当时的知识界噤若寒蝉，被称为"哑巴的一代"。与此同时，基督教的信仰持续地在台大校园内外传播开来。陈先生在接触到尼采以后，在尼采的影响下，开始阅读基督教原典《圣经》。尼采宣布"上帝死了"，提出"价值转换"与"价值重估"，直陈两千多年来西方基督教文化的实质与积弊。尼采的一句话瞬间点醒了他——"西方传统哲学注入了过多神学的血液"。于是，尼采的"酒神"精神给予了他一股内在强大的生命驱动力，使他得以冲破白色恐怖与冷战思维的围困与禁闭。

不久，他进入萨特的存在主义。存在主义对西方文化的反思，引导他从不同的角度关照现实，从而对西方意识形态中的极端主义、教条主义与绝对主义进行深入的思考。这种深层的反思，又必然会触及西方文化的根源——《圣经》。通过对《圣经》的研究，陈先生发现，基督教的创始人耶稣具有两面性：一面是“登山讲道”前的所谓“博爱”“宽容”，“有人打你的右脸，连左脸也转过来由他打”。另一面是“登山讲道”后的破除家庭伦理，“不要称呼地上的人为父，因为只有一位是你们的父，就是天上的父”；就是面对自己的母亲，耶稣也冷漠地说道：“妇人，我与你有什么相干?”英国哲学家罗素在《西方哲学史》中，强调不宽容和排他性是基督教继承自希伯来传统的显著特征。罗素还指出，“博爱”与“宽容”，早在基督教创立以前五六百年，中国的老子和印度的佛陀就已用过这样的训谕，但是，实际上基督教徒并没有接受这样的原则。

从尼采转到庄子，这是陈先生学术路程的一条主线。这条主线，具体又是怎么发展的呢？一方面，可能是因为陈先生参加了王云五先生的古籍整理计划，开始注《老子》《庄子》；另一方面，可能是由于现实的触动，他开始深入地思考知识分子的命运，春秋战国以来直至五四运动、现代中国知识分子的历史命运。借着《老子》《庄子》，陈先生将对现实的关怀与自己的学术人生联系在一起。这是一个什么样的心路历程呢？数千年来中国知识分子忧国忧民的人文传统。一个人，如果不能了解自己民族曾经遭受的苦难和灾难，就不能理解这个民族的深层文化底蕴。个体生命也是如此。德国哲学家叔本华（Arthur Schopenhauer）说：“一定的忧愁、痛苦或烦恼，对每个人都是时时必需的。一艘船如果没有压舱物，便不会稳定，不能朝着目的地一直前进。”陈先生的现实人生与学术人生，就是在这样矛盾的状态下并行演进的，体现了老子“祸福相倚”的人生哲理。

比较起来，《老子》与《庄子》，他更喜欢《庄子》。如果说，《老子》是救世之书，要在论治道，兼谈治身；那么，《庄子》则是以治身为本，重视生命的内涵，强调要保持内在精神状态的自得与自适。实际上，在中国古典哲学中，“精神”一词就首创于《庄子》。还有，《庄子》一书中，讲“真”的地方多达45次，“道之真以治身，其绪余以为国家”①，突出了人性的真与美。《庄子》讲“情”的地方更多，“人情”“天情”“道情”，“人情”本于“天情”而源于“道情”。《庄子》讲“情”，开启了中国人性论史上绵延不绝、波澜壮阔的抒情传统。

庄子生活于战国中期诸侯纷争、战事频仍、政治黑暗、社会动荡、民不聊生的环境中，他对昏君乱臣及趋炎附势之徒无比憎恶，而对苦难中的贫民弱士则寄予了无限同情。在这样严酷的环境中，如何避免“中于机辟、死于罔罟”② 的悲剧命运，就成为知识分子思考和忧虑的核心问题。面对不幸的现实，庄子追求“逍遥游”的境界。然而，他表面看起来是悠然自适，内心却充满处世的忧虑感。庄子对社会现实的深刻批判，对知识分子在乱世中命运的无比同情，表明他对社会人生有着深切关怀。他要在权力的笼罩下保持人格的独立，保持无欲则刚的心灵和清醒的头脑，避免沦为君主、霸权者的工具。庄子将人置于广漠的宇宙之中，以此来把握人的存在，使人的精神从现实中升华，以艺术的心灵、审美的目光来观照事物。陈先生以为，庄子是世界思想史上最深刻的抗议分子，是中国古代最具有自由性和民主性的哲学家。

或许，正是庄子对社会现实的批判精神与人生的达观态度，更让陈先生有一种找到“知音”的感觉吧。

1984年，陈先生回到大陆，受聘于北大哲学系。他回来的主要目的，是搜集“五四”时期人物思想研究的相关资料。其中，研究国际政治的赵宝煦教授是主要介绍人，当时的校长是丁石孙先生。当时，大陆学界对尼采多有曲解，于是，陈先生在北大讲尼采，带来一股清风。北大图书馆的人告诉他，自从他开了尼采的课以后，书架上尘封了三十多年的有关书籍

---

① “道之真以治身，其绪余以为国家”，语出《庄子·让王》。

② “中于机辟、死于罔罟”，语出《庄子·逍遥游》。

一下子被借光了。他用了两年多的时间，先后完成了《尼采哲学的价值重估》和《尼采哲学与庄子哲学的比较研究》两篇论文。后来，他又以这两篇论文作为主要内容，出版了《尼采新论》一书。那时，社会上掀起了一股“文化热”，学界无不热切地讨论中国传统文化与现代化问题，并广泛地介绍西方各种思潮，陈先生的著作在当时具有不可替代的时代意义。

有一件事，让陈先生终生难忘。1985 年 5 月 20 日，他接到通知，说邓小平要接见他，想听听他的意见。在人民大会堂，他见到了邓小平。陈先生仍然保持着他平时的直言风格，讲当代知识分子的处境和学者待遇问题。听了他的话，邓小平很认真地说：“我们大陆坚持社会主义，不走资本主义的邪路。社会主义与资本主义不同的特点就是共同富裕，不搞两极分化。创造的财富，第一归国家，第二归人民，不会产生新的资产阶级。国家拿的这一部分，也是为了人民，搞点国防，更大部分是用来发展经济，发展教育和科学，改善人民生活，提高人民文化水平。”后来，他又见到不少党和国家领导人，受到很大的鼓舞。

1997 年，台湾大学终于为陈鼓应平反，陈先生再次回到母校任教。退休后，他在台大哲学系及中国文化大学兼课；2003 年起，他在高雄师范大学经学研究所主讲“道家思想研究”科目；2010 年起，受聘为北京大学哲学系“人文讲座教授”。这些年来，陈先生在学术领域的成果异常丰硕，《陈鼓应著作集》20 种正由中华书局陆续出版。多年来致力于道家文化研究，他提出的“中国哲学道家主干说”，其影响日益广泛。

然而，生活中的陈先生有时也不免有为难情绪。他主编的《道家文化研究》，至今已出版三十余期，作者多是专业领域的知名学者，如第三十期的作者中，除陈先生自己外，还有汤一介、李学勤、杜维明、王中江、安乐哲等，但是，在出版经费问题上，他经常会遇到困难，因为出版社方面要求给予出版资助。数万元人民币，难倒了一位德高望重的老学者。有时候，我听陈先生谈起这事，内心不无伤感。

陈先生是一个非常热情的人。每次我们采访结束，他都会提出，要请我们吃饭。当然，作为晚辈，我们是不会让老先生去结账的，不过，他有时会到服务台那边悄悄把账结了。跟陈先生一起吃饭，还有一些在我看来有趣的事，就是点菜时，他喜欢跑到一些客人的餐桌前去观望一下，看人家点了什么菜，他参考一下。还有，他对于餐具也比较讲究，特别是每次就餐，喜欢要一点醋。这个醋，最好不要用底浅的碟子来装，要深一点的，可能是怕溅到身上。陈先生对饮食很节制，他觉得吃得差不多了，即使有好吃的菜上桌，他也不会再吃。可能是这个原因，他身材保持得很好，身体状况也比一般同龄人要好。开饭前或者是饭后，他还会走动走动，上下楼动作非常轻盈。平时在北大校园，他经常骑自行车，如去吃早点，便经常骑自行车去。这应该算是北大校园的一道风景吧。

陈先生与他的夫人非常恩爱。记得我们第一次采访，访谈开始前，他对我们说，请等两分钟。当时，我也不知他要做什么。他进了卧室。原来，他是给在美国的老伴打个电话，告诉他采访要开始了。还有一次，他老伴来北京了。我们在采访当中，谈到一张照片中的人物，有一人陈先生记不清叫什么名字了，他就叫正在对面屋中练瑜伽的老伴出来："珊珊，珊珊，你来一下！"他老伴就出来，和颜悦色地告诉我们，那个人是谁。现在想来，陈夫人其实很不容易，与陈先生风雨同舟，跟着遭受了很多磨难。

陈先生和夫人有一个儿子，一个女儿。他女儿我见过，在美国学的医学，嫁给了一个美国人，丈夫好像是开啤酒厂的。那年，他女儿一家来北京，我们还一起合影留念了。

这些年来，虽然陈先生主要研究道家文化，但是他并没有局限于道家文化领域，而是有更广阔的学术视野，探索人类文明的一切优秀思想成果。他说，"9·11事件"以后，整个世界更加动荡不安，就像司马迁所说"天下共苦，战斗不休"①。战争与冲突的根源，多在于东西方文化上的差

① "天下共苦，战斗不休"，语出《史记·秦始皇本纪》。

异。为此，我们应当站在“地球村”的视角来思考问题。中国的儒、墨、道、法各家，传承数千年而蕴含着中国文化的内涵，各有其价值。这种价值，是指在人文的照耀下，老、孔、墨、庄的思想有着各自的情怀，即老子的“贵柔”及其宽容心态、孔子的“恕道”及其家庭伦理、墨子的“兼爱”与“非攻”思想，以及庄子的艺术人生与“齐物”精神。

中国人的核心观念是“德”与“孝”，“德”是“天人交通”的要素，“孝”则是侧重于面向祖宗的家庭伦理。这是华夏文明人文精神的历史基调。老子自天道论“德”和孔子自人道论“德”等，可以说，这股人文精神的暖流延续千百年而存蓄于每个中国人的思想深处，散见于中国每个家庭的日常生活中。孔子与老子都主张“孝慈”，儒家讲“百善孝为先”，老子讲“建道抱德”①，“子孙以祭祀不辍”，进而说“以身观身，以家观家，以乡观乡，以邦观邦，以天下观天下”。虽然《管子·牧民》与《大学》里的逻辑推进有所不同，但是，其大方向还是修身、齐家。孔子“修己以安百姓”与老子“圣人常无心，以百姓心为心”的“民本”思想有相同之处。

陈先生说，我们要多读《庄子》，它能让人精神上自得自乐。《齐物论》中讲：“道行之而成，物谓之而然。恶乎然？然于然。恶乎不然？不然于不然。物固有所然，物固有所可。无物不然，无物不可。”最后，有八个字——“恢诡谲怪，道通为一”。用现代语言说，就是万物千差万别，人各有不同，各有特殊性，但是，主体之间不要相互排斥，要相互会通，在整体中相互宽容、和睦相处。我们一方面要保持精神的自得自适，另一方面，也要更宽大，像爬山一样，你爬得越高，看到的事物越来越小，这样会让你更轻快一些。

作为现代人，我们应该能在老庄之后找到人生旅程中不断向前的驱动力。

---

① “建道抱德”，语出《道德经》第五十四章：“善建者不拔，善抱者不脱”。

满堂空翠如可扫[①]

——访油画大师、中国美术学院教授全山石先生

全山石先生接受中国记忆项目中心采访

我轻轻地在他对面的椅子上坐下，利用采访开始前的一点间隙，端详了一下坐在我面前的已是89岁高龄的老艺术家：藏蓝色的休闲上衣与裤子，黑色的鞋子，满头的银发与白色的背带相映衬；而让人眼前一亮的，是棕色的袜子与身边的古典家具——椅子与茶几非常和谐地融为一体。老人安静、慈祥、闲适而又优雅，此刻，在我的心目中，老人不仅是一位蜚声中外的油画艺术大师，而且他本人仿佛就是一幅不可多得的艺术作品。

他就是中国美术学院资深教授、中国油画学会副主席全山石先生。全山石，1930年10月生，浙江宁波人，清代著名学者全祖望后裔。受其父兄影响，他自幼酷爱绘画与音乐，1950年春以同等学力考入杭州国立艺专

① 本文为2018年4月赴杭州采访全山石先生回来后所写。

（中国美术学院前身），师从美术大师林风眠、潘天寿、黄宾虹、庞薰琹、颜文梁等。1954 年秋，他作为国家公派留学生，赴苏联列宁格勒（圣彼得堡）列宾美术学院油画系学习，师从油画大师梅尔尼柯夫、阿历希尼柯夫、乌加洛夫等教授，1960 年秋以各门功课全优的成绩毕业，是当年该院获得“红色文凭”仅有的两位同学之一。归国以后，他回到母校任教，曾任油画系主任、院教务长等职；1999 年，荣获俄罗斯文化部颁发的普希金文化奖章，并任列宾美术学院荣誉教授；2009 年，任乌克兰国家艺术科学院院士。

自留学时代起，他即受邀参加中国革命历史博物馆（国家博物馆前身）、中国军事博物馆等大型革命历史题材油画创作，作品有《前赴后继》（与罗工柳合作）、《英勇不屈》《井冈山上》（与罗工柳合作）、《娄山关》《重上井冈山》等。20 世纪 70 年代末、80 年代初，他曾多次赴新疆，在教学之余，创作了反映新疆少数民族风土人情的《塔吉克姑娘》《老艺人》《通向阿尔泰的路》等。历年来，他的作品经常参加国内外油画展，出版专集有《全山石油画集》《全山石油画肖像选》《全山石新疆写生选》《名家精品临摹范本——全山石素描》等十余种；编著有《意大利古典人体素描》《油画——美术技法丛书》《法国 19 世纪现实主义风景画作品选》《梅尔尼科夫画集》《俄罗斯绘画系列》等六十余种。

2014 年 9 月，我与国家图书馆中国记忆项目中心同事赴杭州出差，得知全山石艺术中心即将开馆，便抽空前往。2016 年 12 月，我又利用探亲机会，再次前往，观看展览。2017 年 11 月，我通过全山石艺术中心馆长项兴良先生，正式向全山石先生提出口述史访谈邀请。

全山石先生无疑是中国当代最具影响力的油画家之一。他的油画作品色彩丰富，造型严谨，用笔奔放、潇洒，人物处理注重神韵表达和个性刻画，具有强烈的艺术感染力。中央美术学院院长范迪安先生曾说：全山石先生是当今中国油画界修养境界最高、手头功夫最好的著名油画家之一。

判断一个油画家是否成熟，取决于这个油画家是否掌握油画本体语言。所谓油画本体语言，就是由油画自身媒介、材料等物质载体特性所决定的独特的绘画表现方式。而这种表现方式，为其他画种所不具备。就是说，油画自身形成的特定的程式、手法、规则，以及油画所特有的对美的想象力、对色彩的表现力，构成了油画本体语言。只有真正领悟、意会并掌握和运用油画本体语言，才能创作出地道的、真正的油画作品。

油画自其诞生之日起，就以极其丰富的造型表现力而优越于其他画种。油画对光影变化所表现出来的丰富细腻的层次感、对各种物体所表现出来的逼真写实的质感，对色彩痕迹所表现出来的随心所欲的触感，都是无与伦比的。中国油画的历史可以追溯至明清时期。清末民初，随着李叔同、林风眠、刘海粟、徐悲鸿、庞薰琹、颜文梁等一大批游学海外的艺术家归国，致力于油画创作与美术教育，中国油画艺术得到迅速发展。然而，整体而言，探索并确立具有中国特色的油画语言仍然任重道远。

作为新中国培养的第一代油画家，已是耄耋之年的全山石先生为了中国油画事业，依然每天不停地忙碌着。2014 年 9 月，位于钱塘江之滨的全山石艺术中心正式开馆。自开馆以来，他每年都要亲赴欧洲各国，挑选油画大师原作到国内展出，并与靳尚谊、詹建俊、钟涵、邵大箴等先生一起，为经过选拔、以培养高端油画人才为目标的“油画创研班”授课。2016 年夏天，他曾带领学员赴欧洲 10 个城市、38 个博物馆和艺术研究院考察，为学员讲解原作，让他们从整体与细节上对这些作品有更加清晰而深刻的把握。

这些年来，全山石先生始终有一个心愿，“中国的油画不能完全追随西方油画，我们要实行‘拿来主义’，把它学透，创作出我们中国人自己的油画”。他说：“我个人认为，中国现在的油画，不是风格、题材的问题，也不是发挥个性的问题。我们和西方油画，和俄罗斯油画的差距，在掌握油画的本体语言上。”“我希望现在的人不需要走弯路。从西方油画的发展史我们可以总结出，油画本身是可以青出于蓝胜于蓝的，中国的油画将来很有希望。”

顺便说一句，对全山石先生的第一次口述史采访，我们得到了全山石艺术中心的大力支持。正是在中心领导的精心安排下，我这位离开故乡三十余年的学子才得以再次体会到四月杭州的满目苍翠、鸟语花香。4 月 13 日上午，因全山石先生要参加一个会议，我早上起来，在宾馆附近的凤凰山下漫步，心情舒畅，偶成小诗一首，谨录如下：

窗外青山如美画，
天空海阔可安家。
晓来梦醒不由己，
小鸟林中恋落花。

花落花开同造化，
松姿鹤骨念芳华。
九州四海心安住？
坐视山川玩界沙。

接受采访

口述史走向跨领域与跨学科[①]

——我对口述史学的一点看法

《中国社会科学报》：有些学者认为口述史是史料，也有学者认为口述史是史学，目前学界对口述史的性质尚未达成广泛的共识，您是如何理解口述史的性质和意义的？

目前，国内外学术界对于口述历史的理解还存在一定的分歧。美国学者唐纳德·里奇（Donald Richie）认为："口述历史是以录音访谈的方式搜集口传记忆以及具有历史意义的个人观点。"在他看来，口述历史不仅是口述史料的收集和整理，而且还包括对这些资料进行阐释的"个人观点"。另一位美国学者路易斯·斯塔尔（Louis Starr）则认为，口述历史是通过有准备的、以录音机为工具的采访，记述人们口述所得的具有保存价值和迄今尚未得到的原始资料。就是说，口述历史是采访所得的原始记录，实际上等同于"口述史料"。国内学者对于这个问题的认识分歧，大体也主

---

① 本文为2016年《中国社会科学报》记者肖昊宸就口述史学发展的一些理论问题对笔者进行的书面采访，文章以《推动中国口述史科学发展》为题，发表于2016年8月2日《中国社会科学报》，由于篇幅原因，对原文有删节，这里全文收录。除笔者外，受访者还有中华口述史学会副秘书长荣维木先生、中国电影资料馆研究员陈墨先生、上海财经大学人文学院教授徐国利先生。

要是这两种观点。

我个人比较赞同唐纳德·里奇对口述历史概念的界定。首先，作为一种史料类型，口述史料早已见诸历史文献，古希腊的《荷马史诗》，我国古代的史学巨著——司马迁的《史记》，有许多属于口述史料，甚至是他们亲自采访所得。另外，如果口述历史就是口述史料，那么，口述历史也就失去了作为一门独立学科存在的依据，除非合并到业已存在的史料学中。

所以，我倾向于对口述史料、口述历史、口述史学做以下表达：所谓口述史料，是与文献史料、实物史料并列的三大史料之一，是通过口述方式收集的史料，有音像与文字两种形式；所谓口述历史，是指主要以口述史料为依据撰写的历史，是采访者与口述者经过对话交流而合作完成的作品；所谓口述史学，属于历史学理论研究范畴，以口述史料和口述历史为主要研究对象，属于历史学的一个分支学科。

我个人不太赞同强调口述历史的跨领域性，因为历史学本来似乎就是没有边界的，世界上任何事物都有它的历史，都可以作为历史学的研究对象。口述历史所涉及的领域，并没有真正超越传统历史学的研究范围。

至于口述历史的价值，我认为，主要可以从以下几个方面来认识：一是口述史料搜集与研究，丰富了传统史学的史料范围，创造了新的历史书写形式；二是口述历史采用现代技术手段，使传统史学研究方法得到更新；三是口述历史的社会意义，突破了传统史学中统治阶级、精英人物的垄断地位；四是口述历史的政治意义，能促进民众对社会生活的关注与参与，有利于公民社会的建设。

《中国社会科学报》：当前国内口述史在发展过程中，存在哪些较为明显的问题？

目前，口述历史在国内已不是什么“冷门”，甚至可以说是空前繁荣。不过，个人以为，在繁荣的背后，仍然存在几点明显的不足：

一是口述历史基本理论研究，原创性的成果较少，大多是引用、阐发西方学者的观点。最明显的是，口述历史的学科地位、学科属性仍有较大的争议。2015 年 11 月，宁波大学教授钱茂伟在《中国公众史学通论》一书中，将口述历史纳入公众史学体系之中，不失为一家之言。

二是口述历史实践缺乏工作规范，基本上是各行其是，也没有相应的专门培训机构，因而口述历史成果质量参差不齐。据我所知，英国国家图书馆在口述历史采访培训方面，做得就很好。最近，国家图书馆中国记忆项目中心在这方面做了一些工作。

三是口述历史深度研究成果稀少。虽然当前以“口述史”为名的著作不少，但是，绝大多数都停留在一般的资料采集、整理阶段，没有真正提升到研究的层面。

四是缺乏一个权威的口述历史搜集、保存、管理与传播的公共平台。特别是口述历史影像资料，很少得到社会分享，有的还出现重复采集的现象，造成浪费。

《中国社会科学报》：造成这些问题的学理层面的原因是什么？

我认为，造成目前国内口述历史理论研究创新性成果不多的原因，主要有两个方面：一是口述历史作为历史学的一个分支，在我国开展的时间相对较短，直到 21 世纪才受到学界的较多关注，继而广泛开展口述历史实践，口述历史理论的本土化，需要更丰厚的实践基础；二是口述历史的学科特点，属于应用性学科，具有很强的操作性，人们掌握了一般的操作规则，即可以开展，对于理论研究没有多大的依赖性。这也是大量的非历史研究专业人员加入口述历史研究与实践中来的主要原因。实际上，进行口述历史研究与实践，特别是口述历史采集与整理，对于历史学专业知识的要求是很低的。只要有一定的设备，有一份热心，找一个认为合适的采访对象，就可以开展口述历史工作。

事实上，这也是我国目前口述历史著作大多质量不高、缺乏研究深度的主要原因。高水平的口述历史著作应该是什么样的？也许，这不会有一个绝对的标准。因为所有著作即使内容相似，也可以有不同的叙述风格，不能、也不必搞“一刀切”，加以固化甚至量化。但是，相对的标准也是可以有的。比如，最起码不能有基本史实的错误，有没有提供新的、令人信服的史料和观点，等等。

但是，我们也要注意一种倾向，即认为既然非专业人员进行口述历史工作质量难以保证，那就不要让他们去做，不支持他们去做。这是不正确的。因为口述历史的发展需要更多的实践积累，质量的提高应该是实践不断发展的结果，而不是相反，为了提高质量而减少实践活动。正如李斯在《谏逐客书》中所说：“泰山不让土壤，故能成其大；河海不择细流，故能就其深。”

至于口述历史实践没有统一的规范，没有专业的培训机构来指导这项实践，我觉得这不是一个大问题。随着时间的推移，这样的工作肯定会有人来做。就像企业做市场一样，需求一旦出现，满足需求的产品很快就会出现。当然，企业也可以引导需求的出现。如果把口述历史比作一个市场，那么，这个市场的前景还是很广阔的。

其实，记忆是人的本能，也是人的天性。不仅是个人的记忆，更有集体的记忆，民族的记忆，国家的记忆。

《中国社会科学报》：您如何理解推动口述史走向跨学科与跨领域的必要性与可能性？

首先，说一下口述史学的跨领域性。我以为，口述史学不存在跨领域性，因为任何事物均有自己的历史，都可以作为历史研究的对象。口述史学作为历史学的一个分支，当然也不例外。但是，历史研究的对象，的确会有很大的区别，有的题材相当宏大，意义重大；有的则属于细枝末节，无关大旨。口述史学也是如此。比如，我们采访的如果是一个重大历史事件的当事人，甚至是决策者、执行者，那他讲的有关历史问题，可能会导致历史的重新书写。如果是一个历史事件的一般参与者或者见证者，那么，他掌握的历史材料可能就相对有限，他讲的历史故事可能只起到普通的历史资料的补充作用，不会影响我们原来对这一历史问题的基本看法。

至于谈到口述史学的跨学科性，在我看来，这不是来谈可能性与必要性的问题，而是实实在在地发生了，正在进行着。口述史学的方法与理论，几乎涵盖了全部人文与社会科学。口述史学作为历史学的一个分支学科，首先需要运用历史学的基本方法，包括对于原有文献资料的深入调查与研究，对于原有文献资料与新采集口述史料的分析比较。可以说，首先会用到历史学的比较研究法。没有比较研究，就无从判断口述史料的价值。一些口述史料之所以价值不高，就与对原有文献资料的调查研究不够有关。

另一方面，口述史采访，既然是采访者与受访者的互动过程，那么，必然会用到新闻学的采访技巧以及心理学方面的一些知识。口述史采访过程中，经常需要采访者具有调动甚至激发受访者心理活动的超强能力，能充分挖掘受访者内心深处的记忆资源。口述史采访既然是采集受访者所拥有的记忆资源，有时还包括实体文献，那么，必然会遇到诸如著作权、隐私权、名誉权等法律问题。这就与法学搭上了关系。

另外，口述史采访过程中，除了采访者的提问，很大程度上要依赖现代摄像、录音手段，最后还要对采集资料进行剪辑、制作，这就属于影视人类学的学科范畴了。此外，对于口述史料进行编辑加工，整理成一部可读性强、令人耳目一新的口述文献，则会用到叙事学的技巧。总之，口述史学触及面非常广泛，其跨学科性是显而易见的。

《中国社会科学报》：要推动口述史与各个学科及社会生活各个领域的互动，目前重点可以做哪些工作？

在我看来，一位严肃的口述历史工作者，在从事口述历史工作的时候，他必然会自觉地运用各个学科的理论成果，借鉴其方法与手段。这不是说，他必须对这些学科有一个系统的学习与研究，这个要求有点太高了，而是说他会用到其中的一些理论与方法。一门学科一旦独立成为一门学科，必然是自成体系的，有自己确定的、区别于其他学科的研究对象与方法。如果要求从事口述历史工作的人都去掌握这些学科的系统知识，几乎是不可能的。不过，他的确需要去学习、借鉴别的学科的相关理论与方法。以口述历史访谈为例。一位训练有素的访谈者在面对一位受访者时，往往能挖掘到受访者记忆深处的东西，甚至将受访者原来几近遗忘、认识模糊的东西发掘出来，成为宝贵的历史资料，澄清一些对历史问题的错误认识。相反，如果是一位缺乏访谈经验的访谈者去进行口述历史访谈，他很可能连基本的访谈目标都难以实现，所得的口述史料支离破碎，事实含糊不清、模棱两可，或者语焉不详，事实单薄。就是说，在进行口述历史访谈时，要讲究技巧，要运用新闻学、心理学等方面的相关知识。

说到口述历史与社会生活各个领域的互动，我以为，这个互动是有前提的，即先要有口述历史的带动，然后才有互动。口述历史以过去已经发生或现在正发生的任何事物、任何事件、任何人群为研究对象，触及社会生活的各个领域。可以说，除了宇宙的起源与演变，自然界的地形地貌、物种的生灭演化等难以进行口述历史记录的东西，人类社会发生、发展的任何事物、任何事件、任何人群，都可以进行口述历史记录，就是说，可以找到相对明确的口述历史访谈对象。从口述历史本身发展的历史看，涉及的领域已经非常广泛，参与的人群已达到相当的规模。口述历史一旦进入某个领域，必然会引起这一领域人们对历史的重视，或者引起对这一领域历史的重新认识。而这种对历史的重视或重新认识，又会反过来推动口述历史的深入开展。

不过，我个人觉得，首先应明确口述历史工作的具体目标。要做好一项工作，不能只有一个笼统的、模糊的目标，必然要具体化，这样才能收到良好的效果。在开展口述历史工作前，我们应该先设定一个具体的目标，要发掘什么史料，达到什么目的。这个目标可以是国家层面的，也可以是社会层面的，甚至可以是个人或家庭层面的。国家层面的东西，比如我们采访抗战老兵，是为了记录国家经历的那段历史，使其历史面貌更加清晰、丰满；社会层面的东西，比如一个村落的历史，一个行业的兴衰；个人或家庭层面的东西，比如某个人生活与工作的记录，一个家庭成员的人生经历等。不同的口述历史目标，所呈现的成果及其影响是不一样的。

其次，我们还得讲一些基本的原则，即你的口述历史成果应该达到一些基本要求，起码你所取得的研究成果中，要有过去文献中没有的、真实的东西，你的成果中要有对历史研究有参考价值、值得关注的东西。即使你的成果属于个人或家庭性质的，也应该是过去个人或家庭所没有的历史记载。这是从内容方面来说。就口述历史的技术层面而言，也应该有一些基本的要求，比如说图像、声音的清晰度。更高的要求，当然需要组建一支专门的口述历史团队，由专家学者、导演、摄影师等组成，还要有专门的后期制作人才，口述史稿的整理、编辑人才，口述历史成果的推广人才，等等。

个人以为，口述历史的题材有大有小，可以根据不同的题材、不同的需求，合理选择口述历史的具体工作方式。不过，从整个学科发展的角度来说，我更重视国家与社会层面的口述历史。在我看来，有两条主轴线，我们要特别加以关注。一个是国家记忆，一个是非物质文化遗产。所谓国家记忆，不是一个笼统的概念，而是要落实到具体的事件、人物当中去。一个民族，一个族群，乃至个人的历史，都可以纳入国家记忆当中去，但是，其重要性是有所区别的。我们要特别关注的是，关乎政治历史、传统遗产、文化艺术、社会民生、自然地理、科学技术、经济产业、语言文字等方面的重大事件和重要人物。

至于非物质文化遗产，它是以人为本的“活态”文化遗产，强调的是以人为核心的技艺、经验、精神，不脱离民族特殊的生活生产方式，是民族个性、民族审美习惯的“活”的显现，以声音、形象和技艺为表现手段，并以身口相传作为文化链进行延续。由于这一特性，非物质文化遗产实际上也是我国传统文化中最脆弱的部分。因为个体生命总是有限的。我国拥有五千年的文明历史，非物质文化遗产资源异常丰富，主要有民间文学、民间音乐、民间舞蹈、传统戏剧、曲艺、杂技与竞技、民间美术、传统手工技艺、传统医药、传统民俗十大类。

我认为，目前我们的口述历史研究应当将国家记忆与非物质文化遗产作为重点，要有一种只争朝夕、时不我待的精神。

最后，为了推动口述历史的健康发展，我期待有更多专业团体的出现，有更多的专家学者参与到口述历史工作中来。我相信，在不久的将来，我国口述历史一定会迎来新的发展高潮，站在更高的历史起点上。

《中国社会科学报》：目前国内学术界主要采用哪些西方口述史学理论和概念？为什么这些理论和概念不能简单套用？我们构建自己的口述史学理论，大致的方向和途径是什么？

口述史学从20世纪80年代译介到国内以来，总的来说，无论是理论还是实践方面，我们基本上是向西方国家学习，已经与它们没有太大的差别，因此不存在什么根本的对立。现代口述史学诞生于美国。美国是一个历史学发展相对后起的国家，直到19世纪末历史学家才开始走向职业化发展的道路。20世纪初，美国历史科学内部趋于分化，历史研究逐渐深入经济史、社会史等领域，由于这些领域文献资料十分有限，口述史学于是便应运而生。与此同时，芝加哥学派的社会学家一改以往的研究模式，纷纷采取走出去的方式，与访谈对象进行直接交流，了解某些社会群体的发展状况，口述史料成为他们从事社会研究的重要依据，从而推动了口述史学的广泛开展。

当然，如果从哲学层面来说，口述史学何以首先在美国出现？我想，这可能与美国近代以来实用主义哲学流行有密切关系。实用主义的思想源头，可以追溯至英国哲学家贝克莱（George Berkeley）、休谟（David Hume）和德国哲学家康德（Immanuel Kant）的经验主义。美国实用主义哲学由威廉·詹姆斯（William James）于19世纪70年代创立，到20世纪成为美国的一种主流社会思潮。实用主义哲学的主要特征：一是本体论上的折中主义；二是认识论上的相对主义；三是社会历史观方面的多元主义。实用主义哲学在社会历史观方面的多元主义，为历史研究对象由社会上层向下层民众转移提供了理论依据。

英国口述史学的兴起与发展，则与英国资本主义民主发展进程有一定关系。英国的民主进程，是一个缓慢发展的过程。20 世纪 60 年代，在一批左派历史学家的推动下，英国口述史学从一开始就主要是针对社会普通民众，这一点与美国有所不同。如英国口述历史学家拉斐尔·塞缪尔（Rafael Samuel），是著名的左派史学家，一生致力于拓宽历史学研究领域，提倡“自下而上的历史”，对英国新左派运动和历史研究的民主化产生了重大影响。就英国而言，口述史也是历史实践“民主化”的一个重要组成部分。拉斐尔是英国口述史的开拓者之一，对于英国口述史学的发展做出了重要贡献。另外，英国口述史学的发展，与女权主义思潮有一定关系，所以英国口述史学较早地进入妇女史研究领域。

西方口述史学的发展还受到后现代主义思潮的影响。后现代主义是 20 世纪 60 年代以来在西方盛行的一种社会思潮，主要特点是反传统。不过，后现代主义没有明确的定义，凡是反传统理论倾向的哲学流派都可归于后现代主义，如后结构主义、西方马克思主义等，在政治学、社会学、教育学、法律学、艺术学等方面都有所表现。在历史学研究方面，则表现为试图打破“历史学家”的权威，树立一种表面上无权威的、人人可以掌握话语权的研究范式，人们可以通过历史写作或历史教育来改变历史。这就与口述史学结合在一起了。

我觉得，中国目前口述史学的学科建设没有必要重复西方国家的老路。首先，是我们与它们的国情不同。我们是社会主义国家，我们有自己的从事社会科学研究的指导思想。我们现在进行口述史学研究与实践，不是为了表达某一部分人的政治意愿，也不是为了改变某一部分人的社会处境，而是为了记录我们国家、民族与社会发展的真实历史，是为了传承、传播中华民族的优秀历史文化与民族精神。其次，我国是一个具有悠久历史传统的文明古国。在漫长的历史长河中，我们有过“为尊者讳”“为亲者讳”，但也有过秉笔直书的光荣传统。特别是改革开放以来，随着学术研究的深入开展，社会各个阶层的生产生活都得到了充分重视，口述史学在这些领域所做研究，是一个自然的、合乎逻辑的发展过程，不存在任何带有政治诉求的政治意图。最后，我们具有五千年的文明史，各个民族、各个行业、各类人群，他们的历史都需要有人去记录、去研究，仅仅靠政府去调动有限的资源、靠专业历史工作者去做这些工作，是远远不够的，需要社会各界的广泛参与。而口述史学的兴起与发展，正好适应了时代的要求。

我以为，要建立具有中国特色的口述史学，第一，要以马克思主义哲学为指导，就是辩证唯物主义和历史唯物主义，实用主义哲学、后现代主义等思潮，不适合我们。第二，要进一步开展口述史学基本理论问题的研究，明确口述史学的学科性质、研究对象与研究方法，借鉴相关学科的研究成果，构建口述史学的理论体系。第三，要针对当前中国口述史学面临的实际问题，加强口述史学的伦理问题、法律问题等方面研究，开展口述史学的标准化、规范化建设。第四，要突出口述史学的应用学科特点，就是要强调口述史采集与整理的可操作性，口述史学的研究成果，一定要体现在口述史料的采集与整理上，体现在口述史著作的学术性、可信度乃至艺术水准上。第五，为了加强对当前国内口述史工作的指导与管理，我以为，可以先编制一部试行教材，作为开展这方面培训与管理的依据，不必过于纠结某些具体的学术观点分歧。

文脉传承应期许[①]

——访国家图书馆研究馆员全根先

一、挥之不去的历史情结

问：我记得塞万提斯曾经说过："历史孕育了真理；它能和时间抗衡，把遗闻旧事保藏下来；它是往古的迹象，当代的鉴戒，后世的教训。"历史对于人类社会乃至每一个人都非常重要。我想问一下，全老师，您是什么时候对历史产生兴趣的？

答：是的，历史无处不在，历史不可复制，历史不能忘却。人类的进步，离不开对过去事物的记忆；这个记忆，就是历史，也是人类在自然界与社会生活中生存、发展的基石。正如法国作家雨果所说："历史是什么：是过去传到将来的回声，是将来对过去的反映。"

至于说我什么时候对历史产生兴趣，我想，可以追溯到我幼小的时候。我上小学的时候，学校要我们填报阶级成分，我填的是农民。但是，其实我们祖辈是耕读之家，是有一定文化的，从小我的父母、伯父、外

① 本文系《中国社会科学报》记者肖昊宸对笔者的一个专访，原载于2016年12月9日《中国社会科学报》。

公、舅舅等长辈就经常会给我们讲一些历史故事，讲《东国列国志》《三国演义》《水浒传》《西游记》《说岳全传》等书中的人物故事。那时候，虽然对书中所讲不甚明了，却十分神往。以后上高中，我们的历史老师特别好，他叫咸信，是民国时期厦门大学历史系毕业的，是我心中的崇拜对象，我们师生关系非常好。还有一点，是我历史成绩比较好，后来我听同学说，我当年的高考历史成绩，与几位同学并列杭州地区第一名。这个我自己也不知道，也无从考证。不过，当时填写志愿，我几乎不假思索，就报了历史系。

在杭州大学（1998 年与浙江大学合并）历史系学习期间，我有幸遇到了一批优秀的老师，他们不仅讲课好、学问好，而且人品高尚，堪为师表。直到今天，我仍然与几位老师保持着较多的联系，如教中国古代史的龚延明先生、教世界古代史的毛昭晰先生等。大学毕业后，我又考取了南京大学历史系的研究生，研究方向为先秦思想史。我的导师刘毓璜先生，民国时期毕业于中央大学历史系，出生于一个具有丰厚家学渊源的大家庭，学问根基深厚，治学十分严谨，为人非常耿直，对我的治学道路影响很大，也铸就了我对历史挥之不去的浓浓情怀。

问：研究生毕业以后，您没有专门从事历史教学与研究，而是来到了国家图书馆，这跟您的个人兴趣有没有矛盾？

答：研究生毕业以后，我来到国家图书馆《文献》杂志编辑部工作，那是在 1987 年 7 月，当时还叫北京图书馆。我到图书馆工作有一个很重要的原因，就是觉得在图书馆工作看书方便，因为大学时期经常为借不到想要读的书或是找不到阅览室座位而苦恼。到国家图书馆工作以后的最初几年，大约有五六年吧，跟我在大学期间的生活没有多大差别，我有大量的时间从事学习与研究，可以说是我学术生涯中的第一个高峰。那些年，我参加编写的著作主要有《中华文明史》（第七卷总纂，此书曾获 1995 年中宣部“五个一工程”图书奖）、《中国文化大典》（任继愈主编，任编委）、《中国文化通史》（郑世渠主编，参加秦汉卷撰写，此书曾获教育部高校人文社会科学研究优秀成果奖），同时参加季羡林先生主编的《传世藏书》大型古籍整理项目，担任《全隋文》的点校工作以及《四库全书存目丛书》的编纂工作。1995 年，我从书目文献出版社（现国家图书馆出版社）调到中文采编部工作，开始从事真正意义上的图书馆业务工作。但是，我仍然以历史学为基础，开展目录学史和图书馆史研究，出版了《中国近现代目录学家传略》《国家图书馆在近现代目录学史上的地位研究》等专著。我对于历史的兴趣，是一如既往的、持续不断的。

二、为国存史 为民立传

问：中国记忆项目中心是什么时候成立的？主要做了哪些工作？

答： 国家图书馆于 2012 年正式启动中国记忆项目，其宗旨是“为国存史，为民立传”。具体说来，就是以中国现当代重大历史事件、重要历史人物为专题，以传统文献为基础，以口述史料、影像资料等新类型文献的建设为核心，为国家图书馆构建富有特色的文献资源体系，拓展国家图书馆的社会教育功能，并为社会提供新颖、优良的服务项目。以音频、视频直接记录历史的口述史、影像史，作为一种文献资源，目前已成为很多国家和地区图书馆馆藏体系的重要组成部分，开展的相关“记忆工程”也有很多，如美国国会图书馆的“美国记忆”，联合国教科文组织的“世界记忆工程”，日本国会图书馆的“日本年历”，英国国家图书馆的“国家生活故事”，荷兰国家图书馆的“荷兰记忆”，德国国家图书馆的“我们的故事——民族的记忆”，以及新加坡国家图书馆的“新加坡记忆”等。中国国家图书馆作为国家的总书库，作为“传承文明，服务社会”的重要阵地，在汇聚国家与民族集体记忆、分享个人记忆、开展国民教育方面，自然负有不可推卸的重大责任。

中国记忆项目中心成立以来，目前已经完成和正在进行的项目主要有：“大漆髹饰”“蚕丝织绣”“中国年画”“东北抗日联军”“中国远征军”“我们的文字”“我们的英雄”“学者口述史”等20余个专题资源建设。积累了超过40TB的原始影像资源和大量照片、实物、非正式出版物等相关资料，得到了有关领导的高度重视和社会各界的广泛好评。以2014年开展的“我们的文字”专题资源建设项目为例，该项目涉及非物质文化遗产名录中与文字相关的项目共62项，包括汉字、少数民族文字、与文字有关的民族文化，以及笔、墨、纸、砚等。中国记忆项目中心派出5个工作组，历时一年，行程5万余公里，走访了64个市区和城镇，拍摄与文字有关的非遗项目及其传承人影像、口述视频达400余小时，涉及30位传承人。中央电视台、北京电视台、《人民日报》《光明日报》《中国文化报》等许多媒体均有报道，我们还与京港地铁合作，成立了地铁图书馆等。我记得去年两会期间，有一天晚上的新闻联播，“我们的文字”项目还上了头条。

再如东北抗日联军专题资源建设项目。这是中国记忆项目中心开展时间最长、采访人物最多、收集资料类型最丰富的一个项目。我们对已知在世的20位东北抗日联军老战士进行了口述历史采访，同时对东北抗日联军将士后代及研究者60余位人物进行了口述历史采访，收集到大量不为人知的珍贵的历史资料。去年，我们还与黑龙江省兴隆林业局合作，在东北抗联的战迹地，建立了以东北抗日联军将领、原国家图书馆馆长冯仲云名字命名的冯仲云图书馆。近年来，中央电视台关于纪念“九一八事变”的报道，许多资料都是我们收集的。今年是“九一八事变”85周年，我们举办了一个活动，还邀请到了东北抗联老战士李在德老人（98岁）和李敏老人（93岁），以及部分抗联老战士的后代，出版了《我的抗联岁月——东北抗日联军战士口述史》等东北抗日联军历史著作，包括中央电视台在内的许多媒体都进行了报道。

问：对于目前正在开展的中国记忆资源建设工作，您有什么样的感受和期待？

答：我是2014年4月到中国记忆项目中心工作的。我来了以后，参加的项目主要有“我们的文字”“我们的英雄”“学者口述史”“中国图书馆界重要人物口述史”“大漆髹饰”“东北抗日联军”“中国远征军”等项目，我参加了口述文稿整理以及影像资料的审阅工作。去年，国家图书馆启动了“国图公开课”项目，我又参与了其中的选题策划与后期审阅工作。目前，中国记忆与国图公开课都是国家图书馆的重点项目，也是文化部专项资金支持项目。

说到在中国记忆项目中心工作的感受，真是一言难尽，想说的太多。不过，我首先想说的是感动。我接触到许多非物质文化遗产的传承人和重大历史事件的亲历者、见证人，在经历了许多的磨难甚至不公，在极其艰苦的历史条件下，依然坚守着自己的信念，守护着我们的传统文化。像东北抗日联军老战士李敏老人，与其丈夫陈雷（也是东北抗联老战士，曾任黑龙江省省长）曾经因为随抗联部队到过苏联，受到过不公正的对待，蹲过监狱，却始终不渝地坚守着自己的革命理想。今年 9 月她就受邀来参加纪念“九一八事变”85 周年活动，我陪她在国家典籍博物馆参观“红色记忆——纪念中国共产党成立 95 周年馆藏文献展”，在一个多小时的参观中，她一边认真地参加，一边给我们讲革命故事，还不时地唱起当年的抗联歌曲，其情景令人感动。2014 年 9 月初，我在杭州结束“我们的文字”项目拍摄工作前夕，带内人去看望时年 98 岁的抗战老兵钱青老人。钱老因参加了国民党军队，其父又曾是国军少将，所以中华人民共和国成立以后历经磨难。但是，在我们到他家后，他跟我们讲的话，没有对国家或社会的抱怨，而是认真地讲当年抗战的具体情形，一口气给我们讲了两个多小时。

我还有一点深刻的感受，就是时不我待，有一种迫切感，或者说是使命感。在非遗保护方面，有的项目处于濒危状态，一旦传承人过世，就意味着这种文化遗产的永远消失。一些非遗传承人已到了耄耋之年，一些重大历史事件的亲历者、见证人也已是风烛残年。今年夏天，我采访了著名藏学家、编目专家、国家图书馆研究馆员黄明信先生，他已是 99 岁高龄。我们当时采访他时，感觉黄老身体还可以，可是前几天去医院看望，他已认不得我们了。南京图书馆研究馆员、著名版本学家沈燮元先生，我过去跟他很熟，在南京图书馆对他进行口述史采访时，听他们说，老先生很多事情已经记不清了。苏州图书馆原馆长许培基先生，是在我们中国图书馆界重要人物口述史项目立项以后去世的，来不及访问。著名服饰史专家、沈从文先生的学生、清华大学美术学院教授黄能馥先生，等不及我们对他的口述史稿出版，便于今年年初谢世。前不久在大连，齐红深老师带我去拜访杨增志先生，他是当年联合国救济总署东北地区专员，已经 98 岁了，有一些事情，如果他不说，恐怕别人对这段历史也不太能弄明白了。

类似这样的例子，我可以说很多。我经常感觉到自己有一种责任，甚至是一种使命，想多为我们的国家、我们的社会留下一些真实的历史记忆。2015 年 4 月，国家互联网信息办公室主管的中国文化网络传播研究会成立，我当选为理事；前不久，我又参加了文化部国家级非物质文化遗产代表性传承人抢救性记录工程的评估验收工作。我想，我们每一个人的力量终究是有限的，对于国家与民族的记忆、对于文化遗产的保护，需要政府的大力支持，需要社会公众的广泛参与，只有这样，我们的文化才能长盛不衰，我们的民族精神才能永放光芒。最后，我想引用一下前不久在去东北的列车上写的一首诗，作为今天谈话的结尾——

过狼窝铺①

山高水急狼窝铺，
千古留名帝辇苦。
马乱兵荒有其时，
海晏河清无觅处。

平川广野秋色殊，
风驰云飞年华度。
前朝旧事随流水，
文脉传承应期许。

① 狼窝铺在唐山市境内，原名野猪口，当年康熙皇帝行巡至此而改名。